"十二五"职业教育国家规划教材
经全国职业教育教材审定委员会审定

普通高等教育"十一五"国家级规划教材

21 世纪高职高专规划教材 ◆ **经贸类通用系列**

经济法概论

（第四版）

JINGJIFA GAILUN

李正华 丁春燕 著

中国人民大学出版社
·北京·

编写说明

改革开放四十多年来，中国的法制建设有了长足的发展，投资环境也不断改善。随着投资主体的多元化发展，经济活动主体数量呈现增多的趋势。据统计，截至 2019 年 9 月底，全国实有市场主体达 1.19 亿户。① 经济的进一步发展以及企业规模的逐渐扩大，带来了对高层经营管理人才需求的增长。时代要求企业高层经营管理者在掌握相应的专业管理知识的同时，还应了解与经营相关的法律制度。

从严格的法学部门分类来看，经济法是调整国家管理经济活动中所产生的权利义务关系的法律规范的总称。经济法相对于传统的民法、刑法、行政法等部门法而言，是一个比较新的法律部门。

法律的核心在于维护权利，正如德国法学家耶林曾经指出的："斗争是法的生命。"②因此，为权利而斗争，就是为法律而斗争。在经营管理活动中，经济活动主体有哪些权利，如何尊重他人的权利并运用现有的法律制度来保护自己的权利、促进经营活动，这是职业经理人必须思考和解决的问题。经济管理、财政、金融等专业的学生，在学习上会与法学专业的学生有一些差异。为此，本教材书名所使用的"经济法"这一词语，并非法学研究领域严格意义上划分的经济法部门，而是借用"经济法"这一名称，考虑到职业经理人在日常实际工作中可能碰到而又必须了解的一些与经营管理密切相关的法律问题，以法律制度为中心对其加以归纳和整理，形成一个相对集中的、与经营管理有关的"经济性"法律知识领域。从这个意义上说，本书所涵盖的内容实质上是"营商法律概论"。

本教材是为经济管理、财政、金融等专业的学生学习所编写的，也可作为各类职业经理人培训的教材或教学参考书。在编写本教材的过程中，我们力图结合国内最新的立法动态，关注营商活动的发展趋势，加入了相应的数据或者个案分析，以使教材内容更加通俗易懂和切合实际。同时，本教材还吸收了国内外经济法、民商法等学科新近的研究成果，希望能在理论方面跟上时代发展的步伐。

为了便于教学和帮助学生学习，在编写体例方面，本教材每一章均设有"本章引言""本章学习目标"，在正文中穿插了相关的案（事）例，章后设有"本章小结"，并备有"练习题"，以帮助学生对重点问题的复习和理解。本书还配有 PPT，以便于教师教学和学生复习。

本教材的编写分工如下：李正华（中山大学法学院）编写了第一章至第三章、第十一

① 赵文君．全国实有市场主体 1.19 亿户［N］．北京日报，2019-10-23（02）．

② 鲁道夫·冯·耶林．为权利而斗争［M］．胡宝海，译．北京：中国法制出版社，2004：15．

章，并负责全书统稿；丁春燕（中国农业科学院农业信息研究所）编写了第四章至第十章。

受学识和视角的局限，书中难免存在缺点和不足之处，欢迎读者提出宝贵意见，以便于本书今后的改进和完善。

李正华　丁春燕

2020年1月

目 录

第一章
社会主义经济法制概述

【本章引言】

职业经理人在中国开展商业经营管理活动，必须了解中国的经济法律制度。市场经济有其自身的特征，它对法律制度有一定的要求。中国在各方面已有了大量的立法，法制建设进一步得到完善。在营商活动中，营商主体必须遵循一定的法律原则，尊重他人的权利和依法保护自己的权益同样重要。

【本章学习目标】

通过本章的学习，你应该能够：

- 掌握市场经济的本质特征；
- 掌握经济活动中应遵循的基本法律原则；
- 了解中国相关的经济性立法；
- 了解经济法律关系的构成要素；
- 树立依法经营管理的法律意识。

第一节　市场经济与法制

一、市场经济的内涵和特性

（一）市场经济的内涵

市场经济，是依照市场竞争规律实行资源配置的一种经济管理或经济运行模式。市场经济蕴含着以下内容和要求：

1. 确立了“人类活动是理性的”之假设

理性，是指在给定的条件下，每个主体都会争取对自己有利的、最大利益的一种思想状态，即人们通常所说的“人是自利的”。但该假设有以下三个方面的限制：首先，允许自利但更多的是鼓励多赢和利他；其次，谋求自利的时候不得损害他人的利益，即“利已而不得损人"；最后，谋求私利时须遵守相应的规则，即"不得违反法律和道德规则的约束"。可见，"自利"并不是毫无节制的。

2. 产权的明确界定

有了明确的产权归属，才能发挥动力机制和约束机制的作用。产权不明，就缺乏动力，也使监督无据。

3. 在独立基础上的自由选择和自由交换

市场经济要求经济活动主体的行为是独立的，不受外界第三者的非法干涉。

4. 资源的有效配置

市场经济只是形式，其目的在于实现社会资源的有效配置，而资源的有效配置需要通过政府的宏观调控和经济活动主体的微观行为来共同完成。

（二）市场经济的特性

1. 竞争性

市场体现的是"优胜劣汰"的自然规律，其手段就是竞争。正如马克思所指出的：社会分工则使独立的商品生产者互相对立，他们不承认别的权威，只承认竞争的权威，只承认他们相互利益的压力加在他们身上的强制……

2. 自由性

在市场经济状态下，企业之间没有了上下级的行政管理关系①，只要不违反国家法律规定和国家经济政策的要求，不违背公序良俗，不损害国家利益或侵害他人权利，经济活动主体的行为就是自由的，应受到保护。

3. 公平性

在市场经济设定的条件下，经济活动主体通过自由竞争来获取资源，因此市场经济是公平竞争的经济。在投资主体多元化的情况下，任何投资主体所设立的经济活动主体，在市场中都具有相同的法律地位，有平等的机会，其权利受法律平等的保护。

4. 规范性

市场经济通过设立规则来约束经济活动主体，其中最为重要的是道德规范和法律规范。道德规范，是指长期以来逐渐形成，为社会各界所普遍认同，并通过内心约束和舆论监督发挥作用来引导人们行为的社会规范，它起到事前预防的作用。法律规范，是指国家立法机构制订或者认可，并由国家强制力保障实施来制约人们行为的社会规范，主要起到事后救济的作用。

5. 信用性

信用，是基于内心的诚实与外在的践约行为而产生，对外具有良好信誉的一种综合性评价。信用属于无形资产的范畴。在市场经济中人们不相信命令而看重信用，任何一个经济活动主体均不愿意与一个不讲信用的主体打交道，不愿意将自己期望的利益寄托在一个不讲信用的人身上。

二、经济活动应遵循的法律原则

法律原则不但体现了立法的基本精神和宗旨，也是执法、司法和守法都应遵循的基本

① 母公司与子公司之间的控股关系属于公司的投资关系而非行政管理关系。

准则。

（一）合法性原则

营商活动主体无论是投资还是对外开展经营和对内进行管理，都必须依照相关的法律规定进行。违反法律规定或者触犯禁止性规定的行为，不但不能受到法律的保护，还可能要受到相应的惩罚。《民法总则》[①] 第 8 条规定：“民事主体从事民事活动，不得违反法律，不得违背公序良俗。”

（二）平等原则

在营商活动中，一切当事人，无论是自然人还是法人或者非法人组织，无论其所有制性质如何，无论其经济实力强弱，其法律地位一律平等，任何一方均不得将自己的意志强加给对方。平等不是实力的完全一样，也不是绝对的对等。法律讲究的是对价而不是数额的绝对对等。在经过协商确定的合同条款中，对于各方违约的惩罚（违约金的数额）也可能根据不同的实际情况而有不同的约定。《民法总则》第 4 条规定：“民事主体在民事活动中的法律地位一律平等。”

（三）合同自由原则

私权处分、意思自治、合同自由，是民商事活动的基本前提。营商主体在法律允许的范围内享有完全的自由，可根据自己的实际情况和需要决定是否缔结、与谁缔结、何时缔结、如何缔结合同关系，在合同中为自己设定权利与义务。当事人依法享有自愿订立合同的权利，任何单位和个人均不得非法干预。《民法总则》第 5 条规定：“民事主体从事民事活动，应当遵循自愿原则，按照自己的意思设立、变更、终止民事法律关系。”

（四）公平原则

营商活动的内容，特别是在确定各方的权利与义务方面，应当公平合理。《民法总则》第 6 条规定：“民事主体从事民事活动，应当遵循公平原则，合理确定各方的权利和义务。”

（五）诚实信用原则

营商主体在行使权利和履行义务的时候，必须遵循诚实信用的基本商业道德准则。

诚实信用原则是市场经济活动中的道德准则。诚实是指活动主体不欺、不妄之内心状态；信用是指活动主体与承诺相一致的履约行为之外在状态。依照法律规定或者合同约定及时、全面地履行自己的义务，是营商主体应有的商业道德品行。《民法总则》第 7 条规定：“民事主体从事民事活动，应当遵循诚信原则，秉持诚实，恪守承诺。”

（六）公序良俗原则

营商行为不得有违公共秩序和善良的社会风俗。任何营商活动均应尊重社会公德，不得损害国家利益、社会利益，不得扰乱社会经济秩序。和谐社会的构建有赖于对社会公共秩序的维护和对善良风俗的尊重。

（七）禁止权利滥用原则

营商主体对自己的权利有依法处分的自由（即私权处分自由），但一切民事权利的行使，不得超过其正当的界限。正当的界限，一是在法律和道德允许的范围内，二是对他人

---

① 本书对国家颁布的法律均使用简称，如《中华人民共和国合同法》使用简称《合同法》。

权利的尊重。滥用权利，对他人权利造成损害的，应依法承担损害赔偿责任。

第二节　法律部门与市场经济法律体系

一、法律部门及其划分

（一）法律部门的概念

法律部门，是指根据一定的标准和原则划分的同类法律规范的总和。在 2011 年 3 月第十一届全国人民代表大会第四次会议上，《全国人民代表大会常务委员会工作报告》指出，以宪法为统帅，以宪法相关法、民商法等多个法律部门的法律为主干，由法律、行政法规、地方性法规等多个层次的法律规范构成的中国特色社会主义法律体系已经形成。该法律体系被划分为若干个法律部门。

（二）具体的法律部门

在法律体系中，我们一般按解决实体、程序问题为标准划分为实体法部门和程序法部门。在实体法中又按调整对象为标准划分为宪法、行政法、刑法、民商法、经济法、社会法、环境与自然资源保护法、军事法等部门。

1. 实体法部门

（1）宪法及宪法相关法。宪法是规定国家政治体制和经济体制等重大问题，具有最高效力的法律规范的总称。宪法是整个法律体系的基础，是其他法律部门的立法依据。在我国，宪法部门中，除了《宪法》这一标志性法典外，还包括以下的宪法性法律规范：国家机关组织法；选举法；民族区域自治法；特别行政区基本法；国籍、国旗、国徽法；国家权力机关议事规则；立法法及立法授权法。

（2）行政法。行政法是调整国家行政管理活动中形成的社会关系的法律规范的总称，如《行政处罚法》。

（3）刑法。刑法是规定有关犯罪和刑罚的法律规范的总称。以《刑法》这一标志性法典为代表，此外还有其他相关的惩戒犯罪的决定。

（4）民商法。民商法是调整平等的民商事活动主体之间权利义务关系的法律规范的总称。民法以《民法通则》（1986 年颁布）和《民法总则》（2017 年颁布）为代表。目前我国还没有一部统一的商法典，各种商事立法主要有《公司法》《合同法》《担保法》《票据法》《商业银行法》《证券法》《保险法》《信托法》《拍卖法》《商标法》《进出口商品检验法》《海商法》等。

我国采取的是“民商合一”的立法模式，民法的很多原则、原理和概念、规则也适用于商事领域。

（5）经济法。经济法是调整国家管理经济中产生的社会关系的法律规范的总称。经济法没有一个标志性的龙头法，其相关的立法主要有以下法律：

1）保障宏观调控的法律，如《预算法》。

2）规范营商主体登记和破产的法律，如《公司登记管理条例》《企业破产法》等。

3）维护市场秩序的法律，如《反不正当竞争法》。

4）调整对外经济关系的法律，如《外商投资法》。

（6）社会法。社会法是调整因劳动以及社会保障、社会福利而产生的社会关系的法律规范的总称。其相关法律主要有《劳动法》以及有关劳动就业、劳动标准、劳动保险、劳动报酬、最低工资保障等法规。

（7）环境与自然资源保护法。环境与自然资源保护法是调整因保护环境与自然资源而产生的社会关系的法律规范的总称。其相关法律主要有《环境保护法》等。

（8）军事法。军事法是调整因军事管理和国防建设产生的社会关系的法律规范的总称。其相关法律法规主要有《国防法》《军事设施保护法》《解放军现役士兵服役条例》等。

2. 程序法部门

程序法是规定争议解决程序的法律规范的总称。在我国，程序法主要有诉讼法和非诉讼争议解决程序法（仲裁法）。

（1）诉讼法。诉讼法是规定国家审判机关及当事人在诉讼活动中应遵循的基本规则的法律规范的总称。其相关法律主要有《刑事诉讼法》《民事诉讼法》《行政诉讼法》《海事诉讼特别程序法》。

（2）非诉讼争议解决程序法。非诉讼争议解决程序法是规定以诉讼外程序解决纷争时，争议解决机构和参与人应当遵循的法律规范的总称。其相关法律主要有《仲裁法》《劳动争议调解仲裁法》。

二、我国的市场经济法律体系

我国的市场经济法律体系由以下六个部分构成。

（一）市场主体法

市场主体法是规定作为市场主体、从事生产经营活动的营利性组织所应当具备的基本条件（实质性条件和程序性条件）的法律规范的总称。它包括了市场主体资格（如公司、合伙等）的法律规定，也包括了公司登记的程序性的法律规定。

（二）宏观调控法

宏观调控法是调整因国家（政府）为实现社会经济健康、有序、可持续发展而干预社会经济活动所产生的社会关系的法律规范的总称。

（三）市场交易法

市场交易法是调整市场交易活动所产生的社会关系的法律规范的总称。

（四）市场监督法

市场监督法是关于政府职能部门对市场监督管理的法律规范的总称。对于扰乱市场秩序的不正当竞争行为、排斥竞争的垄断行为、侵害弱小个体的行为，政府职能部门应当依法查处，以纠正社会经济发展中的偏差。

（五）社会保障法

社会保障法是调整劳动关系以及社会保障与社会福利关系的法律规范的总称。它主要包括：劳动合同法、劳动保障法、社会福利法、工会法，等等。

（六）纠纷解决法

纠纷解决法是规定纠纷解决方式和程序的法律规范的总称。由国家行政机关负责处理的行政案件、由国家审判机关（人民法院）负责审理的案件、由民间仲裁机构负责处理的仲裁案件、由劳动仲裁机构负责裁决的劳动纠纷案件等，均应在相应的规范程序内进行。

第三节　经济法律关系及其保护

一、经济法律关系的构成

经济法律关系，是指特定的社会经济关系经过法律调整后所形成的权利义务关系。经济法律关系由主体、内容、客体三个基本要素构成。

（一）主体

主体是指在经济法律关系中享有权利、承担义务的当事人。依照《民法总则》和相关法律规定，作为经济活动主体的有：国家经济管理机关、企业法人、非法人组织（如分公司）、事业单位、社会团体、个体经营户、个人等。每一个经济法律关系当中，均必须有主体。

（二）内容

内容是指在经济法律关系中的具体权利、义务。在经济法律关系中，主体的权利与义务是相对应的，买方的权利是卖方的义务，而买方的义务则是卖方的权利。只有在很特殊的单务合同中（如赠与），才存在一方当事人只享有权利而没有对等给付义务的情形。

（三）客体

客体是指在经济法律关系中双方主体的权利与义务所共同指向的对象。双方当事人的权利与义务所共同指向的对象，具体的有物、行为、智力成果等。

二、经济法律关系的确立

（一）经济法律关系确立的原因

1. 法律的直接规定

国家通过立法的方式，确定某类经济活动主体应当承担特定的义务。依据国家法律、法规的直接规定，将产生某种法律关系。政府职能部门管理经济活动，必须依据国家法律的直接规定行使职权，在行政管理与被管理之间的关系确立方面，法律规定成为唯一的原因。

2. 双方当事人的合意行为

在私权处分、意思自治、合同自由的基本精神下，当事人对于自己的私权在合法的前提下可自由处分。在营商活动中，当事人通过协商一致的方式签订合同，确立双方的权利义务关系，是产生经济法律关系最主要的原因。

3. 自然事实

自然事实是指在人的行为之外、不以人的主观意志为转移，不能预设、控制的自然客观情况。自然事实包括状态（如自然人的下落不明、对物的连续占有、权利连续不行使等状态）和事件（如保险合同中约定的自然灾害的发生等）。

4. 侵权行为

侵犯他人的权益，侵权者应依法承担法律责任（包括刑事、行政、民事责任等）。侵权行为使得本来没有关联的人之间产生了相应的法律关系，受害人可依法要求侵权人立即无条件停止侵权行为，并可向其主张受侵害的债权。

（二）经济法律关系的确立形式

经济法律关系的确立形式，是指经济法律关系存在的外在表现形式。根据产生的原因，经济法律关系的确立形式可划分为以下三类。

1. 行政管理形式

经济活动主体与经济管理机关依据法律的直接规定而形成的经济管理与被管理的关系，表现为行政管理形式。

2. 当事人协商形式

平等的经济活动主体之间是否存在相应的经济法律关系，需要通过一定的外在表征来体现，主要有书面形式、口头形式两种。除法律有专门规定（例如中外合资经营企业、中外合作经营企业的设立，不但需要形成书面合同，还需要呈报有关政府职能部门获得批准）以外，采取何种方式确立法律关系由当事人协商。

（1）书面形式。书面形式是当事人以书面文字记载其权利义务内容来体现其法律关系的形式。它包括了协议书（合同）、会议纪要、借据、发货单、财务核对单、传真等形式。

（2）口头形式。口头形式是当事人以口头允诺确定当事人权利义务内容来体现其法律关系的形式。值得注意的是，法律承认并保护口头形式所表现的经济法律关系，与在具体的经济法律关系中主张权利需要相应的证据支持，是两个不同层次的问题。要获得真正的法律保护，必须要有相应的证据予以支持。

参考案例 1-1

A公司卖给B公司一批货物，两公司的法定代表人在电话中商定：A公司于3日内将该批货物以“送货上门”的形式运至B公司指定的仓库，货物总价款为人民币30万元；B公司在收到货物之后3日内一次性付款。当A公司将货物运抵B公司指定的仓库时，B公司拒绝收货（由于市场价格发生变化，该货物价格下跌，B公司已经向另一家公司购进了同类型的货物）。A公司以B公司违约为由提出索赔，B公司否认它们之间有合同关系，拒绝赔偿。

分析：此纠纷中，双方以口头形式约定的买卖关系当然是受法律保护的。就证据而言，A公司提交了相关的通话记录和电话录音作为证据。依照民事诉讼的证据规则要求，电话录音的证据如果被法院所采信，则B公司要承担违约责任。在实践中，应当慎重采取口头形式来确定法律关系，以维护自己应有的权益。

3. 自然存在形式

对于侵权行为所形成的法律关系，只要有侵权行为和损害后果的发生，而且侵权行为与损害后果之间存在必然的关联性，就形成了事实自证的状态。如果加害人与受害人双方达成了书面的或者口头的赔偿协议，则会将自然存在的侵权关系以债权债务协议的方式得以固化。

三、经济法律关系的变更、解除

依法成立的经济法律关系承载了当事人的权利义务，如果要变更其中的任何一个要素（主体、客体、内容），将直接影响到合同当事人原来所预想的权利的实现。

（一）经济法律关系的变更

经济法律关系的变更，是指在设立的经济法律关系基础上，原来的经济法律关系当中的要素（主体、客体、内容）发生的变化。一般情况下，经济法律关系的主体变更通常意味着原有的法律关系解除并建立一个新的法律关系。

除依国家计划建立的法律关系，以及因国家计划调整而变更法律关系外，一般的法律关系建立后，非经双方当事人协商同意不得单方擅自变更。

（二）经济法律关系的解除

经济法律关系的解除，是指经过一定的程序或者符合一定的条件，而解除当事人原来建立的法律关系的状态。

民事法律行为从成立时起具有法律约束力。行为人非依法律规定或者取得对方同意，不得擅自变更或者解除。当事人建立合同关系时，可以附解除条件，也可依照《合同法》的规定行使解除合同的权利。《合同法》规定，下列情形出现时，合同可以解除：(1) 因不可抗力致使不能实现合同目的。(2) 在履行期限届满之前，当事人一方明确表示或者以自己的行为表明不履行主要债务。(3) 当事人一方迟延履行主要债务，经催告后在合理期限内仍未履行。(4) 当事人一方迟延履行债务或者有其他违约行为致使不能实现合同目的。(5) 法律规定的其他情形。

合同解除后，尚未履行的，终止履行；已经履行的，根据履行情况和合同性质，当事人可以要求恢复原状、采取其他补救措施，并有权要求赔偿损失。

四、经济法律关系的保护

（一）经济法律关系的效力

经济法律关系依法确立后，即具有法律约束力，当事人的权利受到法律的保护。除法律对程序、形式有专门规定外，一般情形下，当事人主体合格、内容合法、程序符合要求而确立的法律关系就具有受法律保护的效力，一方当事人非依法律规定或者未与对方协商一致，不得擅自变更或者解除；否则，应当承担违约责任。

经济法律关系的保护，可以通过当事人自己依法、依约来体现，也可以通过行政方式寻求保护，还可以通过诉讼或者仲裁方式获得保护。

（二）营商活动的法律可行性研究

在营商活动中，可行性研究应当包括三个方面：一是经济可行性研究，二是技术可行性研究，三是法律可行性研究。

法律可行性研究，是指对某一经营活动的行为主体的真实性、行为的合法性、权利义务的明确性、纠纷解决方式的合理性等方面所做的详细调查研究。这是从法律的角度看该经营活动（项目）是否可行、能否得到法律保障的一种专业和科学的研究工作。[①]

具体来说，营商活动中的法律可行性研究，要着重关注和解决以下五个方面的问题：

（1）交易对方的主体地位。法律可行性研究要明确交易伙伴（贸易伙伴）的法律地位是否明确，这个公司（或组织）是否真正存在，其是否有合法的登记注册；谈判或签约的代表是否有合法的授权，能否代表对方开展活动。

（2）交易对方的资产和信用状况。法律可行性研究应该注意交易对方的注册资金数量、现有财产状况，特别是其信用状况。

（3）行为的定性。法律可行性研究应该注意经营行为的合法性以及行为的具体属性。

（4）权利义务设置。双方任何形式的合作或者贸易，当事人的权利义务设置都应当符合法律的规定，并符合公平、合理的要求。

（5）救济。任何事情均有风险，问题在于对这种风险是否有事先的预防，以及事中的解决措施和事后的救济。

只有在可行性研究得出肯定性结论的时候，才能作出有效的决策。那种抛开可行性研究或者无视可行性研究的否定性结论，而由决策机构决定选择某个项目的做法，是不科学的。

第四节 经济法制的运行

一、市场经济活动主体的守法

（一）普法对增强人们法律意识的作用

“徒法不能以自行。”法律颁布的目的在于使法律得到有效的遵守和执行，而遵守法律和执行法律的前提是法律得到人们的认同。普法活动为公民知法、用法奠定了基础，增强了公民的法制意识。

（二）经济活动主体当前的守法状况

在营商活动领域，违法经营、不履行合同义务、虚假广告宣传、生产假冒伪劣产品、坑蒙拐骗、侵犯消费者权益、偷逃税款、拒不履行生效的裁判义务等现象时有发生，特别是经营活动主体之间的相互拖欠，已经严重影响了社会经济的正常运行，使社会的商业信用进一步丧失。[②] 曾几何时，市场交易中因信用缺失、经济秩序问题造成的无效成本已占到了我国 GDP 的 10%～20%。[③]

---

① 李正华，王俊．投资项目的法律可行性研究［J］．决策借鉴，2002（8）：57.

② 覃有土，李正华．论商业信用与商业信用制度之构建［J］．法商研究，2003（2）：67－68.

③ 杨素青．“三角债”问题与诚信社会建设［J］．法制与经济，2006（4）：52－53.

二、政府经济管理机关的执法

政府的行政执法权是国家权力中最广泛、最活跃、最实在且与老百姓关系最密切的一种权力。在建设服务型政府这一复杂而艰巨的系统工程中，政府的行政执法具有非常关键的作用。

无论是政府机构改革还是行政管理体制改革，都离不开法律的约束。建立行为规范、运转协调、公正透明和廉洁高效的行政管理体制是社会发展的必然要求。

与经济活动联系紧密的政府职能部门主要有：公安、工商行政管理、税务、质量技术监督、审计、国土房产管理、建设规划、海关、城市监督管理、外汇管理、知识产权管理等。上述各部门依法行使其行政执法的职权。但现实中仍存在以下现象：对于追求赢利的经济活动主体“上有政策、下有对策”的变通行为，难以定性和作出有效的处理；在具体的行政执法行为方面未严格依照法定程序进行；行政处理的实体方面依据不足；行政执法人员素质不高；办人情案，甚至还出现了个别的徇私枉法行为等。

三、司法机构体系及司法改革

中国有一套完整的治安管理、司法行政、检察、审判系统，各机构分别行使相应的职权，为维护社会经济秩序而开展工作。

（一）治安管理机构

国家自上而下分别设有公安部、省级公安厅、地市级公安局、县级公安局（分局）、街道（乡、镇）公安派出所（以及下派的社区民警）。

一直以来，治安管理机构围绕着依法治警、为民服务进行了多项的改革并取得了成效。

（二）司法行政管理机构

国家自上而下分别设有司法部、省级司法厅、地市级司法局、县级司法局、街道（乡、镇）司法所。

司法行政管理部门积极组织开展了全国的法制宣传教育工作，并在狱政、律师、公证、法律职业考试管理等方面进行了相应的改革，为依法治国作出了应有的贡献。特别是将过去的律师资格考试与法官资格考试、检察官资格考试并行改为了全国统一的法律职业资格考试，使涉法工作的人员有了统一的法律从业资格衡量标准。

（三）检察机构

国家自上而下分别设有最高人民检察院，除专门检察院（军事检察院、铁路检察院）外，各直辖市、自治区、省还设有省级人民检察院，各地市级人民检察院，各县级人民检察院。检察院负责对经济犯罪、职务犯罪行为进行侦查，负责法律监督并提起公诉，追究犯罪行为人的刑事责任。

（四）审判机构

国家自上而下分别设有最高人民法院，除专门法院（如军事法院、海事法院、铁路法院）外，各直辖市、自治区、省还设有高级人民法院，各地市设中级人民法院，各县级设基层人民法院（个别地区还设有派出的乡镇人民法庭）。

法院是国家专门的审判机关，通过对案件的审理来维护社会经济秩序。

在司法改革中，最引人注目的是人民法院的审判制度改革。从计划经济的职权主义到市场经济的当事人主义的转变，特别是在民商事审判工作中，人民法院实行了立案、审判、执行三种职权相对的分离，而且贯彻“谁主张谁举证”的基本准则，真正体现了人民法院的居中裁判作用。

四、社会主义经济法制的展望

随着社会主义市场经济的进一步发展，中国的经济法制也在不断地得到完善。经济法制建设呈现以下趋势。

（一）经济立法进一步优化

随着中国经济进一步融入世界经济的发展趋势，在新颁布经济性法律、法规的同时，对不合时宜的经济性法律、法规进行了及时的清理（废除或者修改）；在立法技术方面，也从过去的“滞后性立法”向适度的“超前性立法”方向发展；对于外国的一些成功立法经验加以吸收，在某些法规或者法律条文的设置方面，在可能实现“本土化”的前提下予以借鉴。

（二）经济执法进一步加强

加强经济执法，不但是市场经济本身的要求，也是社会主义经济法制建设的必然要求。在加强经济执法方面，配合行政改革，将行政监督、行政服务与行政执法结合起来，联合行政执法将在一定程度上扩展到经济执法方面。经济执法将更加讲究程序的正当性和合法性，听证制度会得到进一步推广。经济执法与行政司法连接，为当事人提供充分的制度性救济。

（三）司法改革的继续深化

随着社会经济的发展，经济犯罪也不断增加。为保护国家财产和组织、个人的合法财产，遏制经济犯罪，在对侵犯他人传统财产的刑事犯罪行为进行打击的同时，对侵犯他人商标、专利、商业秘密等方面的新型犯罪案件，有关部门将加大力度。人民法院也将在保护合法私有财产和维护社会经济秩序方面，继续深化审判制度改革。

（四）配套制度逐步完善

经济法制的运行，离不开相应配套制度的建设和完善，没有一个完整的商业信用制度以及市场监督管理制度（包括鼓励和惩罚的机制），经济法制建设就不可能取得成效。因此，在被称为信用经济的市场经济时代，商业信用制度的构建以及对违法、不诚信行为的制约和惩罚机制的健全就显得尤为重要。此外，税收、社会保障、破产等制度也将得到进一步完善。

（五）守法意识不断提高

增强法制意识，确立依法经营的观念，经济活动主体在追求经济效益的同时不忘社会效益，严守商业信用、尊重他人权益、履行义务，是经济活动主体对外开展经营活动和对内实施管理所必需的。

本章小结

市场经济都有其共同的内涵、基本要求和发展规律。依法经营、诚实信用、尊重他人、回报社会，不仅是营商活动主体获得竞争力并可持续发展的基本前提，也是社会主义市场经济发展的基本要求。国家和政府已为经济活动主体依法发展提供了一个较为良好的社会环境，对权利有制度性保障。在制度化发展的社会主义经济社会中，经济活动主体和职业经理人大有可为。

练习题

1. 名词解释

市场经济　　信用　　法律部门　　法律可行性研究　　经济法　　经济法律关系

2. 思考题

(1) 开展经济活动应遵循哪些法律原则？

(2) 中国的市场经济法律体系由哪些部分构成？

(3) 法律可行性研究的主要内容有哪些？

(4) 你认为中国经济法制建设呈现了哪些发展趋势？

3. 案例分析题

某日，某食品生产企业销售部经理A接待了自称是某超市采购部的工作人员B，双方就食品生产企业向超市预先提供一批食品的事宜达成书面协议。A代表食品生产企业、B代表超市签订了合同（双方加盖了公章），合同约定由食品生产企业先行提供10万元的货物到B指定的物流仓库，交付货物后3个月内由超市支付货款并确定下期购销货物的数量。

食品生产企业按照约定交付了货物，但在约定期限内却没有收到超市的货款。A找到该超市负责人，但超市负责人否认曾派出业务员与该食品生产企业联系，并且也没有收到该批货物，因此拒绝付款。

食品生产企业向法院提起诉讼，要求超市依约付款并承担违约责任。法院经审理查明：B曾是该超市采购部的工作人员，但在该合同签订之时已经辞职，B所使用的超市公章是B伪造的，超市的确未曾收到该批货物。该批货物在物流仓库保存了一天之后就被B提走了。法院最后以食品生产企业未与超市建立合同关系为由驳回了食品生产企业的诉讼请求。

食品生产企业只能以经济诈骗为由向公安机关报案，该案至今尚未侦破。食品生产企业销售部经理A发出感叹：“企业被骗了价值10万元的货物，却得不到法律的保护。”

问题： 你如何看待此事？

第二章
经济活动主体法律制度

【本章引言】

经济活动是经济活动主体的活动，在平等的民商事关系中，经济活动主体出现的形式并不完全相同。正确理解经济活动主体的权利、义务，区分无限责任与有限责任，了解现代企业法律制度，是社会对现代职业经理人的基本要求。

【本章学习目标】

通过本章的学习，你应该能够：

- 掌握公司的分类和基本特征；
- 掌握经济活动主体的基本权利和义务；
- 掌握公司财务会计的基本制度；
- 了解公司设立的程序性和实体性要求；
- 了解破产清算的有关规定；
- 理解有限责任的债务承担。

第一节　经济活动主体法律制度概述

一、经济活动主体及其分类

经济活动主体，是指在经济活动中享受权利、承担义务，具有主体资格的个人或者组织。根据不同的标准，经济活动主体可以有不同的分类。

（一）以责任是否独立为标准划分

1. 独立责任主体

独立责任主体，是指作为一个独立的经济活动主体，其对外承担的责任是独立的。它又包括无限责任主体和有限责任主体。无限责任主体对外的债务责任没有限额，在该主体以其现有全部资产仍不能承担全部债务时，剩余部分由作为投资者的股东以出资比例承担。有限责任主体对外的债务以其现有全部资产承担，不足部分在破产后不再承担，股东对该主体尚未清偿的部分债务也不再承担责任。有限责任公司、股份有限责任公司，就是有限责任主体的典型。

2. 非独立责任主体

非独立责任主体，是指尽管该主体不是一个独立的法人组织，但是它在法律规定的前提下可以自己的名义相对独立地对外开展经营活动，当对外的债务不能全部偿还时，由其独立的法人组织承担。商业银行的各分支机构、公司的分公司等就属于此类主体。

（二）以主体的表现形式为标准划分

1. 自然人

自然人是指以生命存在为表征的个人。每个公民都享有宪法和法律所规定的权利，可以依法开展民事、经济等活动，但必须符合以下要求：

（1）年龄要求。根据《民法总则》的规定，年满18周岁为成年人，其具有完全的民事行为能力，能够独立享有民事权利和承担民事义务。年满16周岁而未满18周岁且以自己的劳动收入为主要生活来源的，也视为完全民事行为能力人。

（2）智力要求。自然人应当是神志清醒（无精神疾病），能够完全辨认自己的行为。

2. 个体经营户

个体经营户包括城乡个体工商户、农村承包经营户。它是指生产资料归劳动者个人所有，以个体劳动为基础，劳动成果由劳动者个人占有和支配的经营单位。城乡个体工商户不具有法人资格，雇工人数较少，为非独立责任。

3. 法人单位

法人单位包括企业法人、事业单位法人、机关法人、社会团体法人和其他法人单位。

4. 非法人的其他经济组织

非法人的其他经济组织是指依法成立，有一定组织机构和财产，但又不具备法人资格的组织，包括法人依法设立并领取营业执照的分支机构（如分公司）。

（三）以主体的户籍或者登记成立地为标准划分

1. 境内经济活动主体

境内经济活动主体主要是指具有中华人民共和国大陆居民身份的个人，或者登记地为中国境内的组织。

2. 境外经济活动主体

境外经济活动主体主要是指持有外国护照或境外（含港、澳、台地区，下同）通行证的自然人，以及在境外登记成立的经济活动组织。境外经济活动主体，在涉外投资企业成立时，往往享受一定的政策性优惠。

二、经济活动主体的权利和义务

（一）经济活动主体的权利

1. 国家经济管理部门的职权

国家经济管理部门的职权由法律直接规定，具有专属性和强制性。国家经济管理部门的职权主要包括以下方面：

（1）经济行政立法权。

(2) 经济行政执法权。它具体包括：经济行政决策、命令、许可、监督、处罚、强制执行等。

(3) 经济行政指导权。在政府职能转变和重新定位的情况下，经济行政指导问题被社会广泛关注。日本重视政府行政指导，其“官产协调”成功地引导经济活动主体渡过了难关，值得我们借鉴。[①]

2. 一般营商活动主体的权利

(1) 投资决策权。营商活动主体是否投资、以什么样的方式、在什么时间、向谁投资、投资到什么具体的地点等，只要不违反国家法律规定和产业政策的引导方向，营商活动主体有完全的自由。

(2) 经营管理权。在遵守法律规定特别是劳动法规定的前提下，营商活动主体对内部组织机构的设立、人员的调配和使用以及相关制度的设置，享有充分的自主权。营商活动主体还可在内部通过开展承包或者责任制等形式实施管理。

(3) 财产所有权。营商活动主体有形的财产、无形的知识产权都受到法律的保护，任何人无权实施无偿调配或者侵占。

(4) 自由选择权。营商活动的具体开展，是由营商活动主体根据内部决策机构的决议对外开展的，除国家计划合同的签订外，均不受其他机关的非法干预。

(5) 盈利分配权。营商活动主体依法纳税并在提取公积金后，对盈余可依法实施分配。

(6) 抗辩申诉权。当营商活动主体受到行政机关的不正当干预或者影响时，可向有关机关提出抗辩、申诉以及要求复议，或依法向其上级相关管理部门提出控告，要求纠正错误管理行为，以维护自己的权益。

(7) 诉讼或仲裁救济权。当营商活动中交易对方违约或者实施侵权行为给自己造成损害时，营商活动主体可依法提出诉讼或仲裁，请求相关机关依法给予救济。

(二) 经济活动主体的义务

1. 国家经济管理部门的职责

国家经济管理部门的职责，简称经济职责，是国家经济管理主体依法必须履行的责任。职和权、责不可分离，如国家经济管理部门的职权也可以理解为职责。如果国家经济管理机关不依法制定经济法规、规章，不依法进行经济行政执法，不依法进行经济行政指导等，就是失职。

2. 一般营商活动主体的义务

权利和义务是相对应的，营商活动主体在享有权利的同时，也应承担以下相应的义务：

(1) 宪法性义务。根据宪法的规定，中华人民共和国公民及组织均负有以下六个方面的义务：维护国家统一和各民族团结；遵守宪法和法律，保守国家秘密，爱护公共财产，遵守劳动纪律，遵守公共秩序，尊重社会公德；维护国家安全、荣誉和利益；保卫祖国，抵抗侵略，依法服兵役和参加民兵组织；依法纳税；法律规定的其他义务。

(2) 行政法义务。营商活动主体的活动离不开社会经济管理，营商活动主体负有依法申报相关资料和办理相关手续、守法经营、配合行政管理机关的检查等义务。

---

① 白成琦．日本经济控制论纲［M］．长春：吉林大学出版社，1990：3.

（3）民商法义务。权利和义务是相对应的，在平等主体之间的法律关系当中，自己权利的行使要依靠别人履行义务来帮助。因此必须尊重他人（包括消费者）的权利，积极履行合同的义务并且要诚实守信。

（4）社会法义务。利润不再是衡量一个营商活动主体发展水平的唯一标准，社会责任感的强弱已是衡量其治理智慧和艺术水准的重要标尺以及是否成功的公认指标。社会要和谐、稳定、可持续发展，营商活动主体就必须要承担保护环境、反对歧视、提高员工福利、克服腐败等相应的社会责任。

营商活动主体可以通过制定公司社会责任守则、拓展公司利益相关者参与公司事务等渠道来体现其应承担的社会责任，还可选择适用SA8000标准（企业社会责任认证标准）。

第二节　公司法律制度

一、公司与公司设立

（一）公司及公司分类

1. 公司的概念和特征

公司是指全部资本由股东出资构成，股东以其出资额或所持有的股份为限对公司承担责任，公司以其全部资产为限对公司的债务承担责任所依法设立的企业法人。现代社会是由企业（公司）、政府、消费者三大基本主体构成的，公司作为营利性组织，是社会组成的重要细胞。

公司的基本特征为：

（1）以营利为目的。在这一点上公司区别于党政机关以及非营利性的事业单位、社会团体。

（2）具有法人资格。公司是典型的法人组织，其必须符合四个基本条件：依照法律规定的程序设立；有必要的财产；有自己的名称（商号）、组织机构、经营场所；能够独立承担民事责任。

2. 公司的法律规范

公司法是规定各种公司的设立、组织、经营和解散及其对内和对外关系的法律规范的总称。《公司法》于1993年12月29日第八届全国人民代表大会常务委员会第五次会议通过，1994年7月1日开始施行。该法于1999年、2004年、2005年、2013年和2018年进行了修改。现行《公司法》取消了对公司注册资本最低限额的规定，公司注册资本从实缴登记制改为认缴登记制，取消了对有限公司货币出资的比例限制、取消了公司登记提交验资证明的要求等。

3. 公司的基本分类

（1）按照出资人对公司债务承担的责任划分。

按照出资人对公司债务承担的责任划分，公司可分为无限公司、有限责任公司、两合公司、股份有限公司。

无限公司的全体股东对公司债务承担无限连带责任；有限责任公司的股东只以其出资额或持有的股份为限对公司承担责任，公司以其全部资产为限对外承担责任；两合公司中一部分股东为有限责任股东，另一部分股东为无限责任股东；股份有限公司的股东以其认购的股份数额为限对公司承担责任。

(2) 按照信用基础划分。

按照信用基础划分，公司可分为人合公司、资合公司、人合兼资合公司。

人合公司立足于股东个人的信用基础之上，不在于公司资本的多少，而在于股东之间的信任、了解和团结。无限责任公司多为人合公司。资合公司立足于公司资本的数额，股东之间不一定相互了解。股份有限公司属于典型的资合公司。人合兼资合公司兼顾人的合作和资金的合作，有限责任公司属于此类。

(3) 按照资本筹集的方式和出资转让方式划分。

按照资本筹集的方式和出资转让方式划分，公司可分为封闭式公司和开放式公司。

封闭式公司不对外发行股份，不对外发布财务报告，出资对外转让时受到一定的限制(公司股东有优先购买权)。开放式公司则可向社会公开发行股份，财务报表必须依法对外公布，股份可以自由转让。

(4) 按照公司之间的控制及依附关系划分。

按照公司之间的控制及依附关系划分，公司可分为母公司和子公司。

母公司是子公司的投资者，其在子公司中持有相应的股份（通常为控股)，是一种控制性公司。子公司也为独立法人，享有独立的法律人格。但是，由于在其股份构成中母公司占有控股的地位，因此子公司的经营方针、重大问题的决策受到母公司的影响，甚至呈现依附于母公司的状态。

子公司和母公司均为独立的公司法人，因此其债权债务是独立的。母公司对子公司的控制只能通过行使股权的方式来体现，母公司不得通过向子公司直接发布命令或控制其财政收支等非法干预的手段来实现对子公司的控制。

(5) 按照管辖关系划分。

按照管辖关系划分，公司可分为总公司和分公司。

总公司是依法设立，管辖公司全部组织的总机构，具有独立的法人资格。分公司只是总公司的一个下设分支机构，不具有独立法人资格，其业务经营、资金调度、人事均由总公司统一安排决定。必须在有三个或者三个以上分公司的情况下，方可称总公司。

(6) 按经营范围划分。

按经营范围划分，公司可分为国内公司、跨国公司。

国内公司是在本国登记注册成立，其经营业务主要在本国开展的公司。跨国公司并非公司法上的概念，通常是指以一国为基地，在其他国家和地区（一般应在四个以上）设有分支机构或子公司，从事国际性生产经营活动的经济组织。

跨国公司的总部与分设在其他国家或地区的子公司分别在不同的国家或地区，是独立的法律主体，其法律地位和权利义务均受所在地法律的制约。

(二) 公司设立的条件

1. 实质性条件

根据2018年修正的《公司法》的规定，法律、行政法规以及国务院决定对有限责任公司或者股份有限公司注册资本实缴、注册资本最低限额另有规定的，从其规定。公司设立的实质性条件如下：

(1) 公司名称。公司名称是公司区别于其他公司而对外使用的名称。公司名称由四个部分构成：行政区划名称（如“北京市朝阳区”）、商号（唯一区别于其他公司名称的部分，如“三和”）、行业所属（如“物业管理”）、法律责任形式（如“有限责任公司”）。公司注册登记前，可以先办理公司名称预登记申请手续，获得名称预登记后在一定时间（6个月）内保留该商号，以便办理其他的注册登记手续。根据2019年3月6日国务院发布的《关于取消和下放一批行政许可事项的决定》，在我国沿用多年的企业名称预先核准制度被正式取消，我国全面推行企业名称自主申报制度。

(2) 组织机构。公司应有相应的组织机构，如股东会（股份有限公司为股东大会）、董事会（不设立董事会的可设执行董事一人以履行董事会的职责）、监事会（大型企业应当设立监事会），确定法定代表人①。

(3) 经营场所。公司的经营场所为公司生产或者经营管理的所在地。公司可以以符合城市管理的自有商铺或租赁来的地点为公司经营场所。租赁的经营场所，在申请注册登记前可签订附生效条件的租赁合同（租赁期间从领取营业执照之日起开始）。

(4) 能够独立承担民事责任。公司一般以有限责任或者股份有限责任的形式出现，作为企业法人，享有法人地位，因而能以公司的名义对外独立承担民事责任。

2. 程序性条件

(1) 签订出资协议。出资各方在协商一致的基础上签订出资协议，并由各股东形成决议，决定法定代表人名单，授权委托指定的人员办理工商注册登记手续。

(2) 制定公司章程。依据工商行政管理部门的公司章程参考文本，股东协商确定本公司的章程，记载股东及其出资额、名称、经营场所、组织机构、法定代表人以及公司重大事项、经营范围、经营目标、经营期限以及其他议事规则等。

(3) 名称申报。向工商行政管理部门申请公司名称。

(4) 验资。对于法律有特殊要求的公司，须将出资情况委托会计师事务所进行审计（以固定资产出资或无形资产出资的，需要进行评估）后出具验资报告。

(5) 行政审批。设立特定行业（如物资回收、旅馆酒店、娱乐等）的公司，必须事先获得相关行政管理部门的行政审批文件。

(6) 工商注册登记。以上相关资料备齐后，委托经办人向工商行政管理部门提出注册申请。注册后获得《企业法人营业执照》，公司即依法成立。

二、有限责任公司

（一）有限责任公司的概念与特征

有限责任公司是指依法设立的，股东以其认缴的出资额为限对公司承担责任，公司以其全部资产为限对公司的债务承担责任的企业法人。

有限责任公司的特征如下：

(1) 股东人数的有限性。股东人数限制在50人以下，最少可以是一个股东。

(2) 股东责任的有限性。股东对公司承担的债务责任，限制在其认缴的出资额范围

---

① 法定代表人是代表公司行使职权的签字人。公司设董事会的，董事长为当然的法定代表人；不设董事会的，公司的行政长官（总经理或厂长）为法定代表人。

内，公司的债权人不得对公司的股东主张债权或请求其清偿。

（3）股东出资的非股份性。每一股东只有一份出资，各股东出资在公司中占有相应的比例，不一定将公司的全部出资划分为股份。

（4）公司资本的封闭性。公司的资本来源于股东的认缴出资，而不向社会募集，会计资料也不向社会公布。公司股东转让其出资受到一定的限制（其他股东有优先购买权）。

（二）有限责任公司的设立

1. 设立条件

（1）股东人数符合法定要求。公司由 50 个以下的股东出资设立。

（2）有符合公司章程规定的全体股东认缴的出资额。股东可以用货币出资，也可以用实物、知识产权、土地使用权等可以货币估价并可依法转让的非货币财产作价出资。

（3）股东共同制定公司章程。股东必须在章程上签字确认。章程应载明公司名称和住所，公司经营范围，公司注册资本，股东姓名或名称，股东的出资方式、出资额和出资时间，公司的办事机构及产生办法、职权、议事规则，公司法定代表人，股东会议认为需要记载的其他事项。

（4）有公司名称并有相应的组织机构。

（5）有公司住所。

2. 设立程序

有限责任公司设立程序为：

（1）发起人发起。

（2）股东共同制定公司章程。

（3）认缴出资。

（4）申请注册登记。

（5）公司向股东签发出资证明书。

（6）有限责任公司应当置备股东名册。

（7）公告。登记主管机关核准登记之后，应当发布登记公告。公告后，公司设立程序即完成。

（三）有限责任公司的组织机构

有限责任公司可根据公司的实际需要设立股东会、董事会和监事会，聘请高级管理人员。

1. 股东会

股东会由全体股东组成，是公司的权力机构。股东会对外不代表公司，对内不负责执行业务（经营管理），而是专为股东设立的专门行使股东权力的机构。

股东会会议分为定期会议（由公司章程规定）和临时会议（经代表 1/10 以上表决权的股东或 1/3 以上的董事，监事会或者不设监事会的公司的监事提议均可召开临时会议）。

股东会应在召开会议前 15 日通知全体股东（公司章程另有规定的除外），会议应将所议事项的决定制作成会议记录，出席的股东应当在会议记录上签名。

股东会由股东按照出资比例行使表决权（公司章程另有规定的除外）。股东会的议事方式和表决程序，除《公司法》有规定的以外，由公司章程规定。根据《公司法》的规定，对于修改公司章程、增加或者减少公司注册资本，以及公司合并、分立、解散或者变更公司形式等涉及公司重大问题的决议，必须经代表 2/3 以上有表决权的股东通过，方为有效。股东会作出的其他决议，经出席会议代表 1/2 以上表决权的股东通过。

2. 董事会

董事会是公司的执行机构，由公司的全体董事组成，董事由全体股东按出资比例推举产生。董事会成员为 3～13 人，设董事长（当然的法定代表人）1 人，可设副董事长。董事任期由公司章程规定，但不得超过 3 年，任期届满连选者可以连任。公司股东人数较少时，可不设董事会而设一名执行董事（还可兼任公司经理），履行董事会职责。

董事会会议由董事长召集和主持；董事长不能履行职务或不履行职务的，由副董事长召集和主持；副董事长不能履行职务或不履行职务的，由半数以上董事共同推举一名董事召集和主持。董事会会议实行一人一票制。会议作出的决议应形成会议记录并由参加会议的董事签名。

有限责任公司可以设经理（总经理）。经理（总经理）是主持公司日常工作的高级管理人员，由董事会决定聘任或解聘，对董事会负责，行使下列职权：主持公司的生产经营管理工作，组织实施董事会决议；组织实施公司年度经营计划和投资方案；拟订公司内部管理机构设置方案；拟定公司的基本管理制度；制定公司的具体规章；提请聘任或解聘公司副经理、财务负责人；决定聘任或解聘除应由董事会决定聘任或解聘以外的负责管理人员；董事会授予的其他职权。公司章程对经理（总经理）职权另有规定的，从其规定。经理（总经理）列席董事会会议。

3. 监事会

监事会是公司内部的监督机构，对公司的财务状况和业务执行情况实施监督检查。监事会由全体股东选举产生，成员不得少于 3 人，由全体监事过半数选举产生主席 1 人。股东人数较少或规模较小的有限责任公司，可不设监事会而设 1～2 名监事。监事的任期每届 3 年，连选可连任。董事、高级管理人员不得兼任监事。

4. 公司高级管理人员

公司高级管理人员包括经理、副经理、财务负责人、上市公司的董事会秘书等。《公司法》对高级管理人员的任职资格作出了规定。有下列情形之一的，不得担任公司的高级管理人员：

（1）无民事行为能力或者限制民事行为能力。

（2）因贪污、贿赂、侵占财产、挪用财产或者破坏社会主义市场经济秩序被判处刑罚，执行期满未逾 5 年，或因犯罪被剥夺政治权利，执行期满未逾 5 年。

（3）担任被破产清算的公司、企业的董事或厂长、经理，对该公司、企业的破产负有个人责任的，自该公司、企业破产清算完结之日起未逾 3 年。

（4）担任因违法被吊销营业执照、责令关闭的公司、企业的法定代表人，并负有个人责任的，自该公司、企业被吊销营业执照之日起未逾 3 年。

（5）个人所负数额较大的债务到期未清偿。

（四）有限责任公司的股权转让

公司成立后，股东有权依法转让其全部或者部分股权。

股东之间可以自由转让其部分或者全部股权。股东向股东以外的人转让其股权的，应书面通知其他股东，并应当经其他股东过半数同意，其他股东应当自接到该书面通知之日起 30 日内作出答复，未答复或者逾期答复的视为同意。不同意对外转让的股东，应当购买该转让的股权，不购买的视为同意对外转让。

经股东同意转让的股权，在同等条件下，其他股东有优先购买权。两个以上股东均主张优先购买权，且经协商不能确定比例的，以转让时购买者股东的出资比例确定购买比例。

股权转让后，应当在公司出资记录中加以记载，注销原出资者的出资证明书，并向新出资者出具出资证明书，同时应到工商部门办理变更登记手续。

三、一人公司

（一）一人公司的概念及设立要求

一人公司是一人有限责任公司的简称，是指只有一个自然人股东或者一个法人股东的有限责任公司。

1. 设立一人公司的限制

一个自然人只能设立一个一人公司，且一人公司不得再投资设立新的一人公司。

2. 组织机构及管理

一人公司应在公司登记时注明为一人独资，并在营业执照中载明。一人公司不设股东会，股东的有关决定应采取书面形式，并由股东签名后置备于公司。公司的财务报告必须经过会计师事务所审计。

（二）一人公司的债务承担

一人公司也是一种有限责任公司，公司的对外债务正常情况下由公司承担。但是，《公司法》明确规定，一人有限责任公司的股东如果不能证明公司财产独立于股东自己财产的，应当对公司债务承担连带责任。

参考案例 2-1

A 根据《公司法》的规定，申请设立了一人公司。公司在经营过程中出现资金困难，A 以公司的名义向 B 借款人民币 20 万元，双方签订了借款协议，并加盖了一人公司的公章，B 依照 A 的要求将款汇到了一人公司的账号上。后一人公司连年亏损，无法按期偿还 B 的款项。B 向当地人民法院提起诉讼，要求一人公司偿还该借款及利息，同时要求 A 承担连带责任。法院审理查明，公司财务记录混乱，A 无法证明一人公司的财产独立于其个人的财产。于是法院判决 A 与一人公司对该债务承担连带责任。在执行中，该一人公司已无可被执行财产，法院依法查封了登记在 A 名下的轿车，将拍卖所得款项用于偿还该债务。

分析：《公司法》规定，一人公司的股东如果不能证明公司财产独立于股东自己财产的，就应当对公司债务承担连带责任。这实质上就是“举证责任倒置”的规定。债权人可以将股东与一人公司列为共同被告，要求公司偿还债务的同时要求股东承担连带责任。

四、股份有限公司

（一）股份有限公司的概念及特征

股份有限公司是指注册资本由等额股份构成，股东以其所持有的股份为限对公司承担责任，公司以其全部资产对外承担责任的企业法人。

股份有限公司是典型的资合公司，已逐渐成为大企业的典型形式。

股份有限公司主要有以下特征。

1. 资合性

股份有限公司讲究的是资本的合作，公司的资本是公司赖以存在和发展的物质基础。可以说，公司的信用基础是公司的资本，而不是股东个人的人格。

2. 股东人数组成的无限性

股份有限公司的发起人为 2～200 人，而股东的人数没有上限。

3. 资本划分股份的等额性

公司的注册资本以股份的形式划分为等额的若干股份。

4. 资本募集的公开性

公司资本实行向社会公开募集的方式，股份转让相当自由，特别是上市公司的股份转让依法可以在股票交易所自由转让。由于是在社会上筹集资金，因此资金的筹集也相对比较容易。

（二）股份有限公司的设立

1. 发起人符合法定人数

设立股份有限公司应当有 2 个以上 200 个以下的发起人，其中须有半数以上的发起人在中国境内有住所。

2. 认购和募集资本

股份有限公司的资金来源有以下两种方式：

（1）发起人认购。发起设立的，注册资本为在公司登记机关登记的由全体发起人认购的股本总额。

（2）社会公开募集。募集设立的，注册资本为在公司登记机关登记的实收股本总额。发起人认购的股份不得少于公司股份总数的 35%。

3. 股份发行以及筹办事项

股份发行、筹办事项（股份的认购、出资、股款缴纳、选举公司组织机构、召开创立大会、申请设立登记）等，必须符合法律规定。

4. 制定公司章程

发起人制定公司章程，并在认股人参加的创立大会（须有代表股份总数过半数的发起人、认购人出席方可举行）上以出席大会的认股人所持有表决权的过半数以上通过，公司章程方为生效。

5. 公司名称及机构

公司要办理名称登记，建立符合股份有限公司的组织机构。

6. 公司住所

公司要有符合经营管理要求的经营场所，并办理备案登记。

董事会应在公司创立大会结束后 30 日内，向公司登记机关报送相关资料，申请设立登记。

（三）股份有限公司的组织机构

股份有限公司作为典型的企业法人，必须具有一定的组织机构。依照《公司法》的规定，股份有限公司必须设立股东大会、董事会和监事会。

1. 股东大会

股东大会是股份有限公司的必设机构，由全体股东组成，是公司的最高权力机关，公司的一切重大事项均由其作出决议。

《公司法》中对于有限责任公司股东会职权的规定，适用于股份有限公司的股东大会。

2. 董事会

董事由股东大会选举产生，董事会成员中可以有公司职工代表。股份有限公司的董事会，由5～19人组成，设董事长一人，可设副董事长。董事任期由公司章程规定，但每届任期不得超过3年，可以连选连任。董事会的职责参照有限责任公司的董事会职责。

3. 监事会

监事会是由股东大会选举产生，对董事、高级管理人员经营管理公司的行为进行监督的常设机构。监事会成员不得少于3人，其中应当包括股东代表和适当比例的公司职工代表（职工代表的比例不得低于1/3）。监事会设主席一人，可设副主席。主席和副主席由全体监事过半数选举产生。董事、高级管理人员不得兼任监事。监事任期每届为3年，期满连选可连任。

（四）股份有限公司的股份发行和股份转让

1. 股份发行

（1）股份的概念。股份是指以等额划分、构成股份有限公司资本且表现为股票形式的，代表股东地位和权益的金额单位。

（2）股份发行的原则。股份发行必须遵循公平、公正的原则。同种类每一股份具有同等权利，同次发行的同种类股票，每股的发行条件和价格应当相同，任何单位或个人所认购的股份，每股应当支付相同价额。

（3）股票发行价格。股票可以按票面金额发行，也可以溢价发行，但不得折价发行。

（4）股票发行的种类。公司向发起人、法人发行股票，应当为记名股票，不得另立户名或以代表人姓名记名。公司向社会公众发行的股票，可以是记名或者无记名股票。

（5）股份发行的类型。在公司设立过程中所发行的股份，为设立发行股份。公司成立后再次发行的股份，为新设发行股份。新设发行股份必须符合法定要求，且经国务院证券监督管理机构核准，还应公告新股招股说明书和财务会计报告，并制作认股书。发行新股募足股款后，必须向公司登记机关办理变更登记手续并向社会公告。

2. 股份转让

股份有限公司的股东原则上可以自由转让其股份，但《公司法》对此作出以下限制：

（1）股东转让其股份，应当在依法设立的证券交易场所进行或者按照国务院规定的其他方式进行。

（2）记名股票由股东以背书方式或法律、行政法规规定的其他方式转让。

（3）无记名股票的转让，由股东将该股票交付给受让人后即发生转让的效力。

（4）发起人持有的本公司股份，自公司成立之日起一年内不得转让。公司公开发行股份前已发行的股份，自公司股票在证券交易所上市交易之日起一年内不得转让。

（5）公司董事、监事、高级管理人员在任职期间每年转让的股份不得超过其所持有本公司股份总数的25%；所持本公司股份自公司股票上市交易之日起一年内不得转让；离职后半年内不得转让其所持有的本公司股份。

（6）上市公司的股票，依照相关法律、行政法规及证券交易所交易规则上市交易。

（7）公司原则上不得收购自身股票，但是下列情况除外：1）减少公司注册资本；2）与持有本公司股份的其他公司合并；3）收购本公司的股份用于奖励职工；[①] 4）股东因对股东大会作出的公司合并、分立决议持异议，要求公司收购其股份的。其中收购 1）项中的股票应该自收购之日起 10 日内注销，属于 2）、4）项情形的，应当在 6 个月内转让或者注销。

（8）股票质押的限制。我国《公司法》规定，公司不得接受本公司的股票作为质押权的标的。

五、公司债券及公司财务制度

（一）公司债券

1. 公司债券及其种类

公司债券是公司依照一定程序发行、约定一定期限还本付息的有价证券。

公司债券有记名债券与无记名债券、可转换债券与不可转换债券之分。

2. 公司债券的发行条件

增值税税率就是增值税税额占货物或应税劳务销售额的比率，是计算货物或应税劳务增值税税额的尺度。我国现行增值税属于比例税率，根据应税行为一共分为 13%、9%、6%三档税率及 5%、3%两档征收率。

3. 公司债券的发行程序

（1）股东会或股东大会作出决议。

（2）向国务院授权的管理部门提出书面申请，并报送相关文件资料（包括申请书、公司营业执照、公司章程、公司债券募集办法、资产评估报告、验资报告、其他必需的文件资料）。

（3）获得核准后，公告公司债券的募集办法。

（4）备存资料。当公开募集债券完毕，应当制作公司债券存根簿并置于公司，供股东查阅。

4. 公司债券的转让与转换

公司债券可以转让，转让价格由转让人与受让人约定。在证券交易所上市交易的公司债券，按照证券交易所规则转让。记名债券的转让，在债券后背书或依据法律、行政法规规定的其他方式转让，转让后由公司将受让人的姓名（或组织名称）及住所记载于公司债券的存根簿。可转换债券到转换期间，债券持有人有权选择转换为股票或取本获息，转换时由公司向债券持有人办理换发股票手续。

（二）公司财务制度

公司应当依照国家法律、行政法规和国务院财政部门的规定建立本公司的财务、会计制度。

1. 公司财务会计报告制度

公司财务会计报告是指反映公司某一特定时期财务状况和某一会计期间经营成果、现金流量的书面文件。依照《公司法》的规定，公司财务会计报告必须符合以下要求：

（1）在每一会计年度终了时编制。会计年度从公历 1 月 1 日起至 12 月 31 日止。

---

① 根据《公司法》的规定，公司依照规定收购的本公司的股份，不得超过本公司已发行股份的 5%，且收购的股份应当在 1 年以内奖励给职工。

（2）为了确保财务会计报告的真实性、准确性及可信度，须依法经过会计师事务所审计。

（3）依法制作。财务会计报告必须依照《公司法》《会计法》《证券法》《企业财务会计报告条例》等法律、法规和规章的要求制作。

（4）有限责任公司应当依照公司章程规定的期限将财务会计报告送交各股东。股份有限公司的财务会计报告应当在召开股东大会年会的20日前置备于本公司，供股东查阅；公开发行股票的股份有限公司必须公告其财务会计报告。

2. 公积金提取制度

公积金是公司为了巩固其资本基础，维护公司信用，适应扩大生产规模和经营范围要求，弥补可能发生的意外亏损，依照法律规定从公司税后利润中提取而不作为股利分配的积累资金。公积金分为盈余公积金和资本公积金。

盈余公积金是从公司税后利润中提取的公积金。盈余公积金又可分为法定公积金和任意公积金。法律规定公司可分配的当年税后利润的10%列入公司法定盈余公积金。当公司法定公积金累计额为公司注册资本的50%以上时，可不再提取。任意公积金是在法定公积金外，依照股东会或股东大会决议而从税后利润中提取的公积金。资本公积金是直接由资本原因形成的公积金，股份有限公司以超过股票面额发行获得的溢价款即属于资本公积金。资本公积金还包括国务院财政部门规定列入资本公积金的其他收入。

公积金的主要用途有：弥补公司亏损，但是法定资本公积金除外；扩大公司生产经营，作为追加投资；增加公司资本，但转增资本时所留存的公积金不得少于转增前公司注册资本的25%。

3. 公司利润分配制度

公司弥补亏损和提取公积金后仍有盈余时，可依照公司股东的出资比例分配（合作企业可依合同约定分配）。股东会、董事会或者董事违反规定，在公司弥补亏损和提取法定公积金前向股东分配利润的，股东必须将违反规定分配的利润退还公司。

六、公司变更及解散与清算

（一）公司变更

除公司名称、公司法定代表人变更外，公司的合并、分立、增资、减资等重大事项的变更，应依法进行。

1. 公司合并与分立

（1）公司合并。

公司合并是指两个或两个以上的公司依照《公司法》等法律规定，通过订立合同的形式组成一个新公司的行为。公司合并有两种形式：一是吸收合并；二是新设合并。

公司合并必须由合并各方公司的股东会（大会）作出特别决议通过。在作出合并决议之日起10日内应通知债权人，并于30日内在报纸上刊登公告。合并后必须依法办理公司变更登记、注销登记或设立登记等相关手续。

（2）公司分立。

公司分立是指一个公司依照《公司法》等法律规定，分成两个或两个以上的公司的行为。公司分立有两种形式：一是派生分立；二是新设分立。

2. 公司增资与减资

（1）公司增资。

公司增资是指公司增加原有注册资本的行为。公司增资应经过公司股东会（大会）决议后，以吸收外来资本或者用公积金转增资本的形式予以体现，并办理增资的法定手续（修改公司章程、变更登记）。

（2）公司减资。

公司减资是指公司依法对自己已经注册的资本通过一定的形式而予以减少的行为。公司减资应经过公司股东会（大会）决议后，编制资产负债表及财产清单，并通知债权人和在报纸上予以公告。公司减资后，必须修改公司章程和办理变更登记手续。

（二）公司解散与清算

1. 公司解散

公司解散是指公司因发生章程规定或法律规定的解散事由而停止业务活动，最终丧失法律人格①的法律行为。

公司解散的原因主要有：（1）公司章程规定的营业期限届满或公司章程规定的其他解散事由出现。（2）股东会（大会）作出解散决议。（3）公司合并或者分立需要解散。（4）依法被吊销营业执照、被责令关闭或者被撤销。（5）公司经营管理发生严重困难，继续存在会使股东利益受到重大损失，且无法通过其他途径解决时，持有公司全部股东表决权10%以上的股东请求人民法院解散公司。

2. 公司清算

公司清算是指公司依法解散后，依照法定的程序了结公司事务、收回债权、清偿债务并分配剩余财产，使公司归于消灭的一系列法律行为的过程。

公司清算必须依法成立清算组，公告并通知债权人，清理公司财产并登记债权。公司财产在分别支付清算费用、职工工资、社会保险费用和法定补偿金，缴纳所欠税款，清偿公司债务后仍有剩余财产，有限责任公司按照股东的出资比例分配，股份有限公司按照股东所持有的股份比例分配。公司清算工作结束后，清算组应制作清算报告，报股东会（大会）或者人民法院确认，并报送公司登记机关，申请注销公司登记，公告公司终止。

第三节　企业法律制度

一、个人独资企业法律制度

（一）个人独资企业及个人独资企业的特征

个人独资企业是指依照《个人独资企业法》的规定由一个自然人投资，在中国境内设

① 丧失法律人格，是指丧失了作为一个法律主体资格的情形。丧失法律人格后，其主体不复存在，理应不能再以其名义开展经营活动。丧失法律人格与被责令停业整顿不同，被责令停业整顿时，其法律主体资格仍然存在，只是不能开展正常的经营活动。

立，财产归投资者个人所有，投资者以其个人财产对企业债务承担无限责任的经营实体。

个人独资企业的投资主体为一个自然人，企业不具有法人资格，企业财产归投资者个人所有，投资者对企业债务承担无限责任，企业的内部组织机构简单，经营管理方式灵活。

（二）个人独资企业的设立

依照《个人独资企业法》第 8 条的规定，个人独资企业的设立应符合以下条件：投资人为一个自然人；有合法的企业名称（名称中不得出现“有限”“有限责任”“公司”等字样）；有投资人申报的出资；有固定的生产经营场所和必要的生产经营条件；有必要的从业人员。投资人或其委托的代理人在提供相应文件资料后，即可向登记机关提交申请。登记机关在收到齐备的材料后 15 日内，对符合法律规定条件的予以登记，发给营业执照。企业营业执照的签发日期为个人独资企业的成立日期。

（三）个人独资企业投资人的权利与义务

个人独资企业的投资人对本企业的财产依法享有所有权。个人独资企业可依法申请金融机构的贷款、取得土地使用权，并享有法律法规所规定的其他权利。

个人独资企业从事经营活动必须遵守国家法律、行政法规，遵守诚实信用原则，不得损害国家、社会、他人的利益。个人独资企业应当依法设置会计账簿，进行会计核算。个人独资企业还应依法与劳动者签订劳动合同，按时、足额发放工资，保障劳动者的权益。

（四）个人独资企业的事务管理

个人独资企业可由投资者自行管理企业事务，也可委托或聘用其他具有民事行为能力的人负责企业的事务管理工作。委托或者聘用其他人管理的，投资者应与受托人签订书面合同，明确委托的具体内容和授权的范围。被聘用者应按照合同约定履行诚信、勤勉义务，开展具体的管理工作。

（五）个人独资企业的解散和清算

个人独资企业出现以下情形之一时解散：（1）投资人决定解散。（2）投资人死亡或者被宣告死亡且无继承人或者继承人决定放弃继承。（3）被依法吊销营业执照。（4）法律、法规规定的其他解散情形出现。

个人独资企业解散时，可由投资者自行清算或者由债权人申请人民法院指定清算人进行清算。投资人自行清算的，应当在清算前 15 日内书面通知债权人，无法通知债权人的，应予以公告。债权人应当在接到通知之日起 30 日内（未接到通知的自公告之日起 60 日内）向投资人申报其债权。

个人独资企业解散后，原投资人对个人独资企业存续期间的债务仍应承担偿还责任，债权人在 5 年内未向投资人提出清偿债权要求的，该债权消灭。① 个人独资企业清算结束后，投资人或人民法院指定的清算人应当编制清算报告，并于 15 日内到登记机关办理注销登记。

---

① 一般债权的诉讼时效为 3 年，而针对个人独资企业债务的追诉时效为 5 年，这属于对个人独资企业的投资者在解散后债务清偿的特殊规定，且投资者对个人独资企业的债务承担直接的偿还责任。

二、合伙企业法律制度

（一）合伙企业及合伙企业立法

合伙企业是指依照《合伙企业法》的规定，由合伙人订立合伙协议，在中国境内设立，共同投资、共同经营、共享收益、共担风险，并对合伙企业债务承担无限连带责任的营利性组织。合伙企业是典型的人合组织。

1997 年 2 月 23 日，第八届全国人民代表大会常务委员会第二十四次会议通过《合伙企业法》；2006 年 8 月 27 日，第十届全国人民代表大会常务委员会第二十三次会议对该法进行了修订。

（二）合伙企业的设立

依照《合伙企业法》的规定，合伙企业必须有两个或者两个以上的合伙人，并依法对合伙企业承担无限连带责任。合伙必须有合伙协议，载明合伙企业的名称和主要经营场所、合伙的目的、合伙企业的经营范围、合伙人的姓名及住所、合伙人的出资方式及数额、利润分配办法及亏损承担办法、合伙事务的执行、入伙及退伙的程序及条件、合伙企业的解散与清算、经营期限、违约责任等事项。合伙人可以货币、实物、知识产权、土地使用权、劳务、项目等出资。合伙企业的名称中不得使用“有限”“有限责任”等字样。

合伙人将合伙协议、验资报告、申请书、合伙人的身份证明等资料提交企业登记机关，企业登记机关受理后 20 日内作出是否给予登记的决定。合伙企业设立分支机构的，应向分支机构所在地企业登记机关申请，经核准的将发给营业执照。合伙企业营业执照的签发日期为合伙企业的成立日期。

（三）合伙企业的财产及事务管理

合伙人对合伙事务享有同等的权利，在日常的经营管理中，经协商一致确定可由全体合伙人共同经营，也可指派其中一名或数名合伙人执掌合伙事务。执掌合伙事务的合伙人对外代表合伙企业，所产生的收益归属于合伙企业，所产生的费用和亏损由合伙企业承担。

需要对合伙事项作出决议时，合伙人一人一票，以少数服从多数的原则表决。除合伙协议另有约定外，合伙企业的下列事项应当经全体合伙人一致同意方可进行：(1) 改变合伙企业的名称。(2) 改变合伙企业的经营范围、主要经营场所的地点。(3) 处分合伙企业的不动产。(4) 转让或者处分合伙企业的知识产权和其他财产权利。(5) 以合伙企业名义为他人提供担保。(6) 聘任合伙人以外的人担任合伙企业的经营管理人员。

（四）合伙企业的入伙和退伙

1. 入伙

入伙是指在合伙企业存续期间，合伙人以外的第三人新加入合伙企业并取得合伙人资格的行为。入伙应当得到全体合伙人的一致同意，并签订入伙协议。入伙的新合伙人与原合伙人享有同等权利和承担同等责任（合伙协议另有约定的除外）。

2. 退伙

退伙是指合伙企业存续期间，合伙人退出合伙企业的行为。退伙后，退伙的合伙人资格消灭，合伙企业必须进行变更登记。根据退伙原因的不同，退伙有以下三种类型：

（1）自愿退伙。合伙人自主决定退出合伙企业。可自主决定退伙的情形有：合伙协议约定的事由出现；经全体合伙人同意；发生合伙人难以参加合伙企业的事由（如出国、被刑事拘留等）；其他合伙人严重违反合伙协议约定。

（2）当然退伙。依照《合伙企业法》第 48 条的规定，出现以下情形时，为当然退伙：作为合伙人的自然人死亡或被依法宣告死亡；个人丧失偿债能力；作为合伙人的法人或者其他组织依法被吊销营业执照、责令关闭撤销，或者被宣告破产；法律规定或者合伙协议约定合伙人必须具有相关资格而丧失该资格；合伙人在合伙企业中的全部财产份额被人民法院强制执行。以上事实发生之日为当然退伙之日。

（3）除名退伙。其他合伙人一致决定将某一合伙人除名而导致其退出合伙企业，主要情形有：未履行出资义务；因故意或者重大过失给合伙企业造成损失；执行合伙事务时有不正当行为；发生合伙协议约定的事由。

对合伙人除名，应书面通知被除名的合伙人。被除名人接到除名通知之日，除名生效，被除名人退出合伙企业。但被除名人有异议的，可在接到除名通知之日起 30 日内向人民法院提起诉讼。合伙人被除名，不影响合伙企业向其提出相应的索赔要求。

（五）合伙企业的解散和清算

合伙企业出现以下情形之一时，应当解散：（1）合伙期限届满，合伙人决定不再经营。（2）合伙协议约定的解散事由出现。（3）全体合伙人决定解散。（4）合伙企业已不具备法定人数满 30 天。（5）合伙协议约定的合伙目的已经实现或无法实现。（6）依法被吊销营业执照、责令关闭或者被撤销。（7）法律、法规规定的其他情形。

合伙企业解散时应进行清算，并通知和公告债权人。清算人由全体合伙人担任，或经全体合伙人过半数同意而指定其中一个或数个合伙人，或者委托第三人担任清算人。合伙企业解散事由出现后 15 日内未确定清算人的，债权人或者其他利害关系人可申请人民法院指定清算人。

三、全民所有制工业企业法律制度

（一）全民所有制工业企业及相关立法

全民所有制工业企业是指由国家直接投资设立，生产资料属于全民所有的工业行业企业。

1988 年 4 月 13 日，中华人民共和国第七届全国人民代表大会第一次会议通过了《中华人民共和国全民所有制工业企业法》，该法自 1988 年 8 月 1 日起施行（2009 年 8 月 27 日，第十一届全国人民代表大会常务委员会第十次会议通过修正案）。此后，为了促进全民所有制企业的改革，国务院还颁布了《全民所有制工业企业承包经营责任制暂行条例》（1988 年 2 月 27 日发布，自 1988 年 3 月 1 日起施行，1990 年和 2011 年进行了修订）、《全民所有制工业企业转换经营机制条例》（1992 年 7 月 23 日发布并于同日开始施行，2011 年进行了修订）。

（二）全民所有制工业企业的权利和义务

1. 企业的权利

国有企业的权利除法律规定应享有的外，主要表现为以下 14 项经营权：生产决策权；产品、劳务定价权；产品销售权；物资采购权；进出口权；投资决策权；资金支配权；联营、兼并权；劳动用工权；人事管理权；工资、奖金分配权；内部机构设置权；拒绝摊派权；资产处置权。

2. 企业的义务

国有企业的义务除法律规定应承担的外，还有以下的义务：遵守法律、法规；坚持社会主义方向；完成指令性计划；接受国有资产管理部门、财政、审计、劳动工资、物价等部门的管理或者监督；维护国有资产保值、增值；提高劳动效率、降低劳动成本，保证产品质量和服务等。

（三）厂长（经理）负责制

全民所有制工业企业以厂长（经理）为首，厂长（经理）处于企业的中心地位，全面负责企业的经营管理，该制度被称为厂长（经理）负责制。

（四）承包、租赁经营责任制

1. 承包经营责任制

承包经营责任制是指按照所有权与经营权相对分离的原则，以承包经营合同的形式确定国家与企业的权责关系，使企业做到自主经营、自负盈亏的经营管理制度。其主要内容是：企业包上缴国家利润，包完成技术改造任务，实行工资总额与经济效益挂钩。

2. 租赁经营责任制

租赁经营责任制是指在不改变全民所有制性质的前提下，实行所有权与经营权相分离的原则，国家授权单位作为出租方将企业有期限地交给承租方经营，承租方向出租方交付租金并依照合同实行自主经营的方式。

（五）国有企业财产的监管

国有企业财产是指国家对国有企业各种形式的投资以及投资收益形成的，或依法认定取得的国家所有者权益，具体包括国家资本金、资本公积金、盈余公积金和未分配利润中国家所有者应享有的权益。用公式表示如下：

国家所有者权益＝国家资本＋专项拨款及各项建设基金形成的资本公积金＋（资本公积金－专项拨款及各项建设基金形成的资本公积金＋盈余公积金＋未分配利润）×国家资本÷实收资本①

国有企业财产的监管是指经法律、法规或行政规章授权的部门、机构、单位依法对国有企业财产保值、增值的情况和企业经营者进行监督管理的过程。

1. 国家监管

国家通过制定法律、政策、财政制度，并通过国务院国有资产管理行政主管部门、国务院授权的部门、全国性总公司、地方各级国有资产管理部门对国有企业财产实行监管。

2. 监事会

（1）国有企业监事会及其性质。国有企业的监事会是国有资产管理监督机构根据需要向国有企业派出的对企业财产保值增值状况实施监督的组织。该监事会与公司内部的监事会不同，主要表现为：成立的法律依据不同；组织机构所处的位置不同（国有企业的监事会为企业外部机构，公司的监事会为企业的内部机构）；组成人员及任免程序不同。

（2）监事会的组成。监事会成员必须同时符合以下条件：维护所有者权益；坚持原

① 潘岳．国有资产管理教程［M］．北京：经济科学出版社，1997：318.

则，清正廉洁，办事公道；熟悉有关业务，有10年以上的工作经验。监事会可以由以下人员组成：监督机构、财政部、国有资产管理部门以及银行派出的代表；监督机构聘请的经济、金融、法律、技术和企业经营管理方面的专家；监督机构聘请的被监督企业的领导人和企业职工代表；监督机构聘请的其他人员（如地方政府的代表）。监事会由5～15人的奇数成员组成，监督机构派出的人员不得超过监事会成员总数的2/3，监事会主席由政府或者监督机构在监事会成员中指定。监事会每届任期3年，连任不得超过两届。

（3）监事会会议。监事会以会议形式开展工作，每年至少召开一至两次会议，会议必须有2/3以上的监事出席方可举行。

（4）监事会的职责。监事会的职责为：审查经注册会计师验证并经企业领导人签署的企业财务报告，监督、评价企业经济效益和企业财产保值增值状况；对厂长（经理）的经营业绩进行监督、评价、记录，向派出监事会的机构提出对厂长（经理）的任免（聘任、解聘）及奖惩的建议；根据厂长（经理）的要求，提供咨询意见；根据工作需要，查阅企业的财务账目和有关资料，对厂长（经理）和有关人员提出询问。

3. 国有企业财产保值增值的考核

国有企业财产保值是指企业在考核期内，期末国家所有者权益等于期初所有者权益的状况。国有企业财产增值是指企业在考核期内，期末国家所有者权益大于期初所有者权益的状况。国有企业财产保值增值考核指标为国有资产保值增值率，用公式表示为：

$$国有资产保值增值率=\frac{期末国家所有者权益}{期初国家所有者权益}\times 100\%$$

国有资产经营效益指标的计算有以下三个公式：

$$净资产收益率=\frac{税后净利}{所有者权益}\times 100\%$$

$$总资产收益率=\frac{税后净利}{资产总额}\times 100\%$$

$$成本费用利润率=\frac{利润总额}{成本费用总额}\times 100\%$$

净资产收益率反映所有者权益在一定时期内的纯收益水平；总资产收益率反映企业运用全部资本获取报酬的能力，其高低取决于资金周转次数和所获得利润的大小；成本费用利润率反映经营耗费的经济效果。

四、外商投资法律制度

（一）外商投资概述

外商投资，是指外国的自然人、企业或者其他组织（以下称外国投资者）直接或间接在中国境内进行的投资活动，包括以下情形：外国投资者单独或者与其他投资者共同在中国境内设立外商投资企业；外国投资者取得中国境内企业的股份、股权、财产份额或者其他类似权益；外国投资者单独或者与其他投资者共同在中国境内投资新建项目；法律、行政法规或者国务院规定的其他方式的投资。

（二）有关外商投资的相关立法

为了促进外商投资企业的发展、保护外商投资者的利益，维护投资秩序，我国曾颁布了三部涉及外商投资的法律：《中华人民共和国中外合资经营企业法》（1979年7月1日第五届全国人民代表大会第二次会议通过，此后经过了几次修改）；《中华人民共和国外资企业法》（1986 年 4 月 12 日第六届全国人民代表大会第四次会议通过，此后经过了几次修改）；《中华人民共和国中外合作经营企业法》（1988 年 4 月 13 日第七届全国人民代表大会第一次会议通过，此后经过了几次修改）。上述三部法律，分别对中外合作、中外合资以及外商独资的投资方式在中国境内所设立企业的设立条件、企业管理机构以及具体的管理模式、运营、权利义务等方面作出了较为详细的规定。

2019 年 3 月 15 日第十三届全国人民代表大会第二次会议通过了《中华人民共和国外商投资法》（以下简称《外商投资法》），该法于 2020 年 1 月 1 日施行，同时废止《中华人民共和国中外合资经营企业法》《中华人民共和国外资企业法》《中华人民共和国中外合作经营企业法》。

（三）《外商投资法》的主要内容

1. 外商投资的界定

外商在中国境内无论是直接投资设立企业（公司），还是间接投资享有股权或其他财产权益、建设项目，亦无论其单独或合作投资，均属于外商投资行为。

无论是全部还是部分由外商投资，只要在中国境内登记注册的企业均被认定为外商投资企业。

2. 外商投资的基本规定

国家坚持对外开放的基本国策，鼓励外国投资者依法在中国投资。任何国家或者地区在投资方面对中华人民共和国采取歧视性的禁止、限制或者其他类似措施的，中华人民共和国可以根据实际情况对该国家或者该地区采取相应的措施。

国家实行高水平投资自由化便利政策，建立和完善外商投资促进机制，营造稳定、透明、可预期和公平竞争的市场环境。

国家对外商投资实行准入前国民待遇加负面清单管理制度。对外国投资者在中国境内投资银行业、证券业、保险业等金融行业，或者在证券市场、外汇市场等金融市场进行投资的管理，国家另有规定的，依照其规定。

国家依法保护外国投资者在中国境内的投资、收益和其他合法权益。在中国境内进行投资活动的外国投资者、外商投资企业，应当遵守中国法律法规，不得危害中国国家安全、损害社会公共利益。

国务院商务主管部门、投资主管部门按照职责分工，开展外商投资促进、保护和管理工作；国务院其他有关部门在各自职责范围内，负责外商投资促进、保护和管理的相关工作；县级以上地方人民政府有关部门依照法律法规和本级人民政府的职责分工，开展外商投资促进、保护和管理工作。

外商投资企业职工依法建立工会组织，开展工会活动，维护职工的合法权益。外商投资企业应当为本企业工会提供必要的活动条件。

3. 外商投资的基本制度

《外商投资法》共 6 章，包括总则、投资促进、投资保护、投资管理、法律责任、附则，共 42 条。

（1）投资促进制度。

外商投资企业依法平等适用国家支持企业发展的各项政策；制定与外商投资有关的法律、法规、规章，应当采取适当方式征求外商投资企业的意见和建议；与外商投资有关的规范性文件、裁判文书等，应当依法及时公布。

国家建立健全外商投资服务体系，为外国投资者和外商投资企业提供法律法规、政策措施、投资项目信息等方面的咨询和服务。

国家与其他国家和地区、国际组织建立多边、双边投资促进合作机制，加强投资领域的国际交流与合作。

国家根据需要，设立特殊经济区域，或者在部分地区实行外商投资试验性政策措施，促进外商投资，扩大对外开放；国家根据国民经济和社会发展需要，鼓励和引导外国投资者在特定行业、领域、地区投资。

外国投资者、外商投资企业可以依照法律、行政法规或者国务院的规定享受优惠待遇；国家保障外商投资企业依法平等参与标准制定工作，强化标准制定的信息公开和社会监督；国家制定的强制性标准平等适用于外商投资企业；国家保障外商投资企业依法通过公平竞争参与政府采购活动。政府采购依法对外商投资企业在中国境内生产的产品、提供的服务平等对待。

外商投资企业可以依法通过公开发行股票、公司债券等证券和其他方式进行融资。

县级以上地方人民政府可以根据法律、行政法规、地方性法规的规定，在法定权限内制定外商投资促进和便利化政策措施；各级人民政府及其有关部门应当按照便利、高效、透明的原则，简化办事程序，提高办事效率，优化政务服务，进一步提高外商投资服务水平。

有关主管部门应当编制和公布外商投资指引，为外国投资者和外商投资企业提供服务和便利。

(2) 投资保护制度。

国家对外国投资者的投资不实行征收。在特殊情况下，国家为了公共利益的需要，可以依照法律规定对外国投资者的投资实行征收或者征用。征收、征用应当依照法定程序进行，并及时给予公平、合理的补偿。

外国投资者在中国境内的出资、利润、资本收益、资产处置所得、知识产权许可使用费、依法获得的补偿或者赔偿、清算所得等，可以依法以人民币或者外汇自由汇入、汇出。国家保护外国投资者和外商投资企业的知识产权，保护知识产权权利人和相关权利人的合法权益；对知识产权侵权行为，严格依法追究法律责任。

国家鼓励在外商投资过程中基于自愿原则和商业规则开展技术合作。技术合作的条件由投资各方遵循公平原则平等协商确定。行政机关及其工作人员不得利用行政手段强制转让技术。

行政机关及其工作人员对于履行职责过程中知悉的外国投资者、外商投资企业的商业秘密，应当依法予以保密，不得泄露或者非法向他人提供。

各级人民政府及其有关部门制定涉及外商投资的规范性文件，应当符合法律法规的规定；没有法律、行政法规依据的，不得减损外商投资企业的合法权益或者增加其义务，不得设置市场准入和退出条件，不得干预外商投资企业的正常生产经营活动。地方各级人民政府及其有关部门应当履行向外国投资者、外商投资企业依法作出的政策承诺以及依法订立的各类合同。

因国家利益、社会公共利益需要改变政策承诺、合同约定的，应当依照法定权限和程序进行，并依法对外国投资者、外商投资企业因此受到的损失予以补偿。国家建立外商投资企业投诉工作机制，及时处理外商投资企业或者其投资者反映的问题，协调完善相关政策措施。

外商投资企业或者其投资者认为行政机关及其工作人员的行政行为侵犯其合法权益的，可以通过外商投资企业投诉工作机制申请协调解决；外商投资企业或者其投资者认为行政机关及其工作人员的行政行为侵犯其合法权益的，除通过外商投资企业投诉工作机制申请协调解决外，还可以依法申请行政复议、提起行政诉讼。

外商投资企业可以依法成立和自愿参加商会、协会。商会、协会依照法律法规和章程的规定开展相关活动，维护会员的合法权益。

（3）投资管理制度。

外商投资准入负面清单规定禁止投资的领域，外国投资者不得投资；外商投资准入负面清单规定限制投资的领域，外国投资者进行投资应当符合负面清单规定的条件；外商投资准入负面清单以外的领域，按照内外资一致的原则实施管理。

外商投资需要办理投资项目核准、备案的，按照国家有关规定执行；外国投资者在依法需要取得许可的行业、领域进行投资的，应当依法办理相关许可手续。

有关主管部门应当按照与内资一致的条件和程序，审核外国投资者的许可申请，法律、行政法规另有规定的除外。

外商投资企业的组织形式、组织机构及其活动准则，适用《公司法》《合伙企业法》等法律的规定。

外商投资企业开展生产经营活动，应当遵守法律、行政法规有关劳动保护、社会保险的规定，依照法律、行政法规和国家有关规定办理税收、会计、外汇等事宜，并接受相关主管部门依法实施的监督检查。外国投资者并购中国境内企业或者以其他方式参与经营者集中的，应当依照《反垄断法》的规定接受经营者集中审查。

国家建立外商投资信息报告制度。外国投资者或者外商投资企业应当通过企业登记系统以及企业信用信息公示系统向商务主管部门报送投资信息。外商投资信息报告的内容和范围按照确有必要的原则确定；通过部门信息共享能够获得的投资信息，不得再行要求报送。

国家建立外商投资安全审查制度，对影响或者可能影响国家安全的外商投资进行安全审查。依法作出的安全审查决定为最终决定。

（4）法律责任制度。

外国投资者投资外商投资准入负面清单规定禁止投资的领域的，由有关主管部门责令停止投资活动，限期处分股份、资产或者采取其他必要措施，恢复到实施投资前的状态；有违法所得的，没收违法所得。外国投资者的投资活动违反外商投资准入负面清单规定的限制性准入特别管理措施的，由有关主管部门责令限期改正，采取必要措施满足准入特别管理措施的要求；逾期不改正的，依照相应规定处理。外国投资者的投资活动违反外商投资准入负面清单规定的，除依照相应规定处理外，还应当依法承担相应的法律责任。

外国投资者、外商投资企业违反《外商投资法》的规定，未按照外商投资信息报告制度的要求报送投资信息的，由商务主管部门责令限期改正；逾期不改正的，处 10 万元以上 50 万元以下的罚款。

对外国投资者、外商投资企业违反法律、法规的行为，由有关部门依法查处，并按照国家有关规定纳入信用信息系统。

行政机关工作人员在外商投资促进、保护和管理工作中滥用职权、玩忽职守、徇私舞弊的，或者泄露、非法向他人提供履行职责过程中知悉的商业秘密的，依法给予处分；构成犯罪的，依法追究刑事责任。

五、企业破产法律制度

（一）破产的概念及立法

破产是指企业法人不能清偿到期债务，并且资产不足以清偿全部债务或者明显缺乏清偿能力，依照破产法的规定清理债务的状态。破产制度不仅仅是保护债务人的制度，也是保护债权人以及维护社会经济秩序的一个有效制度。

在中国，破产是指企业法人的破产，中国没有个人破产制度，对不具有法人资格的企业也不适用破产制度，亦即个人和不具有法人资格的企业不具备破产的资格，其责任为无限责任。

1986 年 12 月 2 日，中华人民共和国第六届全国人民代表大会常务委员会第十八次会议通过了《中华人民共和国企业破产法（试行）》，该法自《中华人民共和国全民所有制工业企业法》实施满 3 个月之日①起试行。《中华人民共和国企业破产法》于 2006 年 8 月 27 日第十届全国人民代表大会常务委员会第二十三次会议通过，自 2007 年 6 月 1 日起施行，《中华人民共和国企业破产法（试行）》同时废止。

（二）破产申请及受理

1. 破产案件管辖

破产案件由债务人住所地人民法院管辖。

2. 破产条件

企业法人不能清偿到期债务，并且资产不足以清偿全部债务或者明显缺乏清偿能力的。

3. 破产申请人

（1）债务人。企业法人不能清偿到期债务，并且资产不足以清偿全部债务或者明显缺乏清偿能力的，作为企业法人的债务人可以主动向人民法院提出重整、和解或者破产清算的申请，以启动破产程序。

（2）债权人。当债权人发现债务人不能清偿到期债务，债权人可以向人民法院提出对具有法人资格的债务人进行重整或者破产清算的申请，启动破产程序。

4. 破产申请资料

向人民法院提出破产申请时，应当提交破产申请书和相关的证据材料。破产申请书应当载明：申请人、被申请人的基本情况；申请目的；申请的事实和理由；人民法院认为应当载明的其他事项。

债务人提出申请的，还应当向人民法院提交财产状况说明、债务清册、债权清册、有关财务会计报告、职工安置预案以及职工工资的支付和社会保险费用的缴纳情况说明。

5. 破产案件的受理

债权人提出破产申请的，人民法院应当自收到申请之日起 5 日内通知债务人。债务人

---

① 《中华人民共和国全民所有制工业企业法》于 1988 年 8 月 1 日开始实施，《中华人民共和国企业破产法（试行）》从 1988 年 11 月 2 日开始试行。

对申请有异议的，应当自收到人民法院的通知之日起7日内向人民法院提出。人民法院应当自异议期满之日起10日内裁定是否受理。

债权人提出申请的，人民法院应当自裁定作出之日起5日内送达债务人。债务人应当自裁定送达之日起15日内，向人民法院提交财产状况说明、债务清册、债权清册、有关财务会计报告以及职工工资的支付和社会保险费用的缴纳情况。人民法院裁定受理破产申请的，应当同时指定管理人；自裁定受理破产申请之日起25日内通知已知债权人，并予以公告。人民法院裁定不受理破产申请的，应当自裁定作出之日起5日内送达申请人并说明理由。申请人对裁定不服的，可以自裁定送达之日起10日内向上一级人民法院提起上诉。

（三）债务人财产及管理

人民法院受理破产申请后，债务人对个别债权人的债务清偿无效。自人民法院受理破产申请的裁定送达债务人之日起至破产程序终结之日，破产企业的法定代表人、经人民法院决定包括的企业财务管理人员和其他经营管理人员等有关人员承担下列义务：

（1）妥善保管其占有和管理的财产、印章和账簿、文书等资料。

（2）根据人民法院、管理人的要求进行工作，并如实回答询问。

（3）列席债权人会议并如实回答债权人的询问。

（4）未经人民法院许可，不得离开住所地。

（5）不得新任其他企业的董事、监事、高级管理人员。

人民法院受理破产申请后，有关债务人财产的保全措施应当解除，执行程序应当中止；已经开始而尚未终结的有关债务人的民事诉讼或者仲裁应当中止，在管理人接管债务人的财产后，该诉讼或者仲裁继续进行；有关债务人的民事诉讼，只能向受理破产申请的人民法院提起。

破产管理人由人民法院指定，其履行以下职权：

（1）接管债务人的财产、印章和账簿、文书等资料。

（2）调查债务人财产状况，制作财产状况报告。

（3）决定债务人的内部管理事务。

（4）决定债务人的日常开支和其他必要开支。

（5）在第一次债权人会议召开之前，决定继续或者停止债务人的营业。

（6）管理和处分债务人的财产。

（7）代表债务人参加诉讼、仲裁或者其他法律程序。

（8）提议召开债权人会议。

（9）人民法院认为管理人应当履行的其他职责。

（四）债权人会议

依法申报债权的债权人为债权人会议的成员，有权参加债权人会议，享有表决权。债权人会议应当有债务人的职工和工会的代表参加，对有关事项发表意见。债权人会议设主席一人，由人民法院从有表决权的债权人中指定。第一次债权人会议由人民法院召集，自债权申报期限届满之日起15日内召开。

债权人会议行使下列职权：

（1）核查债权。

（2）申请人民法院更换管理人，审查管理人的费用和报酬。

（3）监督管理人。

（4）选任和更换债权人委员会成员。

（5）决定继续或者停止债务人的营业。

（6）通过重整计划。

（7）通过和解协议。

（8）通过债务人财产的管理方案。

（9）通过破产财产的变价方案。

（10）通过破产财产的分配方案。

（11）人民法院认为应当由债权人会议行使的其他职权。

债权人会议可以决定设立债权人委员会（成员不得超过 9 人），由债权人会议选任的债权人代表和一名债务人的职工代表或者工会代表组成，行使以下职权：监督债务人财产的管理和处分；监督破产财产分配；提议召开债权人会议；债权人会议委托的其他职权。

（五）破产重整

宣告债务人破产前，债务人或者出资额占债务人注册资本 1/10 以上的出资人，可以向人民法院申请重整。自人民法院裁定债务人重整之日起至重整程序终止，为重整期间。

在重整期间，经债务人申请，人民法院批准，债务人可以在管理人的监督下自行管理财产和营业事务。债务人不能执行或者不执行重整计划的，人民法院经管理人或者利害关系人请求，应当裁定终止重整计划的执行，并宣告债务人破产。在重整期间，有下列情形之一的，经管理人或者利害关系人请求，人民法院应当裁定终止重整程序，并宣告债务人破产：

（1）债务人的经营状况和财产状况继续恶化，缺乏挽救的可能性。

（2）债务人有欺诈、恶意减少债务人财产或者其他显著不利于债权人的行为。

（3）由于债务人的行为致使管理人无法执行职务。

（六）和解

债务人可以依照《破产法》的规定，直接向人民法院申请和解，也可以在人民法院受理破产申请后、宣告债务人破产前，向人民法院申请和解。债务人申请和解，应当提出和解协议草案。人民法院经审查认为和解申请符合《破产法》规定的，应当裁定和解，予以公告，并召集债权人会议讨论和解协议草案。债务人应当按照和解协议规定的条件清偿债务。债务人不能执行或者不执行和解协议的，人民法院经和解债权人请求，应当裁定终止和解协议的执行，并宣告债务人破产。因债务人的欺诈或者其他违法行为而成立的和解协议，人民法院应当裁定无效，并宣告债务人破产。

（七）破产清算

债务人被宣告破产后，债务人称为破产人，债务人财产称为破产财产，人民法院受理破产申请时，债务人享有的债权称为破产债权。

对破产人的特定财产享有担保权的权利人，对该特定财产享有优先受偿的权利。设置担保的财产不列入一般破产财产。破产财产在优先清偿破产费用和公益债务后，依照下列顺序清偿：

（1）破产人所欠职工的工资和医疗、伤残补助、抚恤费用，所欠的应当划入职工个人账户的基本养老保险、基本医疗保险费用，以及法律、行政法规规定应当支付给职工的补偿金。

（2）破产人欠缴的除上述规定以外的社会保险费用和破产人所欠税款。

（3）普通破产债权。

破产财产不足以清偿同一顺序的清偿要求的，按照比例分配。破产人无财产可供分配的，管理人应当请求人民法院裁定终结破产程序。破产清算结束后，破产企业注销，未清偿的债权不再清偿。

本章小结

经济活动主体在经济活动中享有权利并承担义务。在现实生活中，对经济活动主体的分类标准各异、种类纷繁复杂。同样是一个自然人，可以依法申请成立一人公司，也可依法设立个人独资企业。无论何种组织形式的企业，法律对其财务、会计制度均有明确的规定和要求。同样是一个债权，在债务人丧失偿还能力的时候，可以向债务人提出传统的诉讼或者仲裁方式主张，也可以通过申请债务人破产来主张债权。因此，在制度化建设的今天，了解相应的法律制度并用于经营活动、维护权益至关重要。

练习题

1. 名词解释

经济活动主体　公司　公司法　公司财务会计报告　公积金　股份　外商投资　破产

2. 思考题

（1）公司的分类有哪些？

（2）公司的财务制度主要有哪些？

（3）哪些人不得担任公司的高级管理人员？

（4）从责任承担的角度分析一人公司与个人独资企业、合伙企业之间的异同。

（5）国有企业财产监督中的监事会与《公司法》规定的监事会有什么区别？

（6）我国对外商投资有哪些立法？

（7）破产财产的清偿顺序是怎样的？

3. 案例分析题

甲为上市股份有限公司，该公司的董事会由7名董事组成。2018年12月30日，甲公司召开董事会会议。出席该次会议的有4名董事，董事陈某因出席人大会议而电话委托参加董事会会议的另一董事代为出席并行使表决权，董事王某因在国外无法参加会议，书面授权委托董事会秘书代其参加会议并行使表决权，董事张某因病请假。

本次董事会参加会议的董事一致决定：（1）将公司利润分配方案和弥补亏损方案、公司下一年度预算方案向股东大会提交审议通过。（2）审议并批准了监事会的工作报告。（3）将董事任期修改为5年。

该次会议形成的决议，以会议记录形式反映，最后由参加会议的董事、监事在会议记录上签名。

问题：该公司的董事会组成及董事会会议召开中存在哪些问题？

第三章 合同法律制度

【本章引言】

经济活动主体在对外开展经济活动的过程中，合同成为连接当事人的桥梁或纽带。《合同法》对合同的成立与效力、合同履行以及违约责任的追究、合同纠纷的解决方式等均有明确的规定。

【本章学习目标】

通过本章的学习，你应该能够：

- 了解合同立法的现状；
- 理解各种有名合同的主要规定；
- 掌握合同法的基本原则；
- 掌握合同的主要条款；
- 掌握违约的判断标准。

第一节 合同法概述

一、合同及其分类

（一）合同概述

1. 合同的概念及与相关概念的关系

合同是当事人之间设立、变更、终止民事关系的协议。

合同又称契约。在学理上，大陆法系的学者将合同视为一种“协议”，而英美法系的学者则将之视为一种“允诺”。[①] 在民法及其学说史上，曾经有过将合同与契约加以区别的情形：合同是当事人的目的相同且意思表示方向也一致的共同民事法律行为；契约则是当

① 刘文华．中华人民共和国合同法实用指南［M］．北京：改革出版社，1999：13．

事人的目的对立且意思表示方向相反的民事法律行为。[①] 无论学理上如何认定，合同本质上都是当事人意思表示一致的产物。我国《合同法》第 2 条对合同的表述为：合同是平等主体的自然人、法人、其他组织之间设立、变更、终止民事权利义务关系的协议。

2. 合同的特征

合同具有如下特性：

（1）合同是一种民事法律行为，以意思表示为核心要素。

（2）合同是两方及两方以上当事人意思表示一致的民事法律行为。

（3）合同是以设立、变更、终止民事权利义务关系为目的的民事法律行为。

（二）合同的分类

基于不同的标准，可以将合同划分成不同的种类。

1. 以法律是否设有规范并赋予其特定名称为标准划分

（1）典型合同。典型合同又称有名合同，指法律对其设有规范并赋予其特定名称的合同，如买卖合同、借款合同、租赁合同等。

（2）非典型合同。非典型合同又称无名合同，指法律对其未作特别规定，亦未赋予其特定名称的合同，如合作协议。只要不触犯法律的禁止性规定，无名合同也受到法律的保护。

2. 以双方当事人是否互负给付义务为标准划分

（1）双务合同。双方当事人相互负有给付义务的合同为双务合同，即一方当事人享有权利的同时，有对应之给付义务的合同。买卖、租赁等合同为典型的双务合同。

（2）单务合同。仅有一方负有给付义务的合同为单务合同，即一方当事人负有义务，而另一方当事人不负有对等或仅负有次要义务的合同。赠与、借用等合同为典型的单务合同。[②]

3. 以当事人取得权益是否付出相应代价为标准划分

（1）有偿合同。一方当事人享有合同规定的权益时，须向对方当事人偿付相应的代价的合同，为有偿合同。买卖、租赁等合同为有偿合同。

（2）无偿合同。一方当事人享有合同规定的权益时，无须向对方当事人偿付相应的代价的合同，为无偿合同。赠与合同为无偿合同。

4. 以合同成立是否以交付标的物或完成其他给付为标准划分

（1）诺成合同。它是指合同各方当事人只要意思表示一致即可成立的合同。

（2）实践合同。它又称要物合同，是指除合同当事人意思表示一致外，还须一方当事人将合同的标的物依约交付或者完成其他给付行为才能成立的合同。

5. 以合同成立是否需要依法律规定或当事人要求有特殊形式为标准划分

（1）要式合同。法律规定或当事人约定必须具备一定形式的合同，为要式合同。

（2）不要式合同。法律不强求其形式，当事人也不要求具备一定形式的合同，为不要式合同。

6. 以时间因素在合同履行中所处的地位为标准划分

（1）单次合同。一次性给付即可使合同内容得以实现的合同为单次合同，如明确数量

---

① 崔建远．合同法［M］．6 版．北京：法律出版社，2016：1.

② 在赠与合同中，受赠人无偿获得赠与的财产，但有依合同约定使用该财产的义务；在借用合同中，出借人有义务交出物品，借用人不需要支付对价（租金），但借用人有妥善保管物品的义务。

及确定一次性交付的买卖合同。

(2) 多次合同。合同内容有多次给付，需要连续不断地实现的合同为多次合同。例如，供用电、水、煤气等合同。

7. 以合同之间的相互关系为标准划分

(1) 主合同。不以其他合同的存在为前提或不受其他合同制约而能够独立存在的合同，为主合同。

(2) 从合同。从合同又称为附属合同，它是指自身不能独立存在，而必须依附于主合同才能存在的合同。

8. 以合同权利义务的指向者是否是合同当事人为标准划分

(1) 束己合同。合同当事人为自己约定并承受权利义务的合同，为束己合同。在束己合同关系中，合同当事人不得向第三人主张权利，第三人也不得向合同当事人主张权利。

(2) 涉他合同。合同当事人在合同中为第三人设定权利或约定义务的合同，为涉他合同。涉他合同具体包括两种类型：1) 为第三人利益的合同（第三人不是合同的当事人，但合同为之设立了权利，第三人可以接受或者拒绝接受该权利）；2) 由第三人履行的合同（第三人不是缔约人，以第三人既负之给付[①]为标的，当第三人拒绝履行义务时，由合同债务人负责履行）。由第三人履行的合同，与合同权利转让不同，合同权利转让是合同权利被新的权利人承接。

9. 以合同的效果在缔约时是否确定为标准划分

(1) 确定合同。在缔约时，合同的法律效果已经确定的合同，为确定合同。

(2) 射幸合同。射幸合同又称机会性合同，是指在缔约时，合同的法律效果尚不确定的合同。如保险合同、抽奖合同等。

10. 以合同订立的时间为标准划分

(1) 预约。约定在将来某个时期内订立某合同的合同，为预约。例如，房产预售合同就是一个预约，合同当事人如果违反预约，也应依照预约的相应条款承担违约责任。

(2) 本约。履行预约而订立的合同为本约。

由于合同的划分标准不是唯一的，因此依据不同标准所划分出来的合同种类可能会存在某些交叉。如买卖合同既是有名合同、双务合同、有偿合同，也是诺成合同、束己合同、确定合同。

二、合同立法

(一) 我国的合同立法

1999 年 3 月 15 日，第九届全国人民代表大会第二次会议通过了《中华人民共和国合同法》(以下简称《合同法》，该法于 1999 年 10 月 1 日开始施行)。《合同法》实施的同时，原来颁行的《中华人民共和国经济合同法》《中华人民共和国涉外经济合同法》《中华人民共和国技术合同法》同时被废止。

---

① 第三人既负之给付，是指第三人应当履行的给付。例如，B 与 C 之间事先存在一个债权债务关系，C 应向 B 偿还人民币 10 万元。在 B 向 A 的借款合同中，约定由 C 向 A 履行 10 万元的偿还义务，这就是约定了由第三人履行合同。

（二）关于合同的国际公约及国际贸易惯例

1. 国际公约

联合国国际贸易法委员会在《国际货物买卖统一法公约》和《国际货物买卖合同成立统一法公约》基础上制定的《联合国国际货物买卖合同公约》于1980年4月在维也纳外交会议上通过。该公约是有关国际货物买卖最为重要的一项国际公约。中国政府派员参加了维也纳外交会议并于1986年12月11日批准该公约。此外，还有《统一提单的若干法律规则的国际公约》（又称《海牙规则》）、《统一提单的若干法律规则的国际公约的议定书》（又称《维斯比规则》）、《国际海上货物运输公约》等国际公约。

2. 国际贸易惯例

(1)《2010年国际贸易术语解释通则》。该通则按照卖方所承担的义务大小，把规定的11个贸易术语分成E、F、C、D四个不同的组合。第一组为“E”组（EXW），卖方在自己的地点将货物交付给买方（即国内俗称的“上门提货”）；第二组为“F”组（FCA、FAS、FOB），卖方将货物运至买方指定的承运人（即国内俗称的“指定交货给承运人”）；第三组为“C”组（CFR、CIF、CFT、CIP），卖方必须签订运输合同，但不负担货物灭失或毁坏的风险及装船和发运后产生的额外费用（即国内俗称的“代办托运”）；第四组为“D”组（DAT、DAP、DOP），卖方必须负担把货物运至目的地国家所需的一切费用和风险（即国内俗称的“送货上门”）。在国际贸易实践中，最为常用的贸易术语有三种：船上交货（指定装运港，FOB）；成本加运费（指定目的港，CFR）；成本加保险费加运费（指定目的港，CIF）。

(2)《华沙—牛津规则》。国际法协会于1932年针对CIF合同制定这一规则，对CIF合同中买卖双方应承担的责任、风险与费用作了详细的规定，它在国际上有较大的影响。

(3)《跟单信用证统一惯例》和《托收统一规则》。国际商会制定的《跟单信用证统一惯例》和《托收统一规则》，确定了在采用信用证和托收方式时银行与有关当事人之间的责任与义务，它们在国际贸易及结算中被广泛采用。

三、合同法的基本原则

（一）合同自由原则

合同自由必然意味着在符合法律规定的前提下的自由，任何借合同自由来损害国家利益、损害社会利益、侵害他人权益的行为都是无效的。合同自由具体包括：(1) 缔约自由，即当事人有权自由决定是否与他人缔结合同。(2) 选择合同相对人的自由。(3) 方式自由，即当事人有选择合同形式的自由。(4) 内容自由，即当事人有权决定合同的具体内容。(5) 变更或解除合同的自由。(6) 合同纠纷解决的自由，即合同当事人有权选择解决合同纠纷方式的自由。

（二）合同正义原则

在自由的基础上，合同还讲究正义。在胁迫、欺诈、乘人之危的情形下迫使一方违背自己真实意思而签订的合同就违背了正义的要求。因此，权利义务的合理配置、风险的合理分担以及严守诚实信用显得尤为重要。

（三）鼓励交易原则

保护和鼓励交易才能促进市场经济的发展，才有利于提高经济效益，才能实现合同当事人的缔约目的。为了贯彻这一原则，在合同立法中，严格限制无效合同的范围，对合同形式不设过于严苛的要求；在司法实践中，对于可撤销的合同倡导变更而不鼓励撤销，对于非根本性违约一般不作解除合同的裁决。总而言之，应最大限度地鼓励合法、自愿、正当、能够实际履行的交易的进行。

第二节　合同的订立与效力

一、合同的订立

合同的订立是指当事人建立合同关系的过程。建立合同关系的方式有很多，在不违反法律规定的前提下，当事人可以根据具体情况选择适合的方式建立合同关系。

（一）合同订立的基本形式

合同形式，又称合同的方式，是当事人合意的外在表现形态，是合同内容的载体。

1. 书面形式

书面形式是通过文字来表达当事人所订立合同内容的合同形式。通常以合同书、信件以及数据电文（包括电报、电传、传真、电子数据交换和电子邮件）等可以有形地表现所载内容的形式来体现。

2. 口头形式

口头形式是合同当事人以语言进行意思表示而订立合同的形式。

口头形式具有简便易行的优点，可以便捷地确立合同关系。但是，当发生纠纷时往往举证困难，导致无据可查和责任难以分清。除即时清结[①]的合同以外，不宜采用口头形式。

3. 其他形式

当事人未用书面文字、口头语言，而是使用其他形式来表达其意思表示而订立合同的形式，属于其他形式。在实践中，一般以实际行为来表达其意思。在司法实践中，对于采取积极的行为来表示订立合同的形式，推定合同成立。例如，在无人售货机上依照规则投币购物行为。

（二）合同的主要内容

书面的合同一般由以下三部分构成。

1. 合同标题及当事人

（1）合同标题。合同应根据其性质分类及核心内容确定标题，如“货物买卖合同”“房屋租赁合同”“中外合资经营企业合同”等。

（2）当事人。当事人是在合同中享有权利和承担义务的主体。当事人的名称如果出现错误，不但会造成今后合同履行的困难，还可能会造成纠纷无法顺利解决的后果。

---

① 即时清结，是指权利义务在当时便能够确定且双方对自己的义务能够全部履行完毕的情形。如零售业中的“一手交钱、一手交货”的合同关系。

2. 合同主要条款

合同主要条款是合同的必备条款，它体现合同的主要内容，确定了当事人的权利义务等基本事项。根据《合同法》的规定及司法实践，合同的主要条款包括以下几项：

（1）标的。标的是指合同当事人权利义务共同指向的具体对象。如货物、租赁的房屋等物品；运输、委托事项、合作等行为；许可使用的技术、商标或者作品等智力成果；等等。以物品作为标的时，应当明确其准确的名称、详细的规格、具体的型号。

（2）数量和质量。数量是以数字和计量单位来衡量标的的尺度。质量是标的物内在素质和外观形态的综合反映。数量必须具体、明确、清楚，并使用法定计量单位；质量应符合国家强制性规定的要求。

（3）价款或者酬金。价款是获得对价的合同一方根据价格或款项支付约定而应支付的款项，如货款、租金、利息等。酬金是获得劳务或者智力成果的合同一方当事人根据合同约定支付给另一方当事人的报酬金额。价款或者酬金是有偿合同的必备条款。计价或计酬应符合公平的原则。

（4）合同履行期限、地点和方式。合同履行期限是履行合同的时间限度，是判断合同按时履行或者延迟履行的标准。合同履行地点和方式（例如送货上门或者上门提货等）将涉及费用的承担。

（5）违约责任。违约责任是合同当事人违反合同约定义务应承担的法律责任。当事人既可以约定具体数量的违约金，也可以约定违约金的计算方法（如迟延交货或者迟延付款的，以迟延交付额的一定比例计算）。只要存在违约金的明确条款，有违约事实存在（不问实际损失），即需承担违约金的支付责任。

（6）争议解决方法。合同当事人可以在合同中明确约定合同履行中出现的争议采取何种方式加以解决，一般情况下可约定通过诉讼或者仲裁的方式解决。但由于诉讼与仲裁是两种并行的纠纷解决方式，当事人只能选择其中一种方式解决争议。

（7）一般条款。一般条款又称普通条款，是相对于法定条款而言的，在法律规定必须有的条款外，当事人根据合同性质和实际需要而设定的合同条款。如货物销售合同中的质量验收条款、品牌保证条款等。

3. 合同的签署及附件

（1）签署。合同的末尾应有双方当事人（单位或个人）的签署，签署形式包括加盖单位印章（公章或合同专用章）、法定代表人或其授权签字代表的签字、个人的签字或盖章等。

（2）银行及账号。通过转账方式支付的，应注明银行及账号。

（3）签署时间。合同的签署时间，是判断合同成立甚至生效的时间标准，合同签署的时间不一致的，以最后一方的签署时间为准。

（4）附件。如果合同正本以外还有附件的，必须在合同条款下列明附件名称及页数。合同附件往往也是构成合同的一个重要组成部分，附件部分也应当加盖印章（签名）。

（三）合同关系确立的不同阶段

合同订立一般经历要约与承诺两个阶段。

1. 要约

（1）要约的概念。

要约是订立合同的一方当事人向另一方发出希望与之缔结合同的意思表示。发出要约的一方当事人称为要约人，另一方当事人称为受要约人或相对人。

（2）要约的条件。

要约必须符合以下条件：1）要约是以订立合同为目的的意思表示。2）要约原则上须向特定的人（希望与之订立合同的受要约人）发出。3）要约的内容必须明确，包括合同的主要条款（如卖方发出的要约中必须包括货物名称、规格、数量、价格、交货时间和地点等）。4）要约应表明一经受要约人承诺即受该要约的约束。5）须有特定的有效期间。

（3）要约的效力。

要约到达受要约人时产生法律效力，对要约人产生约束力，要约人在要约期内不得随意变更或者撤销要约。要约到达受要约人之后，受要约人即具有承诺的资格，但要约并不对受要约人发生任何约束力，受要约人不承担必须回复的义务。

（4）要约的撤回、撤销与失效。

要约的撤回，是指在要约发生效力之前，要约人使要约不发生法律效力的行为。在非直接对话方式和非电子数据传递方式的情况下作出的要约，要约人必须在要约生效前（要约到达受要约人之前或者撤回的通知与要约同时到达）通知受要约人，方可撤回要约。

要约的撤销，是指在要约发生效力之后、受要约人承诺之前，要约人取消要约的行为。以下两种情形不得撤销：1）要约确定了承诺期限或者以其他方式明示要约不可撤销。2）受要约人有理由认为要约是不可撤销的，并已经为履行合同做了准备工作。

要约发出后，遇有以下情形之一者效力终止：被要约人依法撤销；被受要约人拒绝；要约的有效期届满；受要约人对要约的内容作出实质性变更（受要约人对要约的任何实质性变更如改变数量、价格等，其回复则构成了一个新的要约）；要约人丧失民事行为能力；法律规定的其他情形。

2. 承诺

（1）承诺的概念。

承诺是受要约人向要约人发出完全同意要约的意思表示。承诺是一种权利，一旦承诺，合同即成立。

（2）承诺的条件。

承诺必须符合以下条件：1）由受要约人或其授权的代理人向要约人作出答复。2）承诺的内容与要约完全一致，即完全同意要约的实质内容（如仅对非实质内容进行修改，要约人没有提出新要约的，也构成承诺）。3）在要约规定的期限内到达要约人。

（3）承诺的方式。

承诺一般以通知的方式作出。在要约没有限定形式时，可由双方当事人根据交易习惯确定。但从证据力的角度考虑，承诺是构成合同关系的重要一环，因此必须以可见的方式来体现。以书面的方式承诺是最为稳妥的。

（4）承诺的撤回。

承诺的撤回是指在承诺发出但尚未生效前，受要约人收回承诺的行为。在非直接对话方式和非电子数据传递方式的情况下作出的承诺，撤回的通知必须先于或者与承诺同时到达要约人的，承诺方可撤回。承诺不可撤销。

参考案例 3-1

要约与承诺显然属于理论化的东西。当合同双方当事人在一起洽谈时，往往难以体现出这两个阶段。在日常的现实生活中，要约与承诺的两个阶段仍然可见。例如在一农贸市场上：

菜商甲吆喝道："来，看一看，新鲜的大白菜！"（广告，要约邀请）

主妇乙问："多少钱一斤？"（询价，要约邀请）

甲："便宜，两块二一斤，来十斤？"（要约）

乙："一块八差不多。"（新要约）

甲："干脆点，两块一卖给您！"（再要约）

乙："不行，两块。"（再要约）

甲："好的，卖给您！"（承诺）

分析：以上经历了"要约邀请"—"询价"—"要约"—"新要约"—"再要约"（实际中还可能出现多次"再要约"的阶段）—"承诺"的全过程。

值得注意的是，要约发出后，受要约人对要约的修改（如价格等实质性问题的变动）则构成了一个新的要约，也就是受要约人的地位发生转换（自己变成了要约人，而对方则成为受要约人），在不断地转换身份之后，很可能是最先的要约人（如本案例中的甲）成了承诺者。

（四）合同订立的程序

合同订立主要有两种程序：选择程序和竞争程序。

1. 选择程序

一般情况下，合同当事人可行使合同自由权，自由选择与自己订立合同的相对人。

2. 竞争程序

合同订立的竞争程序主要有招标和拍卖两种方式。

（1）招标。这是由多个竞争人（投标人）各自提出条件，由招标人从多个竞争人之中选择一人与之确定合同关系的合同订立方式。招标方式经过招标、投标、开标（决标）三个阶段。招标为要约邀请，投标为要约，决标为承诺。

（2）拍卖。这是由拍卖人从多个竞争人中选择出价最高者与之确定合同关系的合同订立方式。拍卖经过拍卖表示、认买、拍定三个阶段。拍卖表示为要约邀请，认买为要约，拍定为承诺。

二、合同的效力

合同的效力，即合同的法律效力，是法律赋予依法成立的合同的具有拘束当事人各方甚至第三人的强制力。

（一）有效合同

符合合同有效要件的合同为有效合同。合同有效须同时满足以下四个要求。

1. 合同当事人具有相应的民事行为能力

合同当事人具有相应的民事行为能力通常被称为合同主体合格。如自然人必须具有民事行为能力，专为特定目的而设的经济活动组织必须在其营业执照上核准的经营范围内从事经营活动。[①]

2. 意思表示真实

合同是当事人意思表示一致的反映，当事人的意思表示应与表示行为相一致。意思表示不真实，如重大误解或乘人之危而出现的显失公平的合同，以及在欺诈、胁迫条件下所订立的合同，将可能因意思表示不真实而被撤销。

3. 内容及程序合法

合同的内容和订立的程序应当合法。《合同法》第 7 条规定："当事人订立、履行合同，应当遵守法律、行政法规，尊重社会公德，不得扰乱社会经济秩序，损害社会公共利益。"

4. 合同标的确实可行

合同的标的决定着合同当事人权利义务的质和量。客观上不存在的东西，不能作为合同的标的，客观上虽然存在但在法律上无法实现其权利的，也不能作为合同的标的。

参考案例 3-2

1980 年，丹尼斯·霍普在美国旧金山土地管理局以"月球大使馆"的名义进行了一次登记证明，宣称其拥有月球的土地所有权。之后，他分别向美国、苏联政府及联合国致函宣称其拥有月球。2005 年 8 月，北京的"月球大使馆"负责人与美国的"月球大使馆"签署《独家经销协议》，在中国境内独家经销月球土地。2005 年 10 月 19 日，北京的"月球大使馆"宣布正式开盘出售月球土地，三天后，该"月球大使馆"经营活动被叫停。但在这三天里，已有 34 个人买走了 49 英亩的月球土地。[②]

分析：法律上承认并保护的物必须是人力所能支配和控制，且具有使用价值和交换价值的物质形态。目前国际上认可的外太空星球只有命名权而无所有权，因此任何组织和个人都无权宣称对其拥有所有权，也不得以其为标的进行买卖。月球土地的买卖，其标的不仅是法律上的不能，而且也是事实上的不能。

（二）无效合同

根据《合同法》的规定，有下列情形之一的，合同无效：

（1）一方以欺诈、胁迫的手段订立合同，损害国家利益。

（2）恶意串通，损害国家、集体或者第三人利益。

（3）以合法形式掩盖非法目的。

（4）损害社会公共利益。

（5）违反法律、行政法规的强制性规定。

同时，《合同法》第 53 条还规定，合同中的下列免责条款无效：造成对方人身伤害

---

① 过去对于超越经营范围所签订的合同，一律依照无效合同予以处理。1999 年 10 月 1 日《中华人民共和国合同法》实施后，司法实践中对于非特殊限制的交易行为，不再因主体超越经营范围而判定合同无效。

② 金陵．出售月球土地定性投机倒把，购地地主可退全款［EB/OL］．（2005-12-23）［2019-12-08］．http：//news.sohu.com/20051223/n241103347.shtml.

的；因故意或者重大过失造成对方财产损失的。

合同的无效可分为全部无效和部分无效。人民法院或者仲裁机关在案件审理中，须对合同是否有效进行审查。合同被认定为无效的，则合同自始不具有法律约束力，尚未履行的合同不再履行；已经履行（或者部分履行）的，在不损害国家利益、不危害社会利益、不侵害第三人权益的情况下，可依照相互返还的原则处理。对造成合同无效有过错的一方，应当承担因过错而造成对方损失的赔偿责任；如果双方均存在过错，应按照过错比例分担责任。

（三）可变更、可撤销合同

可变更、可撤销合同，是指虽然已经成立，但合同有效要件的某个方面存在着可变更、可撤销的原因，可由当事人申请变更或者撤销的合同。可变更、可撤销合同形成的原因具体有以下几种情形：

（1）欺诈。欺诈是指通过虚构或隐瞒事实、发布虚假信息、签订虚假合同以及夸大宣传等手段，误导、欺骗对方以骗取钱财和各种物质利益，破坏市场经济秩序、损害他人合法权益的行为。

（2）胁迫。胁迫是指行为人以给另一方当事人或者其近亲属的生命、身体健康、名誉、财产等方面造成损害为要挟、恫吓。

（3）乘人之危。乘人之危是指故意利用他人的危难处境，迫使其订立对其极为不利的合同之状态。

（4）重大误解。重大误解是指误解人作出意思表示时对涉及合同法律效果的重要事项存在着认识上的显著缺陷，其后果是使误解人受到重大的损失，以致根本无法实现缔约的目的。

（5）显失公平。显失公平是指双方当事人的权利义务明显不对等，已经超过了法律许可的范围，且因违反公平原则而使一方遭受重大不利的后果。

可变更、可撤销合同与无效合同不仅在形成原因方面不同，而且在存续状态下的定性也不同。无效合同自始无效；可变更、可撤销合同在尚未变更或撤销前，对合同当事人仍有约束力，而且是否变更或撤销的主动权在于合同当事人，法院或者仲裁机构不得主动加以变更或撤销。合同当事人行使撤销权的，应当在撤销权人知道或者应当知道撤销事由之日起 1 年内提出（因重大误解而行使撤销权的期限为 3 个月），超过该期限的为除斥期满，其撤销权消灭。

（四）效力待定合同

效力待定合同是指合同有效要件的某个方面存在瑕疵，其效力尚处于不确定状态的合同。在理论上，学者们通常称之为“合同效力的补正”。①

效力待定合同主要存在于以下几种情况：

（1）限制民事行为能力人订立的合同。限制民事行为能力人超过其日常生活所必需的合同，应由其法定代理人追认方为有效。在其法定代理人尚未表态追认或者明确表示拒绝追认之时，该合同的效力处于待定状态。法定代理人不作任何表示的，视为拒绝追认。

（2）行为人没有代理权、超越代理权或者代理权终止后以被代理人名义订立的合同，未经被代理人追认的，对被代理人不发生效力，由行为人承担责任。但相对人可以催告被

① 崔建远．合同法［M］．6 版．北京：法律出版社，2016：79.

代理人在1个月内予以追认，在该时期内被代理人未作意思表示的，为效力待定。

（3）无处分权的人处分他人财产，其处分行为无效，但经追认或无处分权的人在订立合同后取得处分权的，该处分行为有效。

（五）表见代理合同

表见代理合同是指代理人没有代理权、超越代理权或者代理权终止后，而相对人（合同签订的另一方）有理由相信其确有代理权而与之签订的合同。

构成表见代理合同须具备以下条件：

（1）行为人为无权代理人。

（2）合同相对人有理由相信行为人具有代理权而与之签订合同。

（3）合同相对人为善意且无过失。

（4）行为人与合同相对人之间的民事行为具备民事行为的有效要件。

表见代理合同为有效合同，被代理人应承担合同责任。

参考案例3-3

2018年3月30日，A公司向B公司出具一份授权委托书，授权其公司销售部经理甲与B公司签订购销水泥的合同，授权期限为1年；甲持该授权委托书代表A公司与B公司签订了多份合同并履行完毕。2019年3月20日，甲被公司除名并登报公告。2019年3月21日，甲仍以A公司的名义与B公司签订了一份水泥购销合同，B公司不知甲已丧失代理权，仍依照过去的习惯做法与之签订合同并依合同约定交货，却一直未收到货款。于是B公司发函向A公司追索欠款。A公司以甲已丧失代理权且实际上没有收到货物为由拒绝付款，认为B公司应当向公安机关报案解决。

分析：甲原本拥有A公司的合法授权，2019年3月20日被公司除名后其代理权丧失。但由于A公司明知已经将有效期为1年的授权委托书交付给了B公司而未直接告知B公司，只以登报的形式公告甲被除名，该公告不符合法律公告的规定。B公司依据有效期尚未届满的授权委托书并结合甲过去的代理行为和与A公司的交易往来，有理由相信甲仍有代理权。因此，甲代理A公司与B公司所签订的购销合同为表见代理合同。A公司应承担该合同的付款责任。

第三节　合同的担保与履行

一、合同担保

（一）合同担保的概念及作用

合同担保是合同当事人为确保履行合同义务而事先提供的保证方式。合同担保的作用在于对合同可能出现的违约所造成的损失预先予以防范的保障措施。

（二）合同担保的主要方式

1. 保证

保证俗称“人保”，是保证人与债权人约定，当债务人不能履行债务时，保证人按照约定履行债务或者承担责任的承诺行为。保证实质上是保证人向债权人提供的一种信用担保。

（1）保证的种类。

保证合同可以单独订立，也可以在债务合同中以保证条款的方式出现。保证分为连带保证和一般保证。

1）连带保证。它是指债务人不履行债务时，保证人与债务人具有同等的偿还责任，在诉讼中可作为共同被告出现，保证人与债务人的清偿责任同等，不分先后彼此，债权人无须先向债务人主张权利。在合同中如果没有“一般保证”字样，也没有类似表达“在债务人不能履行债务时，由保证人承担保证责任”含义的语句时，推定为连带保证。

2）一般保证。它又称为补充清偿保证，是指债务人不履行债务时，债权人应先向债务人主张权利，当债务人依法履行偿还责任后，保证人对债务人尚未清偿的债务部分承担补充清偿的责任。

在司法实践中，对于一般保证人的保证责任，应限制在债务人实际不能清偿的债务部分。在主合同纠纷未经审判或者仲裁，并就债务人财产依法强制执行仍不能履行债务之前，一般保证的保证人依法享有先诉抗辩权。因此，应先对债务人的清偿能力进行确定，然后再确定一般保证人的补充清偿责任。

参考案例 3-4

2019 年 1 月 1 日，A 公司与 B 公司签订了一份《销售合同》，约定由 A 公司先向 B 公司交付价值 100 万元的货物，B 公司在验收货物后一个月内付款，违约者应承担应付货款 20%的违约金。在该合同中，C 公司作为 B 公司的保证人。2019 年 1 月 10 日，A 公司依约交付货物后，由于 B 公司资金周转困难而无法按时付款。A 公司遂将 B 公司、C 公司告上法庭。

第一种情况：保证人 C 公司承诺对 B 公司的债务承担“保证责任”。法院判决 B 公司、C 公司对该 100 万元的债务、20 万元违约金承担连带清偿责任。在 A 公司申请法院强制执行中，法院调查获悉 B 公司在银行账户中有存款 50 万元，而 C 公司则有 120 万元。法院依法将 C 公司的 120 万元裁定划入 A 公司的账户，完成了执行。

第二种情况：保证人 C 公司承诺对 B 公司的债务承担“一般保证责任”。法院判决 B 公司对该 100 万元的债务、20 万元违约金承担清偿责任；C 公司承担补充清偿责任。在 A 公司申请法院强制执行中，法院调查获悉 B 公司在银行账户中有存款 50 万元，而 C 公司则有 120 万元。法院依法先将 B 公司的 50 万元裁定划入 A 公司的账户，之后裁定将 C 公司的 70 万元划入 A 公司的账户，完成了执行。

分析：连带保证责任要大于一般保证责任。保证人在承担保证责任后，与债务人之间形成第二层债权债务关系，即保证人在履行对外的保证责任后，可向债务人主张债权。在第一种情况下，保证人的 120 万元被划入 A 公司之后，C 公司可向 B 公司主张 120 万元的保证债权；在第二种情况下，保证人的 70 万元被划入 A 公司之后，C 公司可向 B 公司主张 70 万元的保证债权。

（2）保证人的限制。

以下组织或者个人不得为经济活动提供对外保证：党、政、军机关；以公益为目的的事业单位和社会团体；企业的内部组织；政府官员或行政人员以公务员的身份。

（3）保证期限。

保证合同或者条款中，如果没有明确约定保证期限的，则保证期限为 6 个月，自主债务应当履行期限届满之次日起开始计算。超过保证期限而没有续签保证合同的，保证人不再承担保证责任。

2. 定金

（1）定金的概念和作用。

定金是合同当事人一方在合同成立前或合同成立时，为保证合同的履行而向对方当事人交付一定数额的款项。定金实际上是金钱支付形式的担保。

定金有三个作用：一是证明合同成立；二是起预付作用；三是违约惩罚。在违约惩罚方面，《合同法》明确规定：给付定金的一方不履行债务的，无权要求返还定金；接受定金的一方不履行债务的，应当双倍返还定金。该规定被称为定金罚则。

（2）定金的规则。

定金以实际交付为准，也就是合同约定交付定金，但实际上并未交付，另一方当事人不能再要求法院判令其支付定金或者按照约定的定金额来处罚。

定金数额由合同当事人约定，但不得超过合同标的额的 20%（超出的部分不认可为定金，列为预付款处理）。

（3）定金与预付款的区别。预付款一般由买方提前支付，定金可约定任何一方向对方交付；预付款不具有惩罚作用，定金有惩罚的作用；当合同当事人不履行合同时，预付款必须全额退还交付方，但违约方无权取回定金。

（4）定金与违约金的区别。

违约金与定金罚则可以同时在合同中约定，但当违约事由出现后，守约的一方只能选择其中之一来获得违约的救济。定金与违约金的不同之处在于：1）违约金可以约定具体的数额，也可约定违约金的计算方式，而定金一般应确定具体的数额；2）尽管违约金与定金在惩罚方面均须有违约事实出现，但违约金为违约事实发生并在分清责任后确定，而定金要事先交付；3）违约金与实际损害结果挂钩，而定金罚则无须理会是否存在实际的损害。

值得注意的是，日常生活中人们经常使用“订金”“预付订金”“保证金”等术语，而法律上并没有这样的概念。在司法实践的处理中，对待“订金”“预付订金”“保证金”等，应分析其条款的具体约定加以处理。

3. 抵押

抵押是合同当事人一方或者合同外第三方（即抵押人）向合同另一方（即抵押权人）提供一定的财产，以保证履行合同义务的担保方式。抵押应签订抵押合同，或在合同中加入抵押条款。抵押实质上是用物之价值设定的担保。

抵押应遵守以下规则：

（1）抵押财产的范围可为不动产，亦可为动产。

（2）抵押登记。以不动产设立抵押的，应当办理抵押登记，抵押权自登记时生效。以动产设立抵押权的，可以办理抵押登记，抵押权自抵押合同生效时设立。动产抵押未经登记不得对抗善意第三人。

（3）抵押不转移占有。抵押的财产不转移占有权，可由财产所有权人正常使用或出租。

（4）抵押不破租赁，即财产设定抵押不影响在抵押前已经设定的租赁关系，原租赁关系继续有效。

（5）抵押权人有优先受偿权，抵押权人就该抵押财产拍卖或者折价后所得的款项，抵押权人有优先于其他一般债权人的优先受偿的权利。

（6）流质条款无效。抵押权人在债务履行期届满前，不得与抵押人约定债务人不履行到期债务时以抵押财产直接冲抵债务，抵押财产归债权人所有。

（7）设置抵押的除外规定。下列财产不得设置抵押：土地所有权；耕地、宅基地、自留地、自留山等集体所有的土地使用权；学校、幼儿园、医院等以公益为目的的事业单位和社会团体的教育设施、医疗卫生设施和其他社会公益设施；宗教财产；所有权、使用权不明或有争议的财产；依法被查封、扣押、监管的财产；依法不能抵押的其他财产。

4. 质押

质押是合同当事人一方或者合同外第三方（即质押人）向合同另一方（即质押权人）提供一定的权益或者动产，以保证履行合同义务的担保方式。质押应签订质押合同，或在合同中加入质押条款。质押实质上是以权益所设定的一种担保方式。

质押应遵守以下规则：

（1）质押转移占有。设置质押应当将权属证书或者该动产交付给质押权人。

（2）质押登记。一般情况下，以动产或者权利设置质押的，质押权自质押人将动产或者权利证书交付给质押权人时生效。动产质权或者权利质权没有登记的，不影响质押权的生效，但不得对抗善意第三人。对于某些特殊的权利设置质押的，应当办理质押登记，如以基金份额、股权、知识产权中的财产权以及应收账款等。其他没有权利凭证的权利出质的，应当向权利登记相关部门办理质押登记，质权自登记时生效。

（3）质押权人有优先受偿权。质押物折价或者拍卖后，获得的款项用于偿还债务，质押权人可优先受偿；权利质押，债权人可就其占有的权利优先受偿。

5. 留置

留置是指债权人在法定范围内依照合同约定被动地占有债务人的财产，债务人逾期履行债务时，债权人有留置该财产拒绝交付并就该财产优先受偿的权利。留置实质上是一种拒绝交付权形式的自我保护状态。

留置应遵守以下规则：

（1）法定范围。债权人应在法定范围及有合同依据的情况下取得债务人的财产。加工承揽、仓储、运输、保管行业，为法律允许留置的行业；在此类合同中，一般会明确约定“当债务人不履行债务时，债权人有权留置其财产”。

（2）留置以动产标的物为限。土地使用权、房产、种植的林木等不动产，不适用留置。

（3）留置为拒绝交付权。债务人不履行债务（如不支付加工费、仓储费、保管费、运输费、修理费等）时，债权人有权拒绝交付该动产。

（4）收取留置物品之孳息。收取的孳息应当首先用于冲抵取得孳息的费用。

（5）留置保管费用由债务人承担。

（6）留置期限。没有明确约定留置期限的，一般情形下留置期限为两个月（鲜活产品等特殊物品需要紧急处理的除外）。

（7）留置权人对该留置物品的变价享有优先受偿权。经过拍卖或者折价获得的款项，留置权人有优先受偿权。

（8）留置保管义务。留置权人应妥善保管其留置的财产，如保管不当造成损失的，应承担相应的责任。

二、合同的履行

（一）合同履行的一般原则

合同履行是指合同的债务人全面、适当地完成其合同义务，使合同债权得以完全实现的行为。

合同履行应遵循以下原则。

1. 适当履行

适当履行是指按照合同的所有约定，由适当的主体在履行期限内、在指定履行地点、以适当的履行方式实际、全面地完成合同义务。这不仅要求合同履行的主体符合合同要求，也要求履行的时间、地点、数量、质量、价款以及其他约定事项的完成符合合同要求。

2. 协作履行

《合同法》第60条规定："当事人应当遵循诚实信用原则，根据合同的性质、目的和交易习惯履行通知、协助、保密等义务。"协作体现为三个方面：一是债务人履行义务时，债权人应适当受领；二是债权人应为债务人履行合同义务提供或创造必要的条件；三是因故不能履行或不能完全履行义务时，应采取积极措施减少损失。

3. 经济合理

在没有明确约定的情形下，当事人履行合同义务时，应讲求经济效益，以付出最小的成本，取得最佳的合同效益为原则。

4. 情势变更

合同依法成立后，因不可归责于任何一方当事人的原因发生了不可预见事由，导致合同的基础丧失或者合同根本目的落空，若继续履行合同则会显失公平的状态，称为"情势变更"。情势变更的适用条件为：确实有情势变更的事实发生；情势变更的事实发生在合同成立之后履行完毕之前；情势变更的事实发生不可归责于合同当事人；情势变更为当事人不可预见；如继续履行合同将使原合同显失公平。

情势变更不同于商业风险。商业风险为合同当事人应当预见和可预见到的商业活动固有的风险，如供求变化、物价波动等。情势变更也不完全等同于不可抗力。不可抗力发生后，可能形成一方完全不能履行合同义务或者某个阶段暂时不能履行义务的状况。当不可抗力事件的影响消除后可能会继续履行义务，例如因雪崩导致道路坍塌，无法按时交货，但道路交通恢复后可继续履行交货义务。当不可抗力导致合同履行十分困难，但又尚未达到完全不能履行的程度，如按合同约定继续履行将会显失公平，方可适用情势变更。如战争导致物价暴涨几倍乃至几十倍，卖方尽管有货可交，但若继续依原合同执行，将会显失公平。

对情势变更，实践中有三种处理方式：一是再协商；二是变更合同；三是解除合同。我国的《合同法》未对情势变更作出规定。

（二）合同约定不明状态下的履行

双方就合同的质量、价款或者报酬、履行地点等内容没有约定或者约定不明确的，可以协议补充；不能达成补充协议的，按合同有关条款或依交易习惯确定；仍不能确定的，适用下列规定：

（1）质量要求不明确的，按照国家标准、行业标准履行；没有国家标准、行业标准的，按照通常标准或符合合同目的的特殊标准履行。

（2）价款或者酬金不明确的，按照订立合同时合同履行地的市场价格履行；依法应当执行政府定价或者政府指导价的，按照规定履行。执行政府定价或者政府指导价的，在合同约定的交付期限内政府价格调整时，按照交付时价格计价，逾期交付的遇价格上涨时，按原价格执行，价格下降时，按新价格执行；逾期提货遇价格上涨时，按新价格执行，价格下降时，按原价格执行。

（3）履行地点不明确，给付货币的，在接受货币一方所在地履行；交付不动产的，在不动产所在地履行；其他标的，在履行义务一方所在地履行。

（4）履行期限不明确的，债务人可以随时履行，债权人也可以随时要求履行，但应当给对方必要的准备时间（依照交易习惯确定）。

（5）履行方式不明确的，按照有利于实现合同目的的方式履行。

（6）履行费用的负担不明确的，由履行义务一方负担。

（7）其他不明事项，按照合同性质及合同目的，参照交易惯例并依照公平合理原则确定。

（三）合同履行抗辩权的行使

合同履行抗辩权是指在双务合同中，在符合法定条件时，债务人有对抗债权人的履行请求，暂时拒绝履行其债务的权利。

合同履行抗辩权是合同履行中的一种临时性拒绝履行的抗辩权利，它并不必然产生消灭合同履行的效力，待抗辩原因消失后，债务人仍须继续履行合同债务。从对合同当事人权益的保障方面分析，抗辩权行使的作用次于担保却高于违约责任，是法律赋予当事人的一种积极有效的预先防范权利。

1. 同时履行抗辩权

同时履行抗辩权是指在双务合同中，未约定先后履行的，合同当事人一方在对方未为对待给付以前，有拒绝对方要求自己履行债务的权利。

2. 先履行抗辩权

先履行抗辩权是指在双务合同中，当事人互负债务且有先后履行顺序的，先履行一方未依约履行（包括不履行或者履行不符合约定）之前，后履行的一方有拒绝其履行请求的权利。

3. 不安抗辩权

不安抗辩权是指在双务合同中，应当先履行债务的当事人有确切证据证明对方有不履行债务或者丧失履行债务能力的情形，在明确通知合同对方并出示证据之后，在合同对方没有提供切实有效的担保之前，有拒绝其要求自己先行履行债务请求的权利。

合同对方出现以下情形，先履行合同债务一方可行使不安抗辩权：经营状况严重恶化；转移财产、抽逃资金，以逃避债务；严重丧失商业信誉（如拒不执行法院生效的裁判文书偿还债务等）；有丧失或者可能丧失履行能力的其他情形。

对先履行义务的当事人行使不安抗辩权的要求如下：

（1）不能为对待给付的现实危险发生在合同成立之后。

（2）要有相应的证据。在后履行义务的合同对方当事人不能为对待给付应当有相应的证据显示，不能是在先履行义务的当事人所假定的情形。当事人没有确切证据而中止履行的，应当承担违约责任。

（3）及时通知对方。当事人依法中止履行义务之前应当及时通知对方；如果没有通知对方的，应承担违约责任。

（4）担保除外。如合同在订立时设置有担保，则不能行使该权利。

（5）暂时中止。在后履行义务人没有提供适当担保之前，先履行义务人可以中止履行合同；当在后履行义务人提供了适当担保后，不安抗辩权归于消灭，先履行义务人应当恢复履行义务；如果在合理期限内后履行义务人仍未提供担保，或者在该抗辩权消灭后在先履行义务人未恢复履行合同义务的，对方可以解除合同。

参考案例 3-5

2019 年 10 月 10 日，A 公司与 B 公司签订了销售合同，约定由 A 公司于 2019 年 11 月 18 日前向 B 交付价值 30 万元的货物，B 公司在收到货物后 3 日内付款，违约者应承担应付货款 20%的违约金并赔偿违约所造成的损失。

2019 年 10 月 16 日，A 公司在当地报纸上看到人民法院关于强制执行的公告，该公告含有 B 公司在与 C 公司的合同债务纠纷中，B 公司拖欠货款 100 万元尚未支付的内容。A 公司立即以传真方式通知 B 公司并附上该报纸的复印件，以其“严重丧失商业信誉”为由要求其提供担保，宣布中止履行合同的交货义务。

分析：在双务合同中有先后履行顺序约定的，正常情况下在先履行一方履行义务后方可向在后履行一方主张权利。因此，对于在先履行的合同当事人中止履行有严格的条件及程序要求。对于不安抗辩权的行使不仅有实质条件的要求，也有程序性要求。在实质条件方面，经营状况严重恶化、转移财产、抽逃资金以逃避债务之证据都显而易见，但对于“严重丧失商业信誉”的判断则显得相对困难。本案中，B 公司欠下巨额债务无法偿还不但证明了其经营状况恶化，也体现出了其丧失商业信誉。如果 A 公司依约交货，其结果也可能与 C 公司一样成为最后胜诉却无法拿到货款的名义债权人。

（四）合同履行中的保全

合同保全是指为防止债务人责任财产的不正当减少（偿债能力降低）给债权人权利带来危害而设置的一种保全形式。

合同保全的方式主要包括行使代位权和撤销权。

1. 代位权

代位权是指因债务人怠于行使其对第三人到期的债权，而对债权人造成损害的，债权人可以向人民法院请求以自己的名义代位行使债务人对第三人的债权，以保全自己的利益实现的权利，但该债权具有人身专属性的除外。

代位权的行使应当符合以下条件：

（1）债权人对债务人的债权合法、确定，且必须已届清偿期。

（2）债务人怠于行使其到期债权。

（3）债务人怠于行使权利的行为已经对债权人造成损害（不能偿还债务）。

（4）债务人的债权不是专属于债务人自身的债权。

代位权是一种保全性的权利，代位权的行使范围以债权人的债权为限。债权人行使代位权的必要费用由债务人负担。债权人向次债务人提起的代位权诉讼经人民法院审理后认定代位权成立的，由次债务人向债权人履行清偿义务，债权人与债务人、债务人与次债务人之间相应的债权债务关系即予消灭。

2. 撤销权

撤销权是指因债务人放弃其到期债权或者无偿（含不合理低价）转让财产，对债权人造成损害的，债权人可向人民法院请求撤销债务人该行为的权利。

撤销权的行使应符合以下三个条件：

（1）债务人有放弃到期债权或者无偿（含不正常的低价）转让财产的行为，造成对债权人的损害。

（2）债权人须自知道或者应当知道撤销事由之日起 1 年内行使撤销权，超过 5 年的撤销权消灭。

（3）撤销权的行使范围。撤销权的行使以债权人的债权为限。债权人行使撤销权的必要费用由债务人负担。

第四节　合同的变更、转让与解除

一、合同的变更

（一）合同变更的界定

合同变更是指在合同成立后、尚未履行完毕前，合同当事人经过协商一致就合同内容进行修改和补充的行为。

广义的合同变更，是指合同法律关系当中主体、客体、内容中任何一个方面的改变。狭义的合同变更，是指合同法律关系中客体和内容的改变。我国的合同法采纳狭义变更说，将合同主体的变更列入合同转让的范畴。

（二）合同变更的要求

《合同法》第 77 条规定："当事人协商一致，可以变更合同。法律、行政法规规定变更合同应当办理批准、登记等手续的，依照其规定。"第 78 条规定："当事人对合同变更的内容约定不明确的，推定为未变更。"

二、合同的转让

（一）合同转让的界定

合同转让是指合同一方当事人依法将其享有的合同权利义务全部或者部分转让给第三

人的行为。依照转让的内容不同，合同转让可分为以下三种。

1. 合同债权转让

合同债权转让是指不改变合同关系的客体和内容，债权人通过与第三人订立合同的方式，将债权全部或者部分转让给第三人享有的行为。

合同债权转让，依当事人意思自治处理，但属于下列情形的，不得转让：

（1）根据合同性质（如涉及人身权利的）不得转让的债权。

（2）按照当事人约定不得转让的债权。

（3）依照法律的规定不得转让的债权。

2. 合同债务转让

合同债务转让是指不改变合同关系的客体和内容，债务人通过与第三人订立合同的方式，将债务全部或者部分转让给第三人承担的行为。

3. 合同债权债务的一并转让

合同债权债务的一并转让是指不改变合同关系的客体和内容，合同一方当事人将自己在合同中的权利义务一并转移给第三人的情况。

除合同当事人与第三人通过合同方式转让债权债务外，合同一方当事人出现合并、分立状况的，也是产生合同债权债务一并转让的主要原因之一。

（二）合同转让的要求

合同债权转让并未加重债务人履行债务的责任，因此债权人转移债权无须征得债务人的同意，但必须通知债务人以便债务人向新的债权人履行债务；如未通知债务人的，该转让对债务人不发生效力（债务人仍向原债权人履行债务）。

合同债务转让，因债务人的资产信用状况不同，转换主体后新的合同债务主体可能因偿债能力低于原债务人而导致债权人的损失，因此债务人转移债务必须征得债权人的同意；法律、行政法规规定转移债务应当办理批准、登记手续的，应当办理批准、登记手续。

合同债权债务通过合同约定一并转让给第三人的，应取得合同对方当事人的同意；经济活动主体因合并、分立而转让债权债务的，应及时通知合同对方当事人。当事人订立合同后合并的，由合并后的法人或者其他组织行使合同权利、履行合同义务；当事人订立合同后分立的，除债权人和债务人另有约定的以外，由分立的法人或者其他组织对合同的权利和义务享有连带债权和承担连带债务。

三、合同的解除

（一）合同终止与解除

合同终止是指因一定的法律事实出现而导致合同双方当事人之间的权利义务关系消灭。合同解除是指合同关系因一定的法律事实出现或经双方当事人协商同意而使原本存在的合同关系不复存在。合同解除是合同终止的原因之一。

导致合同终止的原因主要有：债务已经依约全部履行完毕；合同被解除；债务相互抵消；债务人依法将标的物提存[①]；债权人免除了债务人的债务责任；债权债务归于一人

---

① 提存是指债权人无正当理由拒绝受领或者因其他原因（下落不明）不能受领，债务人将标的物连同提存书呈交政府设立的提存机构（中国为公证处），从而实现履行合同债务的行为。

（合并）；法律规定或当事人约定终止的其他情形。

（二）合同解除的类型

1. 协议解除

协议解除是指合同当事人在合同成立后尚未履行或尚未全部履行完毕之前，通过协商一致同意解除合同的行为。

2. 约定解除

约定解除是指在合同中已经明确约定有解除的情形，当合同成立后尚未履行或者尚未全部履行完毕之前，出现了解除的情形时，当事人依合同约定行使权利使合同关系得以解除。但约定解除权行使有时间限定的，超过该期间，守约的一方无权要求解除合同。

3. 法定解除

法定解除是指法律对解除合同有明确的规定，当出现符合法律规定的事由时，当事人可以解除合同。

《合同法》规定，当出现以下事由时，当事人可以解除合同：

（1）因不可抗力致使不能实现合同目的。

（2）在履行期限届满之前，当事人一方明确表示或者以自己的行为表明不履行主要债务。

（3）当事人一方迟延履行主要债务，经催告后在合同期限内仍未履行。

（4）当事人一方迟延履行债务或者有其他违约行为致使不能实现合同目的。

（5）法律规定的其他情形。

（三）合同解除权的行使

合同当事人依法可单方面作出意思表示而解除合同，但应当注意相关的程序性要求。

1. 在期限内行使解除权

在法定期限、约定期限届满或者在合理期限内没有行使解除权的，该权利消灭。

2. 通知义务

合同当事人一方依法行使解除权时，必须通知对方。合同自通知到达对方时解除。没有通知的，解除无效。

3. 批准、登记手续

法律规定解除合同必须办理批准、登记手续的，必须经批准、登记后合同方可解除。

4. 解除合同后的善后工作

合同被解除后，尚未履行的终止履行；已经履行或者部分履行的，可根据履行的实际情况及合同性质，采取恢复原状或者其他补救措施。合同解除，并不当然免除违约方的责任。因合同解除而受到损失的，除具有免责事由外，守约且受损失的一方有权要求违约方赔偿损失。合同解除后，合同双方应协助解决解除合同后的其他善后事宜，如清点物品、交接场地等。

第五节　违约责任

一、违约的判断标准

违约责任是指合同当事人不履行合同义务或者履行合同义务不符合要求时应承担的民

事责任。

违约的判断标准主要有下述两个方面。

（一）法律的直接规定或合同的约定

《合同法》对某些违约行为直接规定了其违约责任，如不履行合同，交付定金的一方无权取回定金，收取定金的一方应双倍返还定金等。但是，法律直接规定违约的情形比较少，通常是由当事人在合同中约定。

（二）违约事实的存在

除非属于不可抗力，或者在合同上有免责的约定，无论合同当事人主观上是否存在过错，只要有违约事实的发生，不履行合同的当事人就应当承担违约责任。

二、免责事由

（一）合同约定的免责事由

当事人在合同中可以约定免责的事由。列入免责范围的事项，应由合同双方当事人充分协商一致。出现内容不合法的免责约定，如对于造成对方人身伤害或因故意、重大过失造成对方财产损失的免责，该免责条款无效。对于法律、法规专门规定的责任，其单方宣称免责的店堂告示也属无效。

（二）不可抗力

不可抗力是指不能预见、不能避免并不能克服的客观情况。通常情况下，战争、政变、动乱、自然灾害为合同当事人不能预见、不能避免且不能克服的客观情况，列入不可抗力的范畴。

《合同法》第117条规定："因不可抗力不能履行合同的，根据不可抗力的影响，部分或者全部免除责任，但法律另有规定的除外。"第118条规定："当事人一方因不可抗力不能履行合同的，应当及时通知对方，以减轻可能给对方造成的损失，并应当在合理的期限内提供证明。"

（三）货物本身的自然性质导致的损失或者合理损耗

运输部门或者保管部门对货物在运输或者保管中因货物本身的自然性质出现损毁、灭失，或者造成的合理损耗，有证据加以证明的，运输部门或者保管部门不承担责任，由货主负担。

（四）债权人的过错

因债权人的过错导致债务人无法履行合同义务的，债务人不负违约责任。当事人一方违反合同受到损失的，应当及时采取措施防止损失的扩大，没有及时采取措施致使损失扩大的，违反合同的一方无权就扩大的损失要求赔偿。如果当事人双方都违反合同的，应当分别承担各自应负的民事责任。

三、违约责任的承担

（一）继续履行合同

继续履行又称强制履行、依约履行，是指违约方不履行合同时，由法院强制违约方继续履行合同债务的责任承担方式。继续履行应根据合同的性质和标的确定。在涉及交付金钱、货物、房屋产权、票证方面，可以判令义务人继续履行。涉及人身，特别是特定人之人身行为方面，如表演、设计行为等，则难以强制其继续履行。对于无论是法律上不能还是事实上不能的，都不应该再有继续履行责任的发生。继续履行常见的表现形式为：限期履行应履行之债务（如支付款项、交付货物等）；修理、重作、更换等。

（二）支付违约金

违约金是指违反合同约定或者法律规定的合同当事人，因承担违约责任而向守约方支付一定数额的款项。依当事人约定或者法律直接规定，在一方当事人违约时向守约的另一方支付一定数额金钱或者给付的违约金，相对于主债务而言是一种从债务。

违约金成立的前提是合同依法成立并生效。未建立合同关系，或者合同订立却无效，又或者合同效力不被追认、被撤销等，则违约金的债务也就不成立。但是，有效合同被解除，则合同中的违约金条款仍然可以援用。

为了防止完全的放任自由以及违约金条款成为一方压榨另一方的工具，[①]《合同法》将违约金与违约所造成的损失加以适当的平衡。《合同法》第 114 条规定：“当事人可以约定一方违约时应当根据违约情况向对方支付一定数额的违约金，也可以约定因违约产生的损失赔偿额的计算方法。约定的违约金低于造成的损失的，当事人可以请求人民法院或者仲裁机构予以增加；约定的违约金过分高于造成的损失的，当事人可以请求人民法院或者仲裁机构予以适当减少。当事人就迟延履行约定违约金的，违约方支付违约金后，还应当履行债务。”《合同法》第 116 条规定：“当事人既约定违约金，又约定定金的，一方违约时，对方可以选择适用违约金或者定金条款。”可见，关于违约金，《合同法》作出了明确的规定：以合同有效为前提；当事人自由约定；违约金数额与实际损失相对平衡；违约金与定金择一惩罚。

参考案例 3-6

2019 年 1 月 2 日，A 公司与 B 公司签订了某工矿产品购销合同，约定由买方 B 公司在签订合同时向 A 公司交付 20 万元的定金，合同签订后一个月内 A 公司将货物运至 B 公司仓库，B 公司在收到货物后一个月内付款。任何一方违约，则应向对方支付总货款 30%的违约金。2019 年 1 月 20 日，A 公司依照合同约定将价值 100 万元的货物交付给了 B 公司，至 2019 年 4 月 21 日，B 公司尚未付款。

分析： B 公司迟延付款，已经构成了违约。B 公司应承担继续履行合同（支付货款 100 万元）的义务。A 公司还可向 B 公司追究违约责任，选择性要求其支付违约金 30 万元（100 万元的 30%），或者适用定金罚则（对于已经收取的 20 万元定金不予退还或者不予冲抵货款）。

理性地考虑，如果 A 公司选择适用违约金条款，B 公司要求适当减少时，法院或者仲裁机构应在违约金约定的数额（30 万元）之下、定金数额（20 万元）之上，考虑违约的原因、违约者的主观心态、违约程度、违约所造成的实际损失、占用资金所获得的银行同期贷款利息等因素，作出适当的裁决。

---

① 崔建远．合同法［M］．3 版．北京：法律出版社，2003：628.

（三）赔偿损失

赔偿损失又称损害赔偿，是指债务人不履行合同之债而导致债权人损失时，依法承担赔偿债权人所遭受的经济损失的责任。赔偿包括了实物赔偿和金钱赔偿，通常是指金钱赔偿。

1. 约定赔偿

合同当事人可事先就合同不履行所导致的损失做预见，约定当损害事实发生后能够预见到或者应当预见到一定数额的损失赔偿，或者约定赔偿的计算方法。损失包括直接损失和间接损失。直接损失是指因违约所遭受的直接的经济减损。间接损失是指因违约而导致的可得利益的丧失，即应当得到的利益因违约行为而没有得到。

《合同法》第113条规定："当事人一方不履行合同义务或者履行合同义务不符合约定，给对方造成损失的，损失赔偿额应当相当于因违约所造成的损失，包括合同履行后可以获得的利益，但不得超过违反合同一方订立合同时预见到或者应当预见到的因违反合同可能造成的损失。"

2. 法定赔偿

由于我国实行的是实际损害赔偿原则，在法学理论上以"填平理论"作支撑，即"造成多大的损害，就给予多少的赔偿"。守约人不能因对方违约而得到超出实际损失的赔偿。因此，《合同法》无法对具体合同的赔偿数额作出具体数额或设置上限、下限的规定。但是，在某些特定的领域，如在消费领域，为保护相对弱小的消费者应有的权益，《中华人民共和国消费者权益保护法》规定，欺诈销售的，销售者除退还收取的价款并收回欺诈销售的商品外，还应承担出售商品等额的赔偿责任。

（四）其他责任

解除合同也是违约方承担违约责任的方式之一。守约的合同一方当事人在对方行为构成根本性违约时，可行使合同解除权，并不因行使解除权而影响要求赔偿损失、追究违约责任的权利。

第六节　无名合同与有名合同

一、无名合同

（一）无名合同的概念及特征

无名合同又称非典型合同，是法律对其未作特别规定，亦未赋予其特定名称的合同。尽管合同法未作专门的规定（未在分则中设专章的规定），但不等于此类合同不受法律的保护。无名合同的特征如下：

（1）标题的灵活设置。由于法律并没有对无名合同加以明确规定，因此具体的合同设置什么样的标题，可根据当事人订立合同的目的、核心内容来设定。

（2）内容的灵活约定。除《合同法》规定一般合同必须具备的条款外，当事人还可以约定其他的条款，如名词解释条款、合同目的条款、特殊约定条款等。

(3) 合同格式的灵活确定。合同采用什么文本格式由当事人确定。

(4) 法律适用的灵活选择。由于是无名合同，当事人可约定争议解决时适用的“最相类似”法律规定的范围。

(二) 关于无名合同的法律规定

《合同法》第124条规定：“本法分则或者其他法律没有明文规定的合同，适用本法总则的规定，并可参照本法分则或者其他法律最相类似的规定。”法律对无名合同的调整表现在以下四个方面：

(1) 合同法基本原则的适用。

(2)《合同法》总则一般性规定的适用。

(3)《合同法》分则或者其他法律最相类似规定的适用。

(4) 国家政策的遵守和习惯的遵循。

二、有名合同

有名合同又称典型合同，是法律赋予其特定名称，并对其作出专门或特别规定的合同。对于有名合同，在适用《合同法》总则及合同法基本原则的基础上，还要符合相关专门或者特别的规定。

(一) 买卖合同

买卖合同是出卖人转移标的物所有权于买受人，买受人支付价款的合同。

1. 出卖人

可以作为出卖人的，包括以下主体：财产的所有权人；财产经营权人（全民所有制企业法人对国家授予的财产享有包括处分权在内的经营权）；根据委托的行纪人；行使抵押权或质押权的抵押权人和质押权人；行使留置权的留置权人；依法扣押财产的人民法院。

2. 买卖的标的物

买卖合同的标的物必须是国家允许的，而且出卖人必须有权处分。法律、行政法规禁止买卖的物品或者财产权，不得作为买卖标的。

3. 买卖合同当事人的主要义务

(1) 出卖人的义务：交付标的物；转移标的物的所有权；承担标的物的瑕疵担保责任；附随的单证交付。

(2) 买受人的义务：支付价款；检验标的物；及时受领；保管瑕疵标的物。

4. 特种买卖合同

(1) 分期付款买卖合同。《合同法》第167条规定：“分期付款的买受人未支付到期价款的金额达到全部价款的五分之一的，出卖人可以要求买受人支付全部价款或者解除合同。”在合同中，出卖人还可以设立“所有权保留条款”，即在买受人尚未履行特定义务（通常是约定付清全部价款或者价款支付达到一定比例）之前，标的物的所有权仍然属于出卖人。[①]

---

① 没有做所有权保留约定的，买卖合同中标的物的所有权在标的物交付时转移，亦即标的物交付就意味着所有权从卖方转移至买方，买方没有依约付款也只是与卖方形成债权债务关系，卖方无权对已经交付的物品主张物权。

（2）样品买卖合同。样品买卖又称凭货样买卖，是当事人约定以特定的货样为标准交付货物的买卖。实际上就是双方约定，以保留的样品作为检验交付货物标准的买卖。由于交货以样品为准，因此必须由双方对样品进行封存，可以将样品委托存放在一个中立的机构保管，也可以由合同当事人各保管一份或者买方保管。

（3）试用买卖合同。试用买卖是约定买受人受领标的物后进行试验或检验，在一定期限内由买受人确定是否认可合同生效要件的买卖形式。在日常生活中，电视购物的邮寄销售大多采用这种方式。买受人明确表示对标的物认可，支付货款或转移标的物至他人，或者在约定或合理的期限内没有作出否认的意思表示，则该买卖合同生效。如买受人不确认合同生效要件，应将标的物归还；因买受人的原因导致标的物损坏而返还不能时，买受人应承担赔偿责任。

（4）招投标买卖合同。通过招标、投标、开标（验标）、评标和定标订立合同的方式确立买卖合同关系时，中标人在接到中标通知后，还须与招标人签订正式的合同，而合同的条款内容在主要方面应与招标公告等相关承诺相一致。

（5）拍卖合同。拍卖是以公开竞价的方式，确定将标的物出售给最高应价者的买卖方式，买受人应在拍卖地点作出购买的意思表示。拍卖人及其工作人员不得以竞买人的身份参与自己组织的拍卖活动，也不得委托他人代为竞买；委托人也不得参与竞买或委托他人代为竞买。经拍板成交后，买受人应与拍卖人签订成交确认书。买受人不依约交付价款的，拍卖人可不经催告而再行拍卖，买受人应承担第一次拍卖中买卖双方应支付的佣金。

（二）供用电、水、气、热力合同

供用电、水、气、热力合同是供应部门与使用方签订的供应部门连续提供电、水、气、热力，使用方支付价款的合同。

（三）赠与合同

赠与合同是赠与人将自己的财产无偿给予受赠人，受赠人表示接受赠与物而签订的合同。赠与分为无条件赠与、附条件赠与。在附条件赠与中，如果受赠人不履行赠与合同约定的义务，赠与人可行使撤销权。

赠与合同与单方的赠与行为不同，合同是双方意思表示一致的结果，赠与合同是诺成合同，可为书面形式也可为口头形式，一经承诺合同关系即成立。赠与合同的赠与人在赠与财产的权利转移之前，可以撤销赠与。但是，《合同法》第186条中明确规定：具有救灾、扶贫等社会公益、道德义务性质的赠与合同或者经过公证的赠与合同，不适用前款（即赠与人在赠与财产的权利转移之前可以撤销赠与）规定。

（四）借款合同

借款合同是出借人将款项交给贷款人，贷款人到期返还借款并支付利息的合同。

借款合同应当采取书面形式，非金融企业之间不得私自拆借，个人之间的借款合同对支付利息没有约定的或者约定不明确的，视为不支付利息。自然人之间的借款合同约定支付利息的，借款利率不得违反国家有关限制借款利率的规定。①

---

① 根据司法解释，目前自然人之间的民间借款可约定利息，过去规定利率在不超过中国人民银行同期公布的贷款利率4倍的范围内可以受到保护。在实践中，对于约定的利息，不得超过24%的年利率；对于超过24%而且实际已经支付的利息最高不得超过36%的年利率。

（五）租赁合同

租赁合同是出租人将租赁物交付承租人使用、收益，承租人支付租金的合同。

租赁合同转移的是财产使用权而非财产所有权，租赁期不得超过 20 年，超过 20 年的，租赁期视为 20 年，期满可以续订租赁合同。除另有约定外，出租人承担租赁物的修缮义务；正常使用中因租赁物的缺陷而造成承租人损害的，出租人应承担赔偿责任。承租人应依照约定或者租赁物的特性使用租赁物，并妥善保管租赁物，按期支付租金。

当承租人不依约交付租金时，出租人可首先将押金（保证金）折抵所欠付之租金，并催告承租人；超过一定期限仍未交付租金的，出租人有权单方解除租赁合同。但是，出租人不得以承租人拖欠租金为由，对租赁物采取加锁等措施阻挠承租人使用，也不得以非法方式进入租赁场所，甚至搬走承租人的物品；否则，出租人应承担侵害赔偿责任。

出租人追索拖欠租金的诉讼时效为 1 年。

参考案例 3-7

2017 年 7 月 1 日，陈某将自己拥有的一处房屋出租给大学刚毕业的小王，双方签订了一份房屋租赁合同，合同约定：(1) 租赁标的为位于×市×区××路 100 号的属于陈某个人所有的私有房屋一套（两室一厅带卫生间和厨房，配有电视机、洗衣机、厨具、大床、衣柜、沙发等日常生活设施）；(2) 租金每月 2 200 元，每月 10 日前支付当月租金；(3) 出租人向承租人收取 2 个月的月租作为押金共计 4 400 元；(4) 如连续 3 个月拖欠租金，则出租人可解除合同；(5) 租赁期限 1 年，如因承租人的原因提前解除合同，则押金不予退还，如因出租人原因终止合同，则应赔偿承租人 2 个月的租金作为补偿；(6) 合同履行期满，依约结算后，押金予以退还。

2018 年 2 月，小王被公司辞退，至 5 月连续 3 个月无法交付租金，在以押金抵扣租金后，尚欠 1 个月租金（5 月份的租金）。2018 年 6 月 11 日，小王与出租人签署了偿还欠款确认书，承诺在 2 个月内偿还，结束了租赁关系，小王搬出了该房屋。

分析：追索租金的诉讼时效为 1 年，从租金应当支付的最后一日之次日开始计算。但是，由于小王与陈某签署了偿还欠款确认书，明确了该一个月租金为欠款，承诺在 2 个月内（2018 年 8 月 11 日之前）偿还。该租金拖欠已经转为一般债务，而债务的诉讼时效为 3 年。因此，在 2018 年 8 月 12 日以后的 3 年时间内，为债权人有效行使诉权的时间。

（六）融资租赁合同

融资租赁合同是指出租人根据承租人对出卖人、租赁物的选择，向出卖人购买租赁物并交付给承租人使用，承租人向出租人支付租金的合同。

融资租赁活动集融资、买卖、租赁三位于一体，是一种新型的财产租赁形式，其以融资为目的，以融物为手段。在融资租赁关系中，包括了两个合同关系：一是融资租赁合同；二是买卖合同。实际上，就是出租人出资向第三人购买承租人所指定的财产（通常是机器设备），出租人购得该财产后交付给承租人使用，承租人依合同约定向出租人交付租金（该租金价款通常包括财产的购买价格、融资利润、租金等）的关系。融资租赁期满，通常经过办理象征性付款手续后，由承租人取得租赁物的所有权。

（七）承揽合同

承揽合同是指承揽人按定做人的要求完成工作并交付工作成果，定做人给付报酬的合同。承揽合同属于提供劳务的合同，以完成一定劳动并提供工作成果来体现。

承揽人必须依照合同约定在期限内完成工作，其工作成果必须符合要求。在加工承揽活动中，在涉及他人知识产权问题的时候，承揽人应当注意定做人委托事项中的知识产权权属是否清楚，否则，承揽人就有可能成为替他人生产假冒知识产权商品的造假人而受到处罚。承揽人在定做人不依约支付酬金时，可依法行使留置权，将工作成果暂时拒绝交付，以维护自己的权益。

（八）建设工程合同

建设工程合同是指承包人进行工程建设，发包人支付工程价款的合同。建设工程合同包括工程勘察、设计、施工（含建设监理）合同。

国家投资的建设工程，不允许承包人以带资施工的方式进行承包。发包人应依合同约定按时支付工程进度款和工程结算价款。发包人未按照约定支付价款的，承包人可以催告发包人在合理期限内支付价款；发包人逾期不支付的，除按照建设工程的性质不宜折价、拍卖的以外，承包人可以与发包人协议将工程折价，也可以申请人民法院将该工程依法拍卖。建筑工程价款就该工程折价或者拍卖的价款优先受偿。

（九）运输合同

运输合同是指承运人将旅客或者货物从起运点运输至约定地点，旅客、托运人或者收货人支付票款或者运输费用的合同。运输部门具有一定的社会公共事务性，除旅客或者托运人有违法情形外，其不得拒绝旅客、托运人通常、合理的运输要求。

在货物运输合同关系中，承运人有义务依约将货物准时、安全运至目的地，有义务及时通知收货人并妥善保管货物；除不可抗力或者货物自然性质造成及自然损耗外，因承运人的过错导致货物损毁、灭失的，承运人应承担赔偿责任。在实际的联运中，各承运人应实现有效的衔接，履行各自的义务；多式联运的经营人对全程运输承担义务。

（十）技术合同

1. 技术合同的概念

技术合同是指当事人之间就技术开发、技术转让（许可使用）、技术咨询或者服务而订立的确立当事人权利义务的合同。技术合同的标的为技术成果，对合同主体有特殊要求。

2. 技术合同的价款

在价款方面，技术转让特别是技术许可合同有其特殊性，其支付的方式一般有以下几种：

（1）一次总算。对技术的转让或者许可使用的价款一次进行总的计算确定，在具体的支付方面可以是一次性支付，也可以是分期支付。

（2）单纯提成。以技术转让或者许可使用后所产生的经济效益按一定比例提成计算，可以约定提成的固定比例，也可约定分段比例，还可约定逐年递增或递减比例。

（3）入门费（又称初付费）加提成。将合同价款分为固定的入门费和浮动的比例提成价款。在技术转让或者许可使用合同签订后满足一定条件和在一定时间内支付入门费；投产后依照产生的经济效益再支付一定比例的提成费用。

3. 技术成果的归属

委托人委托受托人进行技术开发的，技术成果的归属，合同有约定的从其约定，没有约定的，成果归属于完成成果的受托人，但委托人有使用权。

（十一）保管合同

保管合同又称寄托合同，是指寄存人将物品交给保管人保管而向其交付保管费用，保管人收取费用并在到期时将物品完好无损地交还给寄存人的合同。

保管只发生物的占有的转移，不发生所有权的变更。保管人应亲自、妥善保管财物，不得自己使用或者允许他人使用保管物。当保管物因第三人或者自然原因有可能会失去或损毁的危险情形出现时，保管人应及时通知寄存人并采取积极的措施。当寄存人领取保管物时，除可依法留置的情形外，保管人应将保管物连同保管物所产生的孳息一并交付。

寄存人提交保管的为货币、有价证券或者其他贵重物品时，应向保管人履行告知义务，经保管人验收并封存。寄存人未尽告知义务的，保管人在该保管物灭失时仅按一般物品的价值予以赔偿。

（十二）仓储合同

仓储合同又称仓储保管合同，是指存货人向保管人交付保管的仓储物并支付仓储费用，保管人为其提供仓储保管服务的合同。

在仓储合同中，存货人交付仓储物的，保管人应当给付仓单。仓单是表示一定数量的货物已交付的法律文书，属于记名有价证券的一种，可以背书转让。存货人不得存放法律禁止存放的货物。如属易燃、易爆、易腐、易碎、有毒、放射性等特殊物品的，存货人必须事先说明货物的性质及预防方法，提供相关的保管、运输等技术资料，并采取相应的防范措施。

（十三）委托合同

委托合同又称委任合同，是委托人将有关事务通过授权的方式委托受托人处理，受托人允诺处理事务的合同。

受托人的义务包括：受托人必须依照委托人的指示处理委托事务；必须亲自处理委托事务；向委托人报告委托事务处理情况；因委托事务取得财产时及时转交；受托人因违反注意义务或过错对委托人造成损害时应赔偿。

（十四）行纪合同

行纪合同是指行纪人根据委托人的委托，以自己的名义为委托人办理业务（贸易活动）并收取报酬的合同。

行纪关系中，行纪人必须是经核准登记可以经营行纪业务的组织或者个人；行纪人以自己的名义独立对外开展委托的行纪业务，与第三人订立的合同直接对自己发生效力；在处理委托事务时支出的费用由行纪人负担；行纪人高于委托人指定价格卖出或者低于指定价格买入的，可依约或依法要求增加报酬。

（十五）居间合同

居间合同是指双方当事人约定居间人为委托人报告订立合同机会或者提供订立合同的媒介服务，委托人支付报酬的合同。

居间人是促进交易双方成交并从中取得报酬的中间人，其为合同当事人之间介绍，协助、帮助寻觅交易机会等。只有在居间目的实现后，居间人才能获得约定的报酬。居间人未促成合同成立的，不得要求支付报酬，但可以要求委托人支付从事居间活动支出的必要费用。居间人的主要义务为：报告订约机会或媒介订约；忠实和尽力；负担居间费用。

本章小结

合同在社会经济生活中不可或缺，《合同法》对合同法的原则、合同的订立、合同的效力、合同的履行、合同的变更及转让、合同权利义务的终止、违约责任等作了一般性规定，并对15种有名合同作了专章规定。在不违反法律强制性规定的前提下，当事人对合同缔结有相当大的自主权，在任意性规范的领域体现了“当事人约定优先”的基本精神。

练习题

1. 名词解释

合同　　合同法　　要约　　表见代理合同　　定金　　不安抗辩权　　违约金

2. 思考题

(1) 要约成立的条件有哪些？

(2) 什么是无效合同？

(3) 合同的担保方式有哪几种？

(4) 行使不安抗辩权的条件及要求有哪些？

3. 案例分析题

某年8月20日，某煤炭公司（以下称“煤炭公司”）与某火力发电厂（以下称“发电厂”）就煤炭销售签订了一份工矿产品购销合同，合同约定：(1) 煤炭公司向发电厂每月按确定价格出售煤炭，货款总价格为人民币2 000万元。(2) 煤炭公司于每月向发电厂定量供应煤炭，质量必须符合国家强制性质量标准。(3) 发电厂在签订合同后三天内向煤炭公司交付500万元定金。(4) 交货方式为“代办托运、铁路运输”，到货站为广东省湛江火车北站。(5) 货款为月结，即每月底结清当月的货款。(6) 如煤炭公司不能按合同约定提供煤炭，将向发电厂支付总货款30%的违约金。(7) 某民办高等院校为发电厂提供履约保证。(8) 如因合同履行产生争议，双方应友好协商解决，协商不成则一致同意提交大同仲裁委员会或者广州仲裁委员会仲裁裁决。

合同签订后，发电厂依约如数交付了定金。煤炭公司在交付第一个月的煤炭后，因煤炭生产安全的问题，在诸多煤炭生产厂家根据政府要求进行安全整顿期间，煤炭供应受到一定的影响。煤炭公司据此要求与发电厂重新确定供货数量（减少），且价格要进行调整（提高20%）。发电厂认为合同早已签订，而且电费在国家政策的规定下大幅下调，因此发电厂只同意在增加总价款10%之内修改合同。煤炭公司则单方面减少了煤炭供应量，发电厂多次提出抗议无效。最终，在供货6个月后，煤炭公司停止了向发电厂供货。发电厂拒绝支付最后一期货款（166万元）。发电厂因缺乏煤炭供应，导致停止发电，造成经济损失（少发电损失）2 000万元。发电厂为保证正常发电之需，只好与另一家煤炭公司签订合同，为弥补供货不足实际多支出了300万元。

问题：煤炭公司和发电厂签订的合同存在什么问题？发电厂可以主张什么样的权利？

第四章
信托法律制度

【本章引言】

在现代社会生活中，由于个人受时间、精力和专业知识的限制，不可能事事亲力亲为。委托他人代理特定事务，或者在经济活动中委托他人代为管理财产，使财产发挥应有的作用，这进一步促进了信托制度在中国的引入、适应和完善。

【本章学习目标】

通过本章的学习，你应该能够：

- 掌握信托的基本特征；
- 掌握信托当事人的权利义务；
- 掌握信托财产的独立性特点；
- 了解信托制度的起源及发展；
- 了解信托的基本分类；
- 理解信托制度下的会计与税收规定。

第一节　信托法概述

一、信托的概念、特点、功能及分类

（一）信托的概念

信托是建立在信任基础上，财产所有者出于增加利益或者其他特定目的，基于信任而委托他人管理或处分财产的一种制度。

《中华人民共和国信托法》（以下简称《信托法》）第 2 条规定："本法所称信托，是指委托人基于对受托人的信任，将其财产权委托给受托人，由受托人按委托人的意愿以自己的名义，为受益人的利益或者特定目的，进行管理或者处分的行为。"

（二）信托的特点

信托最基本的特点就是"受人之托，代人理财"。"受人之托"反映出一种信任的状态，

“代人理财”反映出财产转让和管理的过程。与一般的商事活动相比较，信托具有以下特征。

1. 信托以当事人之间的信任为基础

由于存在财产人即委托人拥有财产而不善于经营管理，而善于经营管理者又缺乏财产的差异性，促使拥有财产的委托人将财产交给善于经营管理的受托人代为经营管理的连接点就是相互之间的信任。委托人基于对受托人的信任而将财产交予其管理，受托人也必须遵循诚实信用的原则，履行忠实义务和善良管理的注意义务，为受益人争取最大利益而处理信托事务。从某种角度来看，信托业的发展状况衡量了一个国家社会信用发展的水平。

2. 信托财产的独立性

委托人将自己的财产转移给受托人，受托人成为信托财产法律上的名义所有人，依照信托法和信托文件享有管理权和处分权；受益人成为信托财产的实质所有人，在信托财产管理权与受益权分离的情况下享有对信托财产的受益权。因此，形成了英美法上特有的“双重所有权”的现象，当信托财产一经交付给受托人，信托财产即与委托人、受托人以及受益人的自有财产相分离，成为独立运作的财产，仅服务于信托目的，产生了封闭的独立性，具有“自行封闭与外界隔绝”的特性。在信托管理中，因信托财产所取得的一切财产，也纳入信托财产之中，继续保持其独立性；信托设立后，即使信托财产的形态发生变化，仍保留有信托财产的独立性。

3. 受托人以自己的名义为他人管理和处分信托财产的连续性

委托人并不是直接将信托财产交给其希望帮助的人，而是将财产交给受托人经营管理，受托人有在法律规定和信托授权的范围内，以自己的名义独立对信托财产行使管理、处分的自主权。信托管理具有连续性，一般情况下不会导致管理的终止，就算是欠缺受托人也不会导致信托的无效，即英美衡平法上的“法院不会因欠缺受托人而宣告信托无效”。

4. 范围的广泛性

信托不仅可以应用于商事领域，还可以适用于民事领域和社会公益活动等诸多方面。在商事领域，信托可以用于财产信托、代办证券投资、财务咨询、中长期融资服务、表决权信托等；在民事领域，信托可用于财产托管、监护子女、赡养老人、执行遗嘱、管理遗产等方面；在社会公益方面，信托可用于慈善事业、科教文化事业等。

（三）信托的功能

1. 保全功能

财产转移与财产管理是信托制度最基本的功能。财产所有人希望将一部分或者全部财产的收益转移给第三人享用，但是基于某些原因却又不愿意立即或者直接将财产转移给作为第三人的受益人，受益人只能享受到信托财产的收益，这样就产生了他人管理财产的现状，体现了信托委托人防止财产的丧失或者减少而保全财产的初衷。

2. 增值功能

委托人基于对受托人的了解和信任，将财产交给具有经营管理经验的受托人，使之像对待自己的财产一样经营管理信托财产并达到增值的目的，是信托制度的又一功能。

3. 导管功能

在信托的特殊制度中，“信托就像一个封闭的圆圈”，外力因素难以进入干预，[①] 信托财产可以按照委托人长远的设计得到比较稳定的发展。因此信托既不同于赠与或者直接转移财产，也有别于委托代理，其具有连续性和积极性的特点，更加适合经过委托人长期规

① 周小明．信托制度的比较法研究［M］．北京：法律出版社，1996：40.

划的财产转移和财产管理。

4. 保障功能

受托人对信托财产管理负责，而受益人只是享有信托财产的利益而不承担任何的风险；受益人对信托财产享有优先于委托人或受托人的债权人的权利，同时享有对违反信托宗旨而处分信托财产至善意第三人的追及权利。信托制度的设计，最大限度地保障了受益人的利益，起到保障救济的作用。

（四）信托的分类

按照不同的标准可对信托进行不同的分类，在不同标准下的分类可能相互交叉。

1. 任意信托和法定信托

以信托成立的原因为标准，信托可划分为任意信托和法定信托。

（1）任意信托又称自由信托或者意定信托，是指依当事人的意思表示而成立的信托。由于信托涉及的大多是私权处分的问题，除信托法有特殊规定的拟制信托外，一般都属于任意信托。

（2）法定信托是指非基于当事人的意思表示，而是依法律的规定而产生的信托。

对于事实上形成的结果信托的归类，英美法系国家的学者们对此有争议。有学者认为应当将结果信托归于法定信托当中，而另有学者则认为应当将之归于意定信托的默视信托形式。

2. 契约信托和遗嘱信托

以信托设定行为的方式或形态为标准，信托可划分为契约信托和遗嘱信托。

（1）契约信托是指根据委托人与受托人之间意思表示之合意而设定的信托。

（2）遗嘱信托是指根据委托人所立遗嘱而设定的信托。依照《继承法》的规定，公民个人可以在其生前用书面的或者口头的方式嘱咐身后诸事的处理，包括对其个人财产的委托管理。

3. 自益信托和他益信托

以信托利益是否由委托人享有为标准，信托可划分为自益信托和他益信托。

（1）自益信托是指委托人以自己为信托受益人而设定的信托。一般的商业信托大多属于自益信托。由于受益者为委托人或其继承人，因此自益信托可依委托人或其继承人的意思而变更为他益信托或者随时终止信托。

（2）他益信托是指以委托人以外的第三人为受益人享受信托利益的信托。公益信托以及通过遗嘱设立的信托属于他益信托。因受益人与委托人不是同一人，故未经受益人同意的情况下，原则上不得将他益信托变更为自益信托或处分受益人的权利，也不得终止信托。

4. 私益信托和公益信托

以设立信托的目的为标准，信托可划分为私益信托和公益信托。

（1）私益信托是指委托人为了私人利益，即为其本人或者其他特定或不特定的个人获取利益而设立的信托。

（2）公益信托是指为了不特定的社会或者社会部分公众获取一定的利益而设立的信托。公益信托一般出现在慈善、文化、学术、技艺、宗教、祭祀或其他公共利益事业方面。公益信托在变更和终止等方面的限制比较严格，在税负方面往往享受优惠。

二、信托立法

（一）境外主要国家的信托立法

1. 英国的信托立法

信托法作为英国衡平法精心培育的“骄子”，经过长时期的司法实践发展，形成了其鲜明的“不列颠”色彩及定型化的法理。[①] 由于一开始的受益制在实践当中常常被用作不合法、不恰当的目的，受托人严重损害委托人权益的现象时有发生。英国议会在亨利八世的要求下，于 1535 年颁布了《用益权法》，试图彻底废除受益制，但是衡平法院对此作出了限制性解释，认为该法仅仅是废除了不动产不作为义务的受益制，而保留了受托人对不动产负有作为义务的受益制。1893 年英国制定的《受托人法》、1896 年的《司法受托人法》、1906 年的《公共受托人法》、1954 年的《公益信托确认法》、1957 年的《公共受托人报酬法》、1958 年的《信托变更法》、1961 年的《受托人投资法》、1968 年的《地方当局共同投资信托法》、1971 年的《国家信托法》、1972 年的《公益受托人社团法》、1987 年的《信托承认法》等十多部关于信托的法律，均反映出英国信托立法成文化的趋势。

2. 美国的信托立法

美国从英国引进信托法观念后，于 19 世纪末在一些州已经正式通过了信托投资的法律，颁布了“合法投资项目表”，规定在无危险情况下受托人可以进行投资的项目。美国于 1906 年颁布了《信托公司准备法》后，在不同的时期制定有相应的法律，如 1933 年的《统一信托收据法》、1939 年的《信托契约法》、1940 年的《投资公司法》等。

3. 日本的信托立法

日本的信托制度是在 20 世纪初从英国引进的，其主要的立法有 1922 年的《信托法》和《信托业法》、1943 年的《普通银行兼营信托业务法》，以及此后的《贷款信托法》《证券投资信托法》《抵押公司债信托法》等。

4.《关于信托的法律适用及其承认公约》

1984 年 10 月，包括中国在内的 36 个国家参加的海牙国际私法会议第 15 次会议通过了《关于信托的法律适用及其承认公约》。该公约尚未生效，但该公约关于适用范围、准据法、承认、一般规定及最终条款五章所涉及的内容，对处理国际信托问题提供了基本规则方面的参考。

（二）我国的信托立法

1945 年，国民党政府中央信托局颁布了《中央信托局信托证券发行办法》，这是当时国民党政府对信托业进行监管的一个基础性法律文件。根据信托业的发展和社会的发展需要，改革开放以来我国对信托业进行了六次大的整顿。第一次是 1982 年的机构整顿；第二次是 1985 年的业务整顿；第三次是 1988 年的“银信分离”的整顿；第四次是 1993 年的“证信分离”的整顿；第五次是 1999 年的投资与证券分离的整顿；第六次是 2007 年 3 月信托两个新规《信托公司管理办法》和《信托公司集合资金信托管理办法》正式实施之后的重新定位的整顿。

随着我国市场经济的不断发展，迫切需要将信托业纳入规范的法制轨道。2001 年 4 月 28 日，第九届全国人大常委会第二十一次会议审议通过了《中华人民共和国信托法》，该法于 2001 年 10 月 1 日开始实施。中国人民银行于 2001 年 1 月 10 日颁布了《信托投资公司管理办法》（2002 年 6 月 6 日修订）；中国银行业监督管理委员会于 2006 年 12 月 28 日通过了《信托公司管理办法》，该办法自 2007 年 3 月 1 日起施行。

三、信托法律关系

信托法律关系是信托公司、个人、企事业单位、机关、社会团体等在信托业务中形成

① 何勤华，李秀清．外国民商法导论［M］．上海：复旦大学出版社，2000：73．

的权利义务关系。信托法律关系属于商事法律关系的一种，也是由主体、客体和内容三个基本要素构成。

（一）信托法律关系的主体

信托法律关系的主体是指参加信托法律关系，享有权利和承担义务的当事人，具体包括委托人、受托人和受益人，还包括公益信托中的监察人。

1. 委托人

委托人是为了一定的目的，将其所有或者经营管理的财产委托他人管理、运用和处理的商事主体。各国信托法均规定，除无权利能力和无行为能力及限制行为能力人之外，其他拥有合法财产的自然人、法人和社会组织，均可成为委托人。

2. 受托人

受托人是指按照信托法和信托文件规定，对委托人交与的信托财产进行管理或处理的商事主体。受托人必须具有权利能力和行为能力，可以是自然人或者法人，可以是一人或者数人。作为营业信托人，必须具有法定资格。

3. 受益人

受益人是指依信托文件规定享有信托利益的商事主体。只享受信托财产本身利益的人，为本金受益人；只享受信托财产收益的人，为收益受益人。委托人本人可以是受益人，受托人也可以是受益人但不得成为唯一的受益人。

4. 监察人

监察人是代表受益人利益而对受托人的信托活动实施监督的人。公益信托应当设立信托监察人，而私益信托也可在信托文件当中设定信托监察人。

（二）信托法律关系的客体

信托法律关系的客体是指信托法律关系当事人权利义务所指向的对象，具体指委托人交付给受托人加以控制、管理或处分的财产。凡是具有金钱价值的东西均可能成为信托财产，具体包括土地、房屋、动产、债券、股票等有形财产，也包括专利权、商标权、著作权等无形财产。

对于交付信托管理的财产，英国、美国、日本、韩国等国家普遍认为信托财产的所有权自信托成立之日起发生转移，受托人取得信托财产的所有权。我国的信托法对此没有作出明确的规定。在学界存在四种不同的学说：一是物权说，认为信托财产的所有权属于受益人；二是双重所有权说，认为受托人是信托财产的名义所有人，受益人是信托财产的实际所有人；三是债权说，认为受托人享有信托财产的所有权，受益人对受托人享有的只是债权；四是附条件法律行为说，认为信托财产归受托人所有应当是附有条件的，在条件成就前信托财产所有权归受托人，在条件成就后信托财产所有权归受益人。

（三）信托法律关系的内容

信托法律关系的内容是指信托法律关系主体所享有的权利和承担的义务。对于信托法律关系所产生的信托财产权，英美法系国家和大陆法系国家的规定有区别。英美法系国家推崇“双重所有权”，即普通法上的所有权和衡平法上的所有权。而大陆法系国家按照罗马法的“一元所有权”观念，以所有权与债权的模式构造信托财产权，即受托人取得信托财产的经营权和特殊情况下的处分权，而受益人则基于受益权对受托人享有债权。

第二节　信托的设立

一、信托设立的实质性条件

（一）有合格的信托当事人

信托委托人、受托人必须是符合信托法规定的合法拥有财产并具有完全民事行为能力的自然人、法人或者其他组织。受益人一般应当是合法的组织或者是受法律保护的自然人，但是在目的信托方面，也可能是非人类的动物为受益对象，如为饲养动物而设立的信托等。

（二）有信托目的且该目的合法、明确、可以实现

信托目的是设立信托所要达到的目的。信托目的可按照当事人意思自治的原则加以确定，但是如果缺乏信托目的或者目的不合法、不明确、无法实现，则涉及信托能否得到法律保护以及信托活动能否得以开展的问题。以合法的形式掩盖非法目的的“洗黑钱”行为，或者规避法律禁止性规定的信托将归于无效。

（三）有确定、合法的信托财产

信托必须有客观存在的、确定的信托财产，并且该财产是合法的。我国《信托法》第7条明确规定：“设立信托，必须有确定的信托财产，并且该信托财产必须是委托人合法所有的财产。”

信托财产必须是独立的财产。信托的财产必须是委托人独立的财产，委托人不得将与他人共有的财产在未经其他共有人同意的情况下私自委托信托。一般也不允许将委托人与受托人共有的财产作为信托财产。在特殊情况下的财产，如国有企业依法享有经营权的财产，经过国有资产管理部门的同意，可以作为信托财产设立信托；对于未成年子女或者限制行为能力人的财产，其法定监护人为了保护他们的利益，也可以将该部分财产作为信托财产设定信托。

二、信托设立的程序性条件

（一）有当事人的合意

信托作为一种民商事活动，必须要有当事人协商一致达成的合意，该合意反映出当事人的意思自治和自由，符合法律关于民商事活动公平、合理、自愿的基本要求。当事人的意思在一般情形之下，应当由当事人的明示来体现，只有在特殊的情况下才认可推定默示的方式成立。

（二）符合法定的形式

大陆法系国家对于信托的设立形式，根据对合同信托和遗嘱信托制度的设计不同，在形式方面也有不同的规定。一般来说，信托应当体现当事人之间内在的合意，外在的应当符合合同或者遗嘱成立的基本形式要求。

我国《信托法》第8条中明确规定：“设立信托，应当采取书面形式。书面形式包括信托合同、遗嘱或者法律、行政法规规定的其他书面文件等。采取信托合同形式设立信托的，信托合同签订时，信托成立。采取其他书面形式设立信托的，受托人承诺信托时，信托成立。”

（三）特殊情况下的信托财产备案登记

由于信托在客观上产生了财产所有权的转移，而且信托财产的独立性使得一般情况下不能对信托财产强制执行。因此，某项财产是否设立了信托，对于作为第三人的债权人而言影响很大。

信托登记在信托法中被称为信托公示，是指通过一定的方式将有关财产已经设立信托的事实登记在册予以备案，并向社会予以公布。对于信托财产，只有特定的财产才需要办理登记。一般情况下，没有办理信托财产登记，并不影响信托关系的存在；依法办理登记，可以产生对抗第三人的效力。我国的《信托法》明确规定了法律、法规规定应当办理登记手续而未补办登记手续时，信托不产生效力，可见，我国实际上是以转让财产的标准对待信托财产的。对于信托财产登记的问题，不同国家的规定不尽相同。在英国，所有的信托都应当进行登记，而日本则不强求对动产进行登记。

三、信托的无效与撤销

（一）信托的无效

信托的无效是指当事人之间已经成立的信托由于出现违反法律规定的事由而导致法律不予认可其效力的情形。

具有以下情形的，信托无效：

（1）信托目的违反法律、行政法规或者损害社会公共利益。

（2）信托财产不能确定。

（3）委托人以非法财产或者法律规定不得设立信托的财产设立信托。

（4）专以诉讼或者讨债为目的设立信托。

（5）受益人或者受益人范围不能确定。

（6）法律、行政法规规定的其他情形。

信托被认定为无效，则信托自始不具有法律约束力，尚未履行的信托合同不再履行，已经履行的根据不同的情况分别处理。

（二）信托的撤销

信托的撤销是指已经设立的信托因违反法律规定而被利害关系人依法申请撤销的情形。信托撤销的原因主要是：债务人（委托人）设立信托以逃避债务。债务人为了逃避债务而将可供清偿的财产以设立信托的方式转移给受托人，以逃避债权人的追偿的，该信托应当撤销。

委托人的债权人在得知自己权益受到侵害时，有权向人民法院提出撤销信托的申请。但债权人自知道或者应当知道撤销原因之日起 1 年内不行使撤销权的，该权利归于消灭。

信托被撤销，除受益人在得到利益的当时已经知道有害于债权人或因重大过失不知道该情形，或者受益人对未到期债务已偿还外，撤销信托不影响受益人的既得利益。

第三节　信托财产

一、信托财产的范围

信托财产（Trust Property）是指受托人因承诺信托而取得的财产，以及因对信托财产的管理、运用、处分或者其他情形而取得的财产。

信托财产的范围比较广泛，既包括了动产、不动产、股票、有价证券、银行存单、现金等具有财产价值的有形财产，也包括了著作权、专利权、商标权等无形的知识产权中的财产权部分。在英美法系国家，一切可取得的利益（积极财产），只要属于可转让财产，均可对其设定信托，甚至信托的受益人还可以把信托中将要取得的受益再一次设定信托。这就是英美法所称的“衡平法上的权益”。对于消极的财产，由于其违背了为受益人创造利益的信托宗旨，不但不能使受益人获益，反而使受益人增加负债，因此以消极财产所设定的信托是无效的。

对于人格权中的身份权、名誉权、姓名权等，因其性质为人身权，尽管其可以为权利人带来一定的财产利益，但是难以直接判断其财产价值，因此不能成为信托财产。

二、信托财产的管理

（一）信托财产的一般管理

信托制度之所以能够区别诸如转让、保管等制度，是因为其存在对信托财产的管理运用并使之增值的过程。可以说，没有了信托财产的管理，就不可能实现信托财产增值以保障受益人获益之信托目的。

（二）信托财产的特性及管理中的形态变化

信托财产具有合法性、确定性、所有权与利益分离性、独立性和同一性等特性。其中，独立性和同一性构成了信托财产的两大特性。

1. 信托财产的独立性

信托财产的独立性是指信托成立后，委托人一旦将财产交付信托，即丧失了对该财产的权利，受托人成为信托财产名义上的权利人，取得对信托财产的管理或处分权，但信托财产也区别于受托人自有财产的属性。信托财产将与委托人的财产相分离，也与受托人自身的财产相隔离，还与受益人的财产相区别。

（1）信托财产与委托人未设立信托的其他财产相分离。当委托人将财产交付信托后，委托人即丧失了对信托财产的所有权，与其没有设立信托的财产分离，委托人的债权人不得对信托财产主张权利。如果是自益信托，委托人死亡或者被宣告破产时，信托终止，信托财产作为遗产或者列入清算财产；委托人作为信托受益人之一时，受益权可以作为遗产或者列入清算财产；如果是他益信托，则信托关系和信托财产不受任何影响。

（2）信托财产与受托人的固有财产相区别。受托人对信托财产只是拥有名义上的所有权，而没有实质上的所有权，因而信托财产与受托人自身固有的财产是有区别的。

（3）信托财产排除当事人的债权人对其强制执行。信托财产处于自我封闭的状态，原则上具有排除当事人的债权人对其实施强制执行的性质，但是下列情形除外：第一，设立信托前债权人已经拥有对该财产的优先受偿权，典型的情形就是在设立信托前，委托人已经将该财产设立了抵押。第二，受托人处理信托事务所产生的债务，受托人作为债权人要求清偿该债务的。第三，信托财产本身应担负的税款。第四，法律规定的其他情形。

（4）禁止信托财产抵消。由于信托财产的独立性，它既与委托人的财产相分离，也与受托人固有的财产相区别。因此，在管理过程中，受托人应对信托财产与其固有财产或者其他的信托财产分别管理、分别记账。禁止受托人将自己的固有财产所产生的债务与信托财产所产生的债权予以抵消；禁止不同委托人的信托财产所产生的债权与债务相互抵消。

但是，对于管理信托财产过程中所产生的债务，在不损害信托财产和受益人权益的前提下，可以与信托财产所产生的债权抵消。

2. 信托财产的同一性

信托财产的同一性又称信托财产的物上代位性，是指受托人按照委托人的意愿，以受托人自己的名义对信托财产进行管理和运用，无论信托财产的形态发生什么样的变化，其变化所取代的代位物，仍旧是信托财产，具有属于信托设立时信托财产的本质属性。

因管理信托所取得的财产包括两部分：一是原信托财产（最初交付的信托财产）的收益，如房屋作为信托财产，其出租获得的租金，或者银行存款作为信托财产所产生的利息。二是原信托财产的代位物，如股票变现后获得的现金，以及再以现金购买所得的房屋。信托财产从开始的股票，变化为金钱，再变化为房屋，无论其后的形态如何变化，信托关系仍然存续，只是信托财产的形态发生了变化而已。

三、信托财产的处理

（一）信托财产的交付

对于信托合同的性质，在大陆法系国家中过去有过争论。一种观点认为信托合同属一般合同，一经成立，委托人就有义务交付信托财产；另一种观点则认为信托合同属要物合同，委托人在承诺后拒绝交付信托财产的，信托关系不成立。《信托法》第 8 条规定了信托成立于信托合同签订时或受托人承诺信托时，亦即在信托合同成立后，委托人就有义务将信托财产交付给受托人。

（二）信托财产的最终归属

正常情况下，信托财产名义上属于受托人，实质上属于受益人。信托受托人在接受信托财产后，对信托财产拥有管理、经营权和依信托文件规定的处分权。

信托财产在信托终止时，根据信托文件规定确定其归属。在信托文件没有规定的情况下，按照以下顺序确定归属：一是受益人或者其继承人；二是委托人或者其继承人。

参考案例 4-1

张某原系南京某生物化学制药有限公司的职工。经南京市总工会、南京市经委、南京市体改委共同审核，由张某所在有限公司内部职工组成了一个“职工持股会”。“职工持股会”成立后，拥有 57 名职工会员，全体会员的出资等额划为 97 份，其中，张某作为“职工持股会”会员之一，认购了 3 份。“职工持股会”用上述 97 份出资购买了公司 21%的股份，从而成为公司的股东。2014 年 11 月 13 日，张某与“职工持股会”共同签署了退会登记表，该表载明：张某于 2014 年 11 月退会并退股 3 份，3 份股份转让价格为 158 007.02 元（扣除应缴纳的个人所得税 24 881.40 元，实发退股金额 133 125.62 元）。但“职工持股会”以张某已不再是公司员工且不能独立承担民事责任为由拒绝支付。张某遂诉至法院。法院认定职工与“职工持股会”之间的关系应为信托关系，职工是委托人，“职工持股会”是受托人，“职工持股会”应履行诚实勤勉义务，在职工退出“职工持股会”时，其应返还信托期间管理职工股份产生的利益。故判决被告“职工持股会”返还张某的股份金额及利息。

分析：在“职工持股会”根据职工的委托而代职工行使股权的前提下，职工与“职工持股会”之间形成了委托与接受委托的关系。职工离开该公司前与“职工持股会”达成退会协议并就退股形成一致意见的，“职工持股会”应当履行义务。

第四节 信托关系的当事人

一、委托人

（一）委托人及其条件

信托委托人是为了一定的目的，将其所有或者经营管理的财产委托他人管理、运用和处理的商事主体。除无权利能力和无行为能力或限制行为能力人之外，其他拥有合法财产的自然人、法人或者依法成立的非法人团体，均可成为委托人。

1. 自然人

具有完全民事行为能力的人可以成为信托委托人；对于限制民事行为能力人，在法律限制范围外，其可以行使委托权利；而对于在限制范围内以及无行为能力人，对其财产可以通过法定代理人代理其民事活动。

2. 法人

具有民事权利能力和民事行为能力的企业法人、机关、事业单位和社团法人，根据其组织章程，可将其合法拥有的财产委托信托。

3. 其他非法人团体

依法成立、有一定的组织机构和财产，但不具有法人资格的组织，也可以成为信托委托人。如依法成立的合伙企业、中外合作经营企业、由民政部门核准登记领取社会团体登记证的社会团体等。

根据财产的权利情况，委托人可以是一人，也可以是数人。英美法系国家承认司法行为设定的信托，因此在法院对信托关系的推定之情形下就不存在信托委托人。

（二）委托人的权利和义务

1. 委托人的权利

（1）知情权。委托人有权了解其信托财产的管理运用、处分及收支情况，并有权要求受托人作出说明；对与信托财产有关的信托账目以及处理信托事务的其他文件材料，委托人有权查阅、抄录或者复制。信托人的此项权利仅限于与信托财产及信托事务有关的方面。

（2）调整权。一般情况下，委托人在信托文件中确定的信托财产管理方法是不能随意变更的。但是，如果确实存在“情势变更”的事由，则允许委托人改变信托财产的管理方法。大陆法系国家虽然将调整权设定为委托人的权利，但是对于该权利的行使则有比较严格的限定：一是实质条件方面的“未能预见的特别事由”；二是程序条件上需要向法院提出，由法院进行裁判。我国的《信托法》没有明确规定对于管理方法的调整权行使必须通过法院裁判的方式，而是由委托人直接行使。但是，委托人与受托人不能达成一致意见时可交由法院或者仲裁机构裁判。

（3）救济权。受托人违反信托目的处分信托财产或者因违背管理职责、处理信托事务不当，致使信托财产受到损失的，委托人有权申请法院撤销该处分行为，并有权要求受托人恢复信托财产的原状或者予以赔偿。该权利可以针对信托财产受托人行使，也可以针对信托财产的恶意受让人行使。另外，信托财产适用“善意取得”制度。

（4）管理解任权。当受托人违反信托目的处分信托财产或者管理、运用、处分信托财产有重大过失，受托人不再适合继续管理信托财产时，委托人有权依照信托文件的规定或者依照信托法等规定，解任受托人。

（5）信托变更、解除权。经过受益人同意，或者受益人对委托人有重大侵权行为，又或者信托文件规定的其他情形出现时，委托人可以变更受益人或者解除信托。

（6）收回信托财产权。信托终止时，根据信托文件或者依信托法规定的顺序，收回信托财产。

2. 委托人的义务

（1）交付信托财产的义务。委托人在信托合同或者信托文件签署后，有义务依照信托合同或者信托文件的约定，将信托财产完全、及时地交付给信托受托人。委托人应对提供的财产的合法性承担责任，同时应当协同受托人依法办理相关的信托登记手续。

（2）支付报酬的义务。根据信托法律或者信托文件的规定，对于有偿信托，应当由委托人向受托人支付报酬。如果信托合同或者信托文件中没有约定报酬的，委托人与受托人之间又没有就报酬事宜作出补充约定的，视之为无偿信托。在有偿信托中，如果因受托人违反信托目的处分财产或违背信托管理职责、处理信托事务不当，致使信托财产受到损失，在未恢复信托财产原状或未予赔偿时，委托人可拒绝履行该项义务。

（3）不干预信托事务的义务。除附有条件的信托外，委托人不得对受托人的正常信托事务加以干预。

二、受托人

（一）受托人及其条件

受托人是按照信托文件和信托法规定，以自己的名义为他人利益或特定目的，对信托财产负有进行管理和处理职责的人。

受托人在当事人之中，处于掌握、管理和处理信托财产的中心位置。在“受人之托，代人理财”的信托关系中，受托人就起到了中间且最关键的作用，受托人制度在整个信托制度中具有十分重要的地位。有鉴于此，英国的信托法在名称上就是《受托人法》。受托人必须具有权利能力和行为能力，可以是自然人或者法人，可以是一人也可以是数人。作为营业信托人，还必须具有核准登记的营业资格。法律、行政法规对受托人的条件另有规定的，从其规定。

受托人可依信托合同或者遗嘱、选任、法院指定而出任，也可能因被解任、辞职而退出，或因丧失行为能力或死亡、破产以及依法被撤销、解散等原因而退出。

（二）受托人的权利和义务

1. 受托人的权利

（1）请求给付报酬权。信托受托人有权依照信托文件的约定取得报酬。信托文件未作规定的，经信托当事人协商同意，可以作出补充约定；未作事先约定和补充约定的，不得收取报酬。

当受托人违反信托目的处分信托财产或者违背管理职责、处理信托事务不当致使信托财产遭受损失的，在未恢复信托财产的原状或者未予赔偿之前，不得请求给付报酬。

（2）管理信托财产和处理信托事务权。管理信托财产和处理信托事务，既是受托人的义务，也是受托人的权利。只有受托人行使该项权利，才能实现信托目的，信托关系中的其他当事人的权利才能得以实现。

（3）请求变更信托财产管理方法权。信托财产的管理方法一经信托文件确定，不得随意改变。如果在管理信托财产过程中出现了特殊的情况，需要改变管理方法的，委托人、受益人均有变更权。

（4）费用及损失优先受偿权。受托人因处理信托事务所支付的费用，或者因信托事务对第三人所负的债务，可以直接以信托财产承担。如果受托人以自己固有的财产先行垫付的，则对信托财产有优先受偿权。

2. 受托人的义务

（1）按照委托人意愿亲自管理信托财产和处理信托事务的义务。受托人在信托成立后，没有特殊约定或者法定的事由，不得拒绝履行承担按照委托人的意愿管理信托财产和处理信托事务的义务。受托人不得转委托他人管理信托财产或处理信托事务。受托人在不得已的事由出现后，应当尽快将转委托的情形向委托人或者受益人通报，受托人对他人处理信托事务的行为应承担责任。

（2）善良管理人的注意义务。为了使信托财产能够获得最大的收益，受托人在管理信托财产和处理信托事务时，必须恪尽职守，履行诚实信用、谨慎、有效管理的义务。

（3）忠实义务。受托人在管理信托财产和处理信托事务时，唯一需要考虑的利益就是受益人最大利益的实现，不得在处理信托事务时考虑自己的利益或者为第三者谋取利益，避免与受益人产生利益冲突。我国《信托法》第26条规定，信托人“不得利用信托财产为自己谋取利益”。

（4）对信托财产分别管理、分别记账的义务。受托人的财产与信托财产应当区别开来，以保障信托财产的安全。受托人不得将信托财产转为其固有财产，对信托财产应当分别管理、分别记账，在记录中一般应当标明“作为某受益人的受托人持有”字样。

（5）共同受托人共同行动的义务。同一信托的受托人为两个以上的，为共同受托人。我国《信托法》规定：在共同受托人意见不一致的时候，按照信托文件的规定处理；信托文件没有规定的，由委托人、受益人或者其利害关系人决定；共同受托人处理信托事务对第三人所负债务，应当承担连带清偿责任。

（6）记录、报告、保密的义务。受托人应当按照财务制度要求，对信托财产的管理、信托事务的处理活动设置财务记录并完整保管，依信托文件规定或者依照信托法规定每年定期将信托财产的管理运用、处分及收支情况报告委托人和受益人。对于涉及商业秘密的有关信托资料和财务账册、报表等，受托人应当保守秘密。如果受托人没有设置、妥善保管账目，受托人对由此而产生的损失负责。

（7）向受托人交付信托利益的义务。受托人不得利用信托财产为自己谋取利益，除信托文件规定受托人可以取得相应报酬外，信托财产所产生的利益，应当依照信托文件的规定交付给受益人。

三、受益人

（一）受益人及其范围

受益人是依信托文件规定享有信托利益的商事主体（自然人或者组织）。只享受信托财产本身利益的人，为本金受益人；只享受信托财产收益的人，为收益受益人。委托人本人可以是受益人，受托人也可以是受益人但不得成为同一信托的唯一受益人。受益人可以是自然人，也可以是组织。根据我国《信托法》第11条的规定，受益人或者受益人范围不能确定的，为无效信托。私益信托的受益人既可以是特定的人，也可以是不特定的人，而公益信托的受益人则必须是不特定的人。在特殊情形之下的受益人，应结合有关法律规定加以断定。例如，胎儿能否作为受益人呢？一般来说，胎儿出生时没有死亡，则可以追溯其具有受益人的资格。对于动物能否被列为受益人，我国的信托法没有规定。但是，根据我国《信托法》第43条的规定，受益人可以是自然人，法人或者依法成立的其他组织，因而动物不能作为受益人。

（二）受益人的权利和义务

1. 受益人的权利

受益人除了有以信托文件或者信托法规定享有信托利益的权利外，还有放弃受益的权利。我国《信托法》第49条规定："受益人可以行使本法第二十条至第二十三条规定的委托人享有的权利。"这些权利具体包括：知情权、变更信托财产管理方法权、撤销权、请求赔偿权、受托人的解任权。当受益人行使有关权利与委托人意见不一致时，受益人有权申请人民法院裁定。

2. 受益人的义务

受益人由于其地位特殊，其义务比较少。一般来说，受益人有以下义务：第一，尊重委托人、不损害委托人权利的义务。第二，不干扰受托人开展信托事务的义务。第三，协助受托人管理信托财产和开展信托事务的义务。

四、监察人

监察人是代表受益人利益而对受托人的信托活动实施监督的人。私益信托也可在信托文件当中设定信托监察人。日本、韩国将信托监察人称为信托管理人。

信托监察人的职责可以分为信托文件所确定的职责和信托法所规定的职责两种。

（1）信托文件所确定的职责。信托监察人作为信托受益人的代表，其职责可以在信托文件中加以明确规定，但是以不超出受益人的权限为宜。

（2）信托法所规定的职责。信托法一般只对公益信托的监察人的职责作出规定。其职责一般限定在有权以自己的名义，为维护受益人的利益，提起诉讼或者实施其他法律行为。

第五节　信托的变更与终止

一、信托的变更

（一）信托当事人的变更

为了维护信托关系的稳定，信托设立后，当事人不得随意变更。即使是委托人或者受托人作为自然人死亡、丧失民事行为能力，作为组织依法解散、被依法撤销或者被宣告破产，也不会导致信托终止，只是导致有关信托当事人的变更。

1. 委托人的变更

委托人的变更主要是指委托人地位的继承。委托人地位与其权利有直接的关系，委托人的权利包括了人身专属权和财产权两部分。对于人身专属权（如同意受托人的辞任权等）是不能转让的，而财产权则是可以转让的。但是，当委托人将自益信托转变为他益信托时，则不发生委托人的变更。

2. 受托人的变更

信托受托人在信托设立后，非经信托当事人协商同意，没有信托文件的根据，原则上不得变更。受托人的变更主要在以下两种情形下出现：第一，受托人的辞任。经过委托人和受益人的同意，受托人可以辞任，但是在新受托人选出前仍应履行管理信托事务的职责。(2) 法定事由导致受托人职责终止。《信托法》第 39 条规定了受托人有以下几种情形之一的，受托人的职责终止：死亡或者被依法宣告死亡；被依法宣告为无民事行为能力人或者限制民事行为能力人；被依法撤销或者被宣告破产；依法解散或者法定资格丧失；辞任或者被解任；法律、行政法规规定的其他情形。

3. 受益人的变更

除信托文件规定受益人在一定条件成就时可以变更外，信托受益人一旦取得受益权，受益人不得变更。受益权作为一种财产权可以继承，此时受益人发生变更。除继承外，以下四种情形的出现也会发生受益人变更：

(1) 经受益人同意。

(2) 受益人对委托人有重大侵权行为，或对其他受益人有重大侵权行为。

(3) 信托文件有明确的特别条件规定，该条件成就时。

(4) 委托人在信托文件中保留有随时变更受益人权利的规定，委托人行使受益人变更权时。

4. 信托监察人的变更

根据信托文件规定，或者因信托监察人存在着重大失职情形而导致受益人利益损失时，受益人可以更换监察人。作为自然人的信托监察人死亡、丧失民事行为能力，作为组织的监察机构被依法撤销、宣告破产、依法解散或丧失经营资格时，监察人也可以更换。

(二) 信托内容的变更

1. 信托目的的变更

信托目的是信托设立的关键，而且信托目的的确定性使得信托目的在任何情形之下都不得改变。无论是改变信托目的的性质，还是扩大或者缩小信托目的，实质上都是终止了原来的信托而设立一个新的信托。因此，尽管新设立的信托的当事人与原来的信托的当事人没有改变，但是从严格意义上来说，不存在信托目的变更的问题。

2. 信托财产管理方法的变更

信托财产管理方法不得随意变更。《信托法》第 21 条规定："因设立信托时未能预见的特别事由，致使信托财产的管理方法不利于实现信托目的或者不符合受益人的利益时，委托人有权要求受托人调整该信托财产的管理方法。"受益人在此情形下，也有权要求受托人作出变更。

二、信托的终止

(一) 信托终止的事由

1. 信托文件规定的终止事由发生

信托的设立采取意思自治的原则，有关信托的具体内容均可由当事人在信托文件中协商确定。委托人可以在信托文件中规定终止信托的事由。当规定的事由出现之后，信托便可自动终止。

2. 信托的存续违反信托目的

信托目的决定着信托财产的管理和运用。违反信托目的的信托存续，不但违反了委托人设立信托的初衷，也使受益人无法享受到应有的利益，因而没有必要继续存在下去，信托得以终止。

3. 信托目的已经实现或者不能实现

信托围绕着信托目的的实现而开展。当信托目的已经实现时，则意味着信托任务的圆满完成，信托即行终止。如果信托的目的是不能够实现的，则信托活动就显得没有实质意义。因此，信托目的实现或者信托目的无法实现，都将导致信托终止。

4. 信托当事人协商同意

在信托设立以后出现了新的情况，经过信托当事人协商同意，信托可以终止。这充分反映了私法自治、意思自由的原则。在信托关系中，信托当事人包括委托人、受托人、受益人，亦即经过委托人、受托人和受益人协商一致，信托可以终止。

5. 信托被撤销

信托作为民事活动，公权力一般不介入干预，但是委托人在设立信托存有损害他人权益的情形时，法院须依据受害人的申请而撤销非法信托。信托被依法撤销，则信托被视为不存在。

6. 信托被解除

属于自益信托的，自益信托的委托人可以解除信托；属于他益信托的，受益人对委托人有重大侵权行为，或者经受益人同意，又或者有信托文件规定的其他情形时，信托得以解除。信托被解除，则信托终止。

（二）信托终止的法律后果

1. 信托财产的归属与保全

《信托法》第 54 条规定："信托终止的，信托财产归属于信托文件规定的人；信托文件未规定的，按下列顺序确定归属：（一）受益人或者其继承人；（二）委托人或者其继承人。"这充分体现了私法自治的精神，也反映了信托的特点。

信托财产的归属确定后，在该信托财产转移给权利归属人的过程中，为了使信托终止后的信托财产归属得以实现，保障相关人的权益，《信托法》第 55 条规定了此种情形下，信托视为存续，权利归属人视为受益人。但是，此种信托的存续，受托人只能从事与清算有关的活动，不得像正常信托存续期间一样再从事积极的信托财产管理活动。

2. 信托受托人的报酬请求权与补偿权的实现

信托受托人有权依信托文件取得报酬，也有权取回因管理信托财产和处理信托事务而从其固有财产中垫支的费用，在没有得到实现的时候，受托人可以对终止信托后的信托财产实施留置，或者向信托财产的权利归属人提出请求。这也是信托终止后应处理的善后事宜之一。

3. 信托事务的最终清算

信托终止后，受托人应当作出处理信托事务的清算报告，受益人或者信托财产的权利归属人对清算报告无异议的，受托人就清算报告所列出事项解除责任，但是受托人有不正当行为的除外。

信托终止后，出现以下几种情形时，法院可以应权利人申请对原信托财产进行强制执行，以权利归属人为被执行人：

（1）信托设立前债权人对该信托财产享有优先受偿权并依法要求行使该权利的。

（2）受托人处理信托事务所产生的债务，债权人要求偿还的。

（3）信托财产本身负有欠税的。

（4）法律法规规定的其他情形。

本章小结

信托作为古老的制度存在已久，随着社会的发展已逐渐从慈善、遗嘱方面扩展到与融资、委托财产管理、投资理财等形式相结合。信托活动的开展，不仅需要专业的管理知识，更讲究以诚实信用为基础。无论是合同的订立，还是具体的管理活动，都必须依法开展。

练习题

1. 名词解释

信托　　信托法　　信托法律关系　　信托财产　　监察人

2. 思考题

（1）信托有哪些作用？

（2）信托的书面文件应当载明哪些内容？

（3）受托人有哪些具体的义务？

（4）如何理解信托财产的独立性？

3. 案例分析题

（1）许某夫妻俩经过三十余年的商界拼搏，已在全国建立了五十多家餐饮连锁店，并积累了数亿元的家产。但遗憾的是他们只有一个先天性智障的儿子。随着许某夫妇年龄的增大，他们不仅为自己逐渐年老犯愁，更为担心的是今后他们不在人世时，其儿子由谁来照顾以及如何继承他们留下的家产。

（2）某民办高校收到社会上的一些赞助，几年来积累了数千万元。对这些赞助的处理方法，学校管理层有以下不同的主张：一是继续保持一贯以来的做法，以银行定期存款的形式来保值并收取利息；二是以私人名义开户投资到股票市场去赚取收益；三是向私人房地产公司出借，以收取高额贷款利息；四是信托管理。

问题：针对许某夫妇、某民办高校的问题，你能给他们什么建议？（提示：可从信托的种类、信托财产的独立性等方面进行分析）

第五章
竞争秩序维护法律制度

【本章引言】

市场的本质在于竞争，市场经济中竞争无处不在，而社会经济的可持续、稳定、健康发展，前提必须是有序的。在社会主义市场经济建设过程中，什么是市场经济与市场秩序？经济活动主体的行为与市场规制是什么样的关系？国家对市场行为是怎样规制的？道德规范与法律规则又是怎样对维护市场经济秩序共同起作用的？这些问题都是营商主体应当关注的。

【本章学习目标】

通过本章的学习，你应该能够：

- 掌握竞争活动的基本规则；
- 掌握广告的基本准则；
- 掌握缺陷产品经营者的责任；
- 了解市场经济与竞争的关系；
- 了解标准化的法律要求；
- 理解消费者的权益和经营者的责任。

第一节　市场竞争秩序维护法律制度概述

一、市场经济与市场秩序

市场经济的健康发展要求有序。没有正常、稳定的经济秩序，市场经济就无从谈起。在我国市场经济发展过程中，市场经济秩序的建立和进一步的完善尤为重要。市场经济秩序需要依靠强有力的竞争法律制度来维持。

在市场经济中，竞争成为一种基本的手段和方法，除应根据市场实际需要和经济活动主体自身情况开展外，还要受到商业道德、竞争法律制度等方面的制约。因此，人们将市场经济的本质要求与竞争、道德、法制紧密相连也就理所当然了。

二、市场行为与市场规制

（一）市场行为

市场行为是指受市场经济活动主体思想支配，而表现在市场经济竞争中谋求生存和发展的外在活动。

市场行为区别于政府管理行为，也区别于公民个体的一般社会生活行为，体现在以下几点：

(1) 行为的主体是经济活动主体。

(2) 范围限于市场。

(3) 行为的性质属于经济竞争。

(4) 行为对社会经济发展和市场经济秩序产生直接的影响作用。

(5) 行为不但受到道德的约束，也受到国家经济政策和经济法律的规制。

（二）市场规制

市场规制是指国家通过市场规则来干预社会经济的一种手段和制度的综合。市场规制是与计划管制相对应的。按照《现代汉语词典》（第 7 版）的解释，规制是指规则、制度，本书将其理解为规定和制约。

市场规制法是指国家规定市场主体地位，确立其权利义务以调整市场关系、维护市场秩序的法律规范的总称。

市场规制法区别于其他规制法之处在于：它只是围绕着市场竞争、市场秩序、市场管理而加以规定和制约。对于那些不是直接的市场关系的行为，不纳入市场规制的范围，如刑事犯罪行为属于刑事法律规制的问题。

市场秩序主要靠规则来维护。市场规制法是一个主要的方面，另一个更为重要的方面则是商业道德规范。道德是社会意识形态之一，是人们共同生活及其行为的准则和规范。道德规范一般被社会一定阶层、范围所认同，通过人们的内心、社会舆论作用加以体现。

诚然，法律规范在一定程度上也吸收了道德规范的一些内涵，道德规范在某些方面也可能上升至法律规范的高度。[①] 只有在大力提倡道德和完善道德规范的前提下，加强法制建设，才能使两者有机地结合起来，共同发挥积极的作用。

第二节　反不正当竞争法律制度

一、竞争

竞争就是人们互相争胜的行为。法学上的经济竞争，通常是指两个以上的经济活动主体（经营者）为了谋取有利的生存发展环境或更多的利润所进行的各种商业性争胜行为。

竞争具有强迫性，经济活动主体进入市场，必然要进行竞争。竞争具有调节性，通过

① 李正华．“泛法律主义”思潮中的道德失缺［J］．当代法学，2002（4）．

竞争可实现“优胜劣汰”的市场调节。

二、不正当竞争

（一）不正当竞争的概念

反不正当竞争法所调整的是社会经济活动主体的经济竞争关系。1883年的《保护工业产权巴黎公约》对不正当竞争作出了明确界定：“凡在工商业事务中违反诚实的习惯做法的竞争行为构成不正当竞争行为。”

《中华人民共和国反不正当竞争法》（以下简称《反不正当竞争法》，该法颁布于1993年，于2017年和2019年进行了修正）第2条中明确规定：“本法所称的不正当竞争行为，是指经营者在生产经营活动中，违反本法规定，扰乱市场竞争秩序，损害其他经营者或者消费者的合法权益的行为。”

（二）不正当竞争行为的构成要件

一般认为，不正当竞争行为的构成要件为：

（1）主体必须是经营者。非经营者为了谋取非法利益或出于其他目的，扰乱经济竞争秩序的行为，一般将之纳入其他法律管辖。

（2）行为违反了反不正当竞争法关于诚实信用、遵守商业道德的规定。经营者的行为违反了《反不正当竞争法》的规定，也是构成不正当竞争行为的要件之一，如果该行为在《反不正当竞争法》中没有规定，而在其他法律中明确规定为禁止行为，则列入民事侵权行为范畴予以处理，如民法的侵权行为。

（3）造成扰乱社会经济竞争秩序和危害其他经营者权益的后果。不正当竞争行为对社会经济竞争秩序的危害是相当大的，不仅具有危害的必然性，而且不少是带有隐含性的。

（三）不正当竞争行为的种类

1. 混淆行为

混淆行为是指经营者采取假冒方式或者利用其他虚假标识从事交易，引起公众误解，以诱使消费者误购而从中谋取非法利益的竞争行为。它具体包括以下几种情况：

（1）擅自使用与他人有一定影响的商品名称、包装、装潢等相同或者近似的标识。

（2）擅自使用他人有一定影响的企业名称（包括简称、字号等）、社会组织名称（包括简称等）、姓名（包括笔名、艺名、译名等）。

（3）擅自使用他人有一定影响的域名主体部分、网站名称、网页等。

（4）其他足以引人误认为是他人商品或者与他人存在特定联系的混淆行为。

参考案例5-1

某茶叶生产厂家生产的茶叶因宣传不够，销售情况不甚理想。为了促进销售，该茶叶厂未经国家检验机关的认证，直接在商品包装上使用了“无公害绿色环保食品”的标志和ISO9000国际认证标志，并擅自使用了“杭州龙井茶”的原产地标志。

分析：该茶叶厂未获得国家认证机构的认证，却擅自使用绿色环保食品标志和ISO9000国际认证标志，且未经原产地名称管理机构认可，使用了原产地名称标志，其虚假标识的行为构成了不正当竞争。

2. 商业贿赂行为

商业贿赂是指经营者为了销售或者购买商品、提供或者接受服务而采取给付财物或其他手段贿赂对方单位或个人的行为。在我国，商业贿赂的主要表现形式是回扣，它通常表现为给付一定数量的金钱、实物，或假借某种名目报销，或者提供某种享受（出国考察、旅游）。经营者不得采用财物或者其他手段贿赂下列单位或者个人，以谋取交易机会或者竞争优势：交易相对方的工作人员；受交易相对方委托办理相关事务的单位或者个人；利用职权或者影响力影响交易的单位或者个人。根据法律规定，给予回扣的单位和个人，按行贿论；接受回扣的单位及个人，按受贿论。

值得注意的是，在商业活动中明示入账的合理折扣、折让、提成费、介绍费、佣金、劳务费、咨询费、赞助费等，不属于商业贿赂行为。属于商业贿赂的回扣一般要符合以下要件：暗中进行，不入账；交易一方得到某种好处；通过好处争取本不可能得到的交易机会或交易条件。

对于构成犯罪的商业贿赂行为，按照刑法处罚；对尚未构成犯罪的商业贿赂行为，监督检查机关可根据情节轻重处以相应的罚款，并没收违法所得。

参考案例 5－2

某医药公司的销售代表在与某医院采购部主任洽谈销售特定医疗设备和药品的时候，以许诺按照采购额 1%的比例给采购部主任个人回扣的方式获得签订销售医疗设备和药品合同的机会。合同履行后，医药公司按照销售代表的口头承诺向采购部主任个人支付了 5 万元的回扣。

分析：尽管医药公司所销售的医疗设备及药品并非假冒伪劣产品，但是这种私下、非明示入账的回扣，排斥了其他正当竞争者的交易机会。因此，这种回扣就属于《反不正当竞争法》所禁止的；非明示入账的交付、收受回扣行为，依法应以行贿、受贿论处。

3. 虚假宣传行为

虚假宣传行为是指经营者利用广告或其他方式欺骗消费者，进行内容与事实不相符合的宣传推销活动。经营者不得对其商品的性能、功能、质量、销售状况、用户评价、曾获荣誉等作虚假或者引人误解的商业宣传，欺骗、误导消费者；不得通过组织虚假交易等方式，帮助其他经营者进行虚假或者引人误解的商业宣传。

4. 侵犯商业秘密行为

商业秘密是指不为公众所知悉、能为权利人带来经济利益、具有实用性并经权利人采取保密措施的经营信息和技术信息。经营信息和技术信息包括商业管理诀窍、经营方案、产销策略、特殊的客户名单，以及技术设计、生产程序、产品配方、制作工艺、招投标的标底和标书内容等。

商业秘密通常具有以下三个特性：

（1）保密性。即该经营信息或者技术信息尚未进入公用领域，人们不能通过公开的渠道直接获取。这是商业秘密的本质所在。已经依法公开的专利技术（尚未申请专利的技术诀窍除外），权利人通过专利法获得保护，通常称为专利技术而不属于技术秘密。

（2）经济实用性。即在社会中能为使用人，特别是权利人带来经济效益或者竞争优势。这是商业秘密的价值所在。

（3）权利人采取了合理的保密措施。即权利人根据商业秘密的特点采取了必要的保密措施，如建立保密制度、与员工或合作伙伴签订保密协议，使商业秘密只限于一定范围内的人员掌握和了解，避免进入公用领域。这是判断一项技术或者经营信息是否属于商业秘密并给予法律保护的前提。

在实践中，随着人事制度改革的发展，人员流动相对自由，高级管理人员或技术人员从一个单位转到另一个单位的“跳槽”现象较为普遍。原单位的商业秘密可能随着人员流动来到了新单位。《关于禁止侵犯商业秘密行为的若干规定》（1995 年国家工商行政管理局颁布，1998 年修订）对职工违反约定或者违反权利人的保密要求，披露、使用或者允许他人使用权利人商业秘密的行为作了禁止性规定，同时还规定招聘单位如不能证明使用商业信息的合法性，则应承担责任。

无论是以盗窃、利诱、胁迫或者其他不正当手段获得他人的商业秘密，还是非法披露、使用或允许他人使用以非法手段获取的商业秘密，均构成对他人商业秘密的侵犯。明知是通过非法途径得到的他人的商业秘密，仍然转让、使用、披露的，也构成对他人商业秘密的侵犯。侵犯商业秘密的行为，须承担相应的法律责任，监督检查部门可根据侵权人违法情节处以相应的罚款。根据《刑法》规定，对构成侵犯商业秘密罪，给权利人造成重大损失的，可处有期徒刑或者拘役并处或单处罚金。

5. 非法有奖销售行为

有奖销售是指经营者销售商品或提供服务时，附带向消费者提供物品、金钱或者其他经济利益的一种商业促销行为。有奖销售是商业促销活动中较为广泛采用的方式之一，它不同于经政府批准的不具有商业性质的有奖募捐、发行彩票等活动。有奖销售方式包括附赠式和抽奖式。在有奖销售过程中，如果销售的产品质量有保证、价格合理，实际上是对消费者的让利，与降价销售有相同之处，受到法律的保护。但是，如果通过有奖的利诱来销售质次价高的商品，或者通过非法的形式实行有奖销售的行为，则是应当禁止的。《反不正当竞争法》明确规定以下有奖销售行为属非法：

（1）欺骗性有奖销售。所设奖的种类、兑奖条件、奖金金额或者奖品等有奖销售信息不明确，影响兑奖；采用谎称有奖或者故意让内定人员中奖的欺骗方式进行有奖销售，均属违法行为。

参考案例 5－3

在 2004 年的西安彩票销售中奖宝马汽车事件①中，销售组织中的个别人员采取内定人员中奖的方式进行有奖销售彩票活动。事件曝光后，司法机关对该造假案的直接责任人依法追究了刑事责任。无论是销售商品的附带有奖，还是彩票的销售活动，都应当依法进行。凡是违反法律规定的有奖销售行为，都将受到法律的制裁，构成犯罪的还应当承担刑事责任。

分析：虚假的有奖销售不但欺骗了广大的消费者，也使正当的竞争者丧失了交易的机会。在经营销售活动中，有奖销售是一种促销的方式，但有奖销售必须依法进行。

---

① 堪称当代第一奇案的西安宝马彩票案，充分暴露了人性的丑陋与奸诈［EB/OL］.（2018－09－15）［2019－12－10］. https：//www.sohu.com/a/254088014_753944.

(2) 利用有奖销售推销质次价高的商品。

(3) 奖金额超过 5 万元的抽奖式有奖销售。

对于非法有奖活动，监督管理部门可以根据情节处以 5 万元至 50 万元的罚款。

6. 诋毁商誉行为

诋毁商誉是指经营者通过编造、传播虚假信息或者误导性信息，损害竞争对手的商业信誉、商品声誉的行为。

对于损害竞争对手商业信誉、商品声誉的，由监督检查部门责令停止违法行为、消除影响，处 10 万元以上 50 万元以下的罚款；情节严重的，处 50 万元以上 300 万元以下的罚款。权利人还可以通过司法程序要求依据刑法追究违法者的刑事责任。在市场经济社会中，诋毁商誉的行为是一种严重扰乱、危害社会经济秩序的行为。

7. 不正当的网络干扰行为

经营者利用网络从事生产经营活动，应当依法进行。经营者不得利用技术手段，通过影响用户选择或者其他方式，实施下列妨碍、破坏其他经营者合法提供的网络产品或者服务正常运行的行为：

(1) 未经其他经营者同意，在其合法提供的网络产品或者服务中，插入链接、强制进行目标跳转。

(2) 误导、欺骗、强迫用户修改、关闭、卸载其他经营者合法提供的网络产品或者服务。

(3) 恶意对其他经营者合法提供的网络产品或者服务实施不兼容。

(4) 其他妨碍、破坏其他经营者合法提供的网络产品或者服务正常运行的行为。

8. 通谋投标行为

投标是指投标人根据招标人的标准和条件，提出交易条件进行公平竞争，招标者选择最优者中标，以确定招标者与投标者交易的行为过程。投标是一种典型的竞争活动。它通过有效的竞争，能够减少和杜绝“暗箱操作”的可能性、加强经济核算、降低成本、提高质量。

通谋投标行为包括以下两类：

(1) 投标者之间的通谋行为。即投标者采取联合行动抬高、压低标价或者利用其他方式以限制竞争。

(2) 招标者与投标者之间的通谋行为。如招标者为投标者提供信息、泄露内幕、给予标书外补偿等。

9. 其他非法竞争行为

反不正当竞争法遵循的是诚实信用原则，追求的是消除与禁止不正当竞争行为，以建立公平竞争秩序。因此，经营者凡是违反法律规定、违反诚实信用原则，扰乱社会竞争秩序、侵害经营者权益的行为都属于不正当竞争行为。

滥用行政权力限制竞争的行为，从竞争法的主体方面分析，该行为由于其主体是行政部门而不是经营者，因而这种行为不能列入不正当竞争行为当中。但是，行政干预限制了正常的竞争，是典型的限制竞争的行政垄断行为，将其列入反垄断法予以禁止的行为之列是最合理的。世界上一些国家为了保障自由竞争，还将以下行为列入限制竞争行为予以禁止：限制转手价格、差别对待、掠夺性定价、联合行为。①

---

① 国家工商行政管理局条法司．现代竞争法的理论与实践［M］．北京：法律出版社，1993：20.

三、垄断

（一）垄断及其构成条件

垄断通常是指经济活动主体以非法的手段，使经济力过度集中甚至独占某一类商品或者服务市场的行为。

垄断有经济性垄断与行政性垄断，反垄断法所规制的是经济性垄断。构成垄断的条件为：

（1）行为者是营商活动主体。

（2）营商活动违反了反垄断法关于鼓励正常竞争的有关规定。

（3）行为的结果造成了垄断市场的后果或者对市场经济秩序造成了危害。

除国家法律、产业政策明确鼓励或者给予特殊保护的领域、产业、企业外，营商活动主体限制竞争、经济力过度集中、滥用市场优势等均属法律所禁止的垄断。

（二）主要的垄断行为

1. 协议垄断

协议垄断是指经营者通过协议或在行为上进行协调实现共同行动，以排斥竞争或者减少竞争对其所造成的压力，谋求协同利益的行为。主体方面有横向的协议和纵向的协议，具体内容方面有价格协议和产量协议等。通过相互订立横向协议而排除竞争的行为，通常被称为“卡特尔”，其成员在经济上和法律上是相互独立的企业。对于卡特尔，发达国家通常依据该行为对竞争的影响程度将其分为两类：一类适用“本身违法原则”，即不管它的具体情况，均被视为违法予以禁止，如联合价格、限制产量和分割市场协议；另一类适用“合理原则”，即根据具体案情和该行为对市场的影响程度，判断其是否具有违法性，如联合技术开发等。纵向的垄断协议一般包括以下几种情况：固定向第三人转售商品的价格；限定向第三人转售商品的最低价格；反垄断执法机构认定的其他垄断协议。

经营者能够证明所达成的协议属于下列情形之一的，不属于垄断协议：

（1）为改进技术、研究开发新产品的。

（2）为提高产品质量、降低成本、增进效率，统一产品规格、标准或者实行专业化分工的。

（3）为提高中小经营者经营效率，增强中小经营者竞争力的。

（4）为实现节约能源、保护环境、救灾救助等社会公共利益的。

（5）因经济不景气，为缓解销售量严重下降或者生产明显过剩的。

（6）为保障对外贸易和对外经济合作中的正当利益的。

（7）法律和国务院规定的其他情形。

2. 滥用市场支配地位

企业通过合法的方式取得了市场的支配地位（经济力量过度集中），享有与其他企业一样的经济竞争的权利，同样有合同自由和交易自由。但是，如果滥用这种市场支配地位，以独占的地位实施反竞争的行为，则是反垄断法所禁止的。市场的基础是竞争，如果竞争被排除，自治和自由也就失去了其存在的可能性。

判断一个企业是否取得市场的支配地位，主要是看该企业在市场中是否受竞争的制约。凡是不受市场竞争的制约，不必考虑其他竞争对手的利益而任意行为的企业，均被认为是取得了市场的支配地位。市场份额是判断市场支配地位的一个重要标志。有下列情形之一的，可以推定经营者具有市场支配地位：

（1）一个经营者在相关市场的市场份额达到1/2的。

（2）两个经营者在相关市场的市场份额合计达到2/3的。

（3）三个经营者在相关市场的市场份额合计达到3/4的。

其中（2）、（3）中有的经营者市场份额不足1/10的，不应当推定该经营者具有市场支配地位。

市场支配地位的滥用行为是多种多样的，主要有：限制产量以索取与生产成本不相应的不合理垄断高价、封锁竞争者与消费者的交易渠道、对竞争者给予歧视性供货价格或者拒绝交易，等等。滥用市场支配地位的情形多出现在自然垄断行业中。

3. 合并

根据反垄断法的规定，只要一个企业通过某种方式可以取得对另一个企业的支配权，法律上就认为这两个企业实现了合并。在20世纪末21世纪初，企业兼并的浪潮席卷全球。新设合并和兼并以实现企业联合是我国采取的产业政策之一，目的是通过企业合并，提高企业的经济效益，有利于企业筹集资金、改善管理，实现规模经济。

但是，大量的企业合并减少了竞争者的数量，有效竞争的市场结构就可能会遭到破坏。禁止大规模的合并，有利于从预防的角度防止企业取得市场绝对优势和垄断地位。经济的发展有一个过程，当竞争主体过多，企业没有形成规模效益，难免产生不正当竞争；但当企业合并过滥，就会减少竞争甚至限制了竞争。因此，必须辩证地分析企业的合并行为，不能简单地将合并与垄断等同起来。

4. 股份保有

具有竞争关系的企业中，一个企业不正当地占有另一个企业的股权或资本份额，或者两个企业相互持有对方一定数量的股票或资本份额，相互之间已经形成一体化，称为股份保有。如通常所说的康采恩，是指成员之间虽然在法律上有独立性，但是相互间通过资金渗透，已经成为一个有着统一经营管理机构的企业集团。

由于企业之间有股票或资本份额的占有关系，使得企业间可以统一行动以排除相互间的竞争行为，容易形成统一对外的格局，因而被列入反垄断法禁止的行为之列。企业的投资和上市公司股票的流通，使得企业之间相互拥有资本份额已属正常，问题的关键在于不能因为相互拥有资本份额而形成一体并以特有的优势排斥竞争。

5. 董事兼任

一个企业的董事同时担任其他可能是竞争对手企业的董事，被称为董事兼任。董事在具有竞争性质的不同企业里交叉任职，为了企业的一致利益，必然造成具有竞争关系的企业之间减少或者排除竞争。在我国，集团公司的董事甚至董事长往往兼任某个或多个下属企业（有的称为二级企业法人）的董事长，这种做法的本意是为了加强国有资产的管理，但从竞争法的角度来分析，则有垄断之嫌。

6. 独家交易

生产某种特定产品或系列产品的企业只允许它的销售商经销该企业的产品，而禁止销售其他同类竞争者的产品的做法，称为独家交易。对经销商或承租人采取胁迫的方式来削弱竞争的做法，与企业自己设立产品展销部有所区别，也与目前的专营店有异。

（三）特殊除外领域

从反垄断的一般原理来分析，某些行为似乎可以列入垄断行为中予以禁止，但是出于促进国家经济的发展或出于某种特定需要，反垄断法往往作出除外（或称例外）的规定。适用除外规定的行为，其要件一般是：根据反垄断的一般性原理，应当禁止；该行为的宏观利益大于限制竞争所造成的后果；法律给予直接规定不适用反垄断的限制或禁止；行为因适用除外规定而合法存在。

1. 公益事业

公益事业中的铁路、邮电、煤炭、电力、供水、供气行业，以及军事工业、外贸等行业，涉及整个国民经济发展和国家安全，特别是在市场需求量相对稳定的情况下，一家企业生产比多家企业生产更能够节省社会资源，这种情况下所形成的自然垄断，不宜开展自由竞争，一般由国家垄断经营。当然，在不同的国家和处于不同时期，国家对有关行业的垄断经营情况也不尽相同。

2. 国家产业政策特殊扶持的产业或国家重点项目

国家出于发展经济的需要，优先发展某些特定产业如钢铁、汽车、高科技等，以及对特定时期上马的重点项目，给予特殊的优惠政策和便利，而这些优惠及便利是其他企业或行业所不能享受到的。这种特殊政策下的倾斜保护不属于垄断行为。实践证明，给予产业政策方面的特殊优惠，是各国发展经济特别是经济起飞时期所采取的必要措施。

3. 银行与保险

银行和保险属于国家重要的金融行业，国家为了保障金融的稳定和经济实力，通常都实施国家监控下的经营或专营，一般不允许不符合条件的经营者进入该行业进行竞争。为了存款人和被保险人的利益，银行和保险公司更不能像一般的企业那样轻易地宣告破产，所以实行一定的管制甚至专营是必要的。但是，在市场经济中，金融领域的“市场准入”问题已经成为世界贸易组织关注的重要问题。尽管允许其他国家的经营者在本国从事金融活动，但这种金融市场的开放往往是有步骤、有限度的。

4. 农产品

由于农业自然风险大、产品需求弹性小等特殊性，农业生产者可以订立协议，进行联合购销确定最高和最低限价，甚至订立储存、加工等方面的协议，以防止“谷贱伤农”，影响农民生产的积极性。

5. 知识产权独占

知识产权本身就是一种获得法律保护的专有权（独占或垄断权），行使权利而排斥他人非法使用是合法的。因此，不能以反垄断为由反对这种特殊的限制竞争。但是，当权利人通过协议对被许可人的限制超出了知识产权保护的范围，则这种限制属于非法。

四、不正当竞争行为的责任

对不正当竞争行为，受侵害的单位、个人或者利害关系人可以通过行政举报的方式要求行政机关查处，也可以通过民事诉讼程序提起诉讼。行政机关在接受投诉后，可以开展必要的调查、取证工作，然后进行分析判断和定性，最后作出处理。我国的《反不正当竞争法》注重发挥行政调整作用，侧重于对违法行为人追究行政责任的制裁方式。

（一）对不正当竞争的监督、检查

1. 监督检查机关

竞争涉及社会的各个方面，因而不正当竞争行为也必然会存在于多个部门。国家在不同的领域有相应的立法，如产品质量法、商标法、广告法、外贸法等。

我国对不正当竞争行为的执法机构主要是县级以上地方人民政府市场监督管理部门。除此之外，对外贸易、技术监督、知识产权、新闻出版、监察、文化等部门也有权在本部门或者行业内对相关的不正当竞争行为进行监督检查。

2. 监督检查机关的职权

监督检查机关在监督、检查不正当竞争行为时，有以下几种职权：

(1) 询问权。监督检查机关可依照法律规定的程序对被检查的经营者、利益关系人、证明人进行询问，要求相关人员提供有关的证明材料，被询问人必须如实提供。

(2) 查询、复制权。监督检查机关依照法律规定有权查询、复制与不正当竞争行为有关的协议、账册、单据、文件、记录、业务往来函件以及其他有关资料。

(3) 检查权。监督检查机关可依照法律规定对与不正当竞争行为有关的财物进行检查，必要时可责令被检查的经营者说明该财物的来源和数量，还可以责令经营者暂时停止某种竞争行为以听候进一步的检查，禁止其转移、隐匿和销毁该财物。

(4) 行政处罚权。监督检查机关对从事不正当竞争行为的经营者，根据情节和危害后果，可依法责令其停止违法行为、消除影响，还可以没收违法所得、吊销营业执照、处以罚款等。

(二) 不正当竞争行为的法律责任

1. 民事责任

经营者受到不正当竞争行为的侵害，可以通过民事诉讼程序或者仲裁程序要求法院或仲裁机构对违法者追究民事赔偿责任，以“弥补”受到违法侵害的财产损失。尽管经营者或者消费者通过诉讼反对不正当竞争行为，表面上看是为了自身的利益，但是通过诉讼反对不正当竞争，维护了社会经济竞争秩序。

2. 行政责任

行政监督检查机关对被查处的不正当竞争行为人，可根据情况作出责令停止违法行为、消除不良影响、停业整顿、吊销营业执照、没收违法所得、罚款等行政处罚决定。

3. 刑事责任

对于严重扰乱社会经济秩序或者严重侵害经营者权益的不正当竞争的经济犯罪行为，检察机关可对直接责任人提起公诉以追究其刑事责任。

五、反不正当竞争与反垄断立法

(一) 反不正当竞争立法

资本主义市场经济的形成与发展，为经济学家提供了研究的课题。为了保障社会经济的顺利发展，亚当·斯密提出：“实行放任自由的经济政策，取消对私人经济活动的限制、监督，因为只有自由竞争才最符合自然秩序的要求，促进社会福利的增长，而国家对私人经济活动的限制干预则只能导致社会福利的损失。”① 亚当·斯密的“自由竞争”经济学理论在当时占据着主导的地位并影响着国家制定经济政策。在相当长的一段时间里，政府充当“守夜人”和“仲裁者”的角色保护私有财产，是因为“人们联合成为国家和置身于政

① ［英］亚当·斯密．国富论［M］．郭大力，王亚南，译．北京：商务印书馆，2015：320.

府之下重大和主要的目的，是保护他们的财产”[1]。但是，随着竞争的不断深化，在资本主义的自由竞争后期和垄断初期，在经济利益的驱动下，竞争者一味地追求高额利润而使经济秩序受到破坏，国家不得不建立一整套竞争法律制度来规范竞争行为，以求建立正常的经济秩序。“只有政府干预经济才能消除失业和生产过剩”的凯恩斯主义经济理论逐渐取代了不干预的经济理论。

1889 年加拿大通过了《禁止限制性贸易合并法》，德国于 1896 年颁布了《反不正当竞争法》，1913 年希腊颁布了《反不正当竞争法》。有关国家实施反不正当竞争法取得了积极的社会效果，为其他国家提供了蓝本，其他国家因此纷纷效仿而制定反不正当竞争法。特别是在第二次世界大战后，竞争立法成为世界上不少国家经济立法的主要趋势。英国于 1948 年颁布了《垄断和限制性行为法》（后于 1973 年修改为《公平贸易法》）、1976 年颁布了《限制性贸易法》、1980 年颁布了《竞争法》。实行计划经济的一些国家根据社会发展的需要，也进行了相关的竞争立法活动，如匈牙利于 1984 年颁布了《禁止非正当经济活动法》，保加利亚于 1991 年颁布了《保护竞争法》。

经济全球化的趋向使竞争法的原则超越一国范围甚至向全球化发展。1883 年的《保护工业产权巴黎公约》对限制不正当竞争作了规定，法国等六国于 1951 年 4 月在巴黎签署了《欧洲煤炭与钢铁共同体条约》、1957 年 3 月在罗马签署了《欧洲经济共同体条约》，联合国大会第 35 届会议于 1980 年 12 月通过了《控制限制性商业行为的公平原则和规则的多边协议》。我国于 1993 年颁布了《反不正当竞争法》。

（二）反垄断立法

波兰于 1987 年颁布了《反国民经济垄断法》，苏联于 1990 年颁布了《苏联部长会议反经济垄断措施决定》，日本早在 1947 年就颁布了《关于禁止私人垄断及确保公平交易的法律》。

1980 年 10 月，我国国务院发布的《关于开展和保护社会主义竞争的暂行规定》，首次提出了反垄断特别是反对行政垄断的任务。《中华人民共和国反垄断法》由第十届全国人民代表大会常务委员会第二十九次会议于 2007 年 8 月 30 日通过，自 2008 年 8 月 1 日起施行。

（三）反不正当竞争法与反垄断法的关系

广义的反不正当竞争，包括了具体反不正当竞争和反垄断；狭义的反不正当竞争则与反垄断是相对应的一个概念。具体的反不正当竞争与反垄断，同属于竞争法的范畴，它们互相配合、相互补充，共同促进竞争，规范着经营者的竞争行为，维护市场竞争秩序。

在立法模式方面，存在合并立法和分开立法两种做法。在采取合并立法模式的国家里，反不正当竞争法与反垄断法体现在一个法律之中，成为一个统一体，反不正当竞争和反垄断成为维护市场竞争秩序的一种手段。在采取分开立法模式的国家里，反不正当竞争和反垄断分别在两个法律中规定，两者都是为了维护社会正常的市场经济秩序，只是针对的具体对象不同而已。反不正当竞争针对的是经营者之间的竞争关系，反垄断通常针对的是大、中、小资本之间的关系，我国采取分开立法的模式。

---

① ［英］洛克．政府论：下篇［M］．叶启芳，瞿菊农，译．北京：商务印书馆，2009：77.

第三节　广告法律制度

一、广告与广告立法

（一）广告的概念

《中华人民共和国广告法》（以下简称《广告法》）第 2 条明确规定："在中华人民共和国境内，商品经营者或者服务提供者通过一定媒介和形式直接或者间接地介绍自己所推销的商品或者服务的商业广告活动，适用本法。"由此可以看出，广告法所调整的广告特指商业广告（以下简称广告）。至于其他类别的广告，则由其他的制度加以规范。

（二）广告立法

由于广告活动对消费者有诱导作用，而且消费者常常会通过广告与同类经营者进行比较。因此，各个实行市场经济的国家，对广告活动基本上都加以法律的规制。1994 年 10 月 27 日，第八届全国人民代表大会常务委员会第十次会议通过了《广告法》，对广告竞争行为予以规制，该法于 2015 年和 2018 年经过了修改。

二、广告准则

广告作为一种竞争手段，无论是广告主、广告经营者还是广告的发布者，均应遵循广告法的基本原则。广告法的基本原则是：合法性原则、真实性原则、健康性原则。

广告准则，是广告原则的体现，是对广告原则所作的进一步的具体化要求和规定。

（一）一般广告的准则

（1）广告应当清楚、明白，且具有可识别性，以健康的表现形式表达广告内容，符合社会主义精神文明建设和弘扬中华民族优秀传统文化的要求。

（2）广告应当真实、准确。

（3）不得利用广告进行不正当竞争。在广告活动中，不得有贬低其他商业竞争对手的内容，也不得利用广告进行不正当竞争。在广告的文字中，不得使用"第一""最"等字眼。

（4）不得违反法律禁止性规定。根据《广告法》的规定，广告不得有下列情形：1）使用或者变相使用中华人民共和国的国旗、国歌、国徽，军旗、军歌、军徽；2）使用或者变相使用国家机关、国家机关工作人员的名义或者形象；3）使用"国家级""最高级""最佳"等用语；4）损害国家的尊严或者利益，泄露国家秘密；5）妨碍社会安定，损害社会公共利益；6）危害人身、财产安全，泄露个人隐私；7）妨碍社会公共秩序或者违背社会良好风尚；8）含有淫秽、色情、赌博、迷信、恐怖、暴力的内容；9）含有民族、种族、宗教、性别歧视的内容；10）妨碍环境、自然资源或者文化遗产保护；11）法律、行政法规规定禁止的其他情形。

（5）广告发布形式必须符合规定。禁止采取新闻报道的形式发布广告，在大众传播媒介中做广告必须采用一定的广告标记，以与其他非广告信息相区别。户外广告、交通设施（特别是车身）广告，必须经过有关机关的审批，并且不得影响交通安全和社会公众安全。

（二）特殊广告的准则

特殊的商品和服务广告，除了必须遵循一般广告准则外，还应当遵循特殊广告的特殊准则。

1. 未成年人和残疾人特殊保护

广告不得损害未成年人和残疾人的身心健康。

2. 药品及医疗器械广告

药品及医疗器械涉及人身健康和安全，对其作出严格的规制是保护人们生命健康和维护社会秩序所必需的。因此，麻醉药品、精神药品、医疗用毒性药品、放射性药品等特殊药品，药品类易制毒化学品，以及戒毒治疗的药品、医疗器械和治疗方法，不得做广告。上述规定以外的处方药，只能在国务院卫生行政部门和国务院药品监督管理部门共同指定的医学、药学专业刊物上做广告。

医疗、药品、医疗器械广告不得含有下列内容：

（1）表示功效、安全性的断言或者保证。

（2）说明治愈率或者有效率。

（3）与其他药品、医疗器械的功效和安全性或者其他医疗机构比较。

（4）利用广告代言人作推荐、证明。

（5）法律、行政法规规定禁止的其他内容。

药品广告的内容不得与国务院药品监督管理部门批准的说明书不一致，并应当显著标明禁忌、不良反应。处方药广告应当显著标明“本广告仅供医学药学专业人士阅读”，非处方药广告应当显著标明“请按药品说明书或者在药师指导下购买和使用”。推荐给个人自用的医疗器械的广告，应当显著标明“请仔细阅读产品说明书或者在医务人员的指导下购买和使用”。医疗器械产品注册证明文件中有禁忌内容、注意事项的，广告中应当显著标明禁忌内容或者“注意事项详见说明书”。除医疗、药品、医疗器械广告外，禁止其他任何广告涉及疾病治疗功能，并不得使用医疗用语或者易使推销的商品与药品、医疗器械相混淆的用语。

3. 保健品广告

保健食品广告不得含有下列内容：

（1）表示功效、安全性的断言或者保证。

（2）涉及疾病预防、治疗功能。

（3）声称或者暗示广告商品为保障健康所必需。

（4）与药品、其他保健食品进行比较。

（5）利用广告代言人作推荐、证明。

（6）法律、行政法规规定禁止的其他内容。

保健食品广告应当显著标明“本品不能代替药物”。

广播电台、电视台、报刊音像出版单位、互联网信息服务提供者不得以介绍健康、养生知识等形式变相发布医疗、药品、医疗器械、保健食品广告。

4. 婴儿乳制品广告

禁止在大众传播媒介或者公共场所发布声称全部或者部分替代母乳的婴儿乳制品、饮料和其他食品广告。

5. 农药、兽药及饲料广告

农药、兽药、饲料和饲料添加剂广告不得含有下列内容：

(1) 表示功效、安全性的断言或者保证。

(2) 利用科研单位、学术机构、技术推广机构、行业协会或者专业人士、用户的名义或者形象作推荐、证明。

(3) 说明有效率。

(4) 违反安全使用规程的文字、语言或者画面。

(5) 法律、行政法规规定禁止的其他内容。

6. 烟草广告

禁止在大众传播媒介或者公共场所、公共交通工具、户外发布烟草广告。禁止向未成年人发送任何形式的烟草广告。禁止利用其他商品或者服务的广告、公益广告，宣传烟草制品名称、商标、包装、装潢以及类似内容。烟草制品生产者或者销售者发布的迁址、更名、招聘等启事中，不得含有烟草制品名称、商标、包装、装潢以及类似内容。

7. 食品、酒类、化妆品广告

凡是食品、酒类、化妆品的广告，必须符合卫生许可的事项，不得使用医疗用语或与药品相混淆的用语。酒类广告不得含有下列内容：

(1) 诱导、怂恿饮酒或者宣传无节制饮酒。

(2) 出现饮酒的动作。

(3) 表现驾驶车、船、飞机等活动。

(4) 明示或者暗示饮酒有消除紧张和焦虑、增加体力等功效。

8. 教育、培训广告

教育、培训广告不得含有下列内容：

(1) 对升学、通过考试、获得学位学历或者合格证书，或者对教育、培训的效果作出明示或者暗示的保证性承诺。

(2) 明示或者暗示有相关考试机构或者其工作人员、考试命题人员参与教育、培训。

(3) 利用科研单位、学术机构、教育机构、行业协会、专业人士、受益者的名义或者形象作推荐、证明。

9. 招商理财广告

招商等有投资回报预期的商品或者服务广告，应当对可能存在的风险以及风险责任承担有合理提示或者警示，并不得含有下列内容：

(1) 对未来效果、收益或者与其相关的情况作出保证性承诺，明示或者暗示保本、无风险或者保收益等，国家另有规定的除外。

(2) 利用学术机构、行业协会、专业人士、受益者的名义或者形象作推荐、证明。

10. 房地产广告

房地产广告，房源信息应当真实，面积应当表明为建筑面积或者套内建筑面积，并不得含有下列内容：

(1) 升值或者投资回报的承诺。

(2) 以项目到达某一具体参照物的所需时间表示项目位置。

(3) 违反国家有关价格管理的规定。

(4) 对规划或者建设中的交通、商业、文化教育设施以及其他市政条件作误导宣传。

11. 农作物以及养殖方面的广告

农作物种子、林木种子、草种子、种畜禽、水产苗种和种养殖广告关于品种名称、生产性能、生长量或者产量、品质、抗性、特殊使用价值、经济价值、适宜种植或者养殖的范围和条件等方面的表述应当真实、清楚、明白，并不得含有下列内容：

（1）作科学上无法验证的断言。

（2）表示功效的断言或者保证。

（3）对经济效益进行分析、预测或者作保证性承诺。

（4）利用科研单位、学术机构、技术推广机构、行业协会或者专业人士、用户的名义或者形象作推荐、证明。

12. 网络广告

利用互联网发布、发送广告，不得影响用户正常使用网络。在互联网页面以弹出等形式发布的广告，应当显著标明关闭标志，确保一键关闭。

三、广告活动的主体

（一）广告主

广告主，是指为推销商品或者服务，自行或者委托他人设计、制作、发布广告的自然人、法人或者其他组织。作为推销自己商品或者服务的广告主，其所做的广告必须符合其经营范围，并且应当向广告经营者、发布者提供真实、有效的证明文件。这些文件主要包括：营业执照以及资质、生产许可、产品检验合格文件；质量机构关于商品质量的证明文件；有关的证书；应当由行政机关审批的广告还应当出具批文。对于在广告中使用他人的名义、形象、肖像的，应当出具有关当事人的书面同意证明或者协议。

因广告主违反《广告法》规定，如发布虚假广告、利用广告进行不正当竞争、未经审查而发布广告、伪造有关证明文件等所引起的责任，由广告主承担。

（二）广告经营者和发布者

广告经营者，是指接受委托提供广告设计、制作、代理服务的自然人、法人或者其他组织。广告经营者应依法履行审查义务和谨慎注意义务。

广告发布者，是指为广告主或者广告主委托的广告经营者发布广告的自然人、法人或者其他组织。从事广告经营和发布的组织或个人应当具有广告经营资格并经过专门的登记，领取《广告经营（兼营）许可证》，在广告主委托的范围内开展广告经营、发布活动。

广告经营者、广告发布者应当按照国家有关规定，建立、健全广告业务的承接登记、审核、档案管理制度。广告经营者、广告发布者依据法律、行政法规查验有关证明文件，核对广告内容。对内容不符或者证明文件不全的广告，广告经营者不得提供设计、制作、代理服务，广告发布者不得发布。广告经营者、发布者明知广告主所委托的广告违法而代理的，与广告主一起承担连带责任；不能提供广告主真实名称、地址的，要承担全部民事责任。

广告主、广告经营者、广告发布者在广告活动中违反《广告法》或其他法律规定，应当立即停止发布违法的广告和减少非法广告的影响，尽力挽回不良的社会影响；对于造成消费者或者他人损失的，应当予以赔偿；扰乱社会管理秩序的，应当接受有关部门的处罚；严重违法构成刑事犯罪的，司法机关将依法追究其刑事责任。

广告代言人，是指广告主以外的，在广告中以自己的名义或者形象对商品、服务作推荐、证明的自然人、法人或者其他组织。广告代言人有违法行为的，由市场监督管理部门没收违法所得，并处违法所得 1 倍以上 2 倍以下的罚款。

四、虚假广告的认定及处理

广告有下列情形之一的，为虚假广告：

(1) 商品或者服务不存在的。

(2) 商品的性能、功能、产地、用途、质量、规格、成分、价格、生产者、有效期限、销售状况、曾获荣誉等信息，或者服务的内容、提供者、形式、质量、价格、销售状况、曾获荣誉等信息，以及与商品或者服务有关的允诺等信息与实际情况不符，对购买行为有实质性影响的。

(3) 使用虚构、伪造或者无法验证的科研成果、统计资料、调查结果、文摘、引用语等信息作证明材料的。

(4) 虚构使用商品或者接受服务的效果的。

(5) 以虚假或者引人误解的内容欺骗、误导消费者的其他情形。

发布虚假广告的，由市场监督管理部门责令停止发布广告，责令广告主在相应范围内消除影响，处广告费用 3 倍以上 5 倍以下或处 20 万元以上 100 万元以下的罚款；两年内有 3 次以上违法行为或者有其他严重情节的，处广告费用 5 倍以上 10 倍以下的罚款，广告费用无法计算或者明显偏低的，处 100 万元以上 200 万元以下的罚款，可以吊销营业执照，并由广告审查机关撤销广告审查批准文件，一年内不受理其广告审查申请。

第四节　产品质量法律制度

一、产品及产品质量

（一）产品

产品是指存在于自然之外的一切经过人类劳动，具有使用价值的物品。

《中华人民共和国产品质量法》（以下简称《产品质量法》）第 2 条规定："本法所称产品是指经过加工、制作，用于销售的产品。"同时规定"建筑工程不适用本法规定"。我国在《产品质量法》的范畴内，对产品作了界定，排除了初级的农产品和不动产。由于初级的农产品属于天然产品，其质量受到种苗、生物遗传、气候、土壤等方面因素的综合影响，难以人为地对其质量加以控制，特别是不能按照标准质量的要求来使之成长，因此初级农产品在《产品质量法》调整范围之外。另外，由于建筑工程等作为不动产，其质量有特殊的要求，应当另行立法加以规制。

（二）产品质量

产品质量是指产品本身所具有的符合人们需要的特征和性能的综合状况。

国际标准化组织颁布的 ISO8402《质量管理和质量保证的术语》中对质量的定义为："产品和服务规定或者潜在需要的特征和特性的总和。"

产品质量最基本的要求是：不存在危及人身、财产安全的不合理危险；有保障人体健康，人身、财产安全国家标准、行业标准的，应当符合该标准；具备产品应当具备的使用性能；符合在产品或者在其包装上注明采用的产品标准，符合以产品说明、实物样品等方式表明的质量状况。

二、产品质量的国家管制

（一）产品质量政策

由于产品质量状况不仅涉及生产经营企业的效益，也涉及消费者权益能否得到保护的问题，还影响到社会经济秩序的稳定以及反映社会资源配置是否有效、国家经济实力强弱等关键问题，因此，国家通过立法对产品质量问题加以调整是十分必要的。

产品质量的国家管制，主要是通过产品质量的有关法律所确认的产品质量监督管理机构来实现的。

（二）产品质量立法

国际上关于质量方面的公约主要有四个：1973 年国际私法会议于海牙签订的《关于产品责任适用法律的公约》、1976 年欧洲经济共同体制定的《使成员国产品责任法相互接近的指示草案》、1977 年欧洲经济共同体理事会于斯特拉斯堡签订的《关于人身伤害产品责任欧洲公约》、1985 年欧洲共同体理事会通过的《关于对有缺陷产品的责任指令》。

新中国成立后至改革开放前，关于产品质量方面的立法几乎是空白。1986 年 4 月 5 日，国务院发布了《工业产品质量责任条例》；1988 年 12 月 29 日，第七届全国人大常委会第五次会议通过了《中华人民共和国标准化法》，使产品有了标准化的法律要求。此后，我国陆续制定了一些规定，如《产品质量监督试行办法》《关于严厉惩处经销伪劣商品责任者的意见》等。

第七届全国人民代表大会常务委员会第三十次会议于 1993 年 2 月 22 日通过了《中华人民共和国产品质量法》（以下简称《产品质量法》），该法于 1993 年 9 月 1 日开始实施，后经过 2000 年、2009 年、2018 年三次修正。

三、有关产品质量的主要制度

（一）企业质量体系认证制度

企业质量体系又称企业质量保证体系，是指企业为了保证生产的产品质量符合有关标准而有计划、有系统地将产品质量形成全过程中的各个环节的质量职能组织起来，形成一个关于质量保证的系统。

企业质量体系由国际标准化组织提出，已经成为世界各国所接受的产品质量管理制度。国际的企业质量体系认证制度主要是以 ISO9000 系列为主。

在我国，由国务院产品质量监督管理部门统一管理全国的企业质量体系认证工作，负责制定企业质量认证的方针、政策、规划，起草法规等工作。

企业质量体系认证采取自愿原则，不搞大规模的批量认证，而是实行个案认证；在标准方面采用国际普遍适用的质量管理标准，如国际标准化组织推荐的 ISO9000《质量管理和质量保证》系列国际标准。

（二）产品质量认证制度

产品质量认证是指依据产品标准和相应的技术要求，经认证机构确认并通过颁发认证证书以证明某产品符合相应标准和相应技术要求的活动。

产品质量认证一般实行自愿原则，但是对于国家有强制性标准的产品，必须进行安全认证。2009 年 5 月 26 日，国家质量监督检验检疫总局局务会议审议通过了《强制性产品认证管理规定》和《强制产品认证标志管理办法》，将涉及人类健康安全、动植物生命健康以及环境保护和公共安全的产品纳入强制认证的范围。凡是未经质量认证的产品，一律不得进口、生产、销售。“中国强制认证”（China Compulsory Certification）简称“CCC”或“3C”标志。产品质量认证与企业质量体系认证不同，产品质量认证是针对某一具体产品的，认证标志可以在产品包装、产品本身上张贴，也可在宣传广告中加以使用。企业质量体系认证，证明的对象是企业生产经营的职权、职责、生产过程、目标和企业的组织系统，认证标志只能在企业中使用。

（三）产品标准化制度

产品标准化是产品按照一定的标准进行生产的制度。《中华人民共和国标准化法》于 1988 年 12 月 29 日第七届全国人民代表大会常务委员会第五次会议通过，之后于 2017 年修订。由于产品进入社会消费领域，必然存在与其他产品相互配合使用的要求。如果每一个企业所生产的产品标准不一致，就会造成使用者的不便甚至可能会出现危险。

（四）产品计量制度

在市场经济社会中，如果没有统一的计量制度，就无法进行安全、便捷的交易，市场秩序也难以维持。可见，产品的计量也是人们所关注的问题，产品计量涉及产品的生产标准和消费者权益的保护。1985 年 9 月 6 日第六届全国人民代表大会常务委员会第十二次会议通过了《中华人民共和国计量法》（2017 年 12 月 27 日第 4 次修正）。

（五）产品质量检验制度

在交易过程中，产品是否合格，能否满足人们基本的需求，往往要借助产品质量检验。1980 年，国家经委制定了《国家产品质量监督检验检测中心管理试行办法》，初步建立了我国的产品质量检验检测制度。1989 年 2 月 21 日第七届全国人大常委会第六次会议通过了《中华人民共和国进出口商品检验法》，后经 2002 年、2013 年、2018 年三次修正。

（六）产品质量表示制度

生产经营者对产品的质量表示应当符合国家规定。我国早在 1986 年颁布的《工业产品质量责任条例》中就确定了统一的产品质量表示方式。我国的《产品质量法》和《消费者权益保护法》等法律法规明确规定：产品质量的表示应当明确，而且必须与实际的产品质量一致；说明应当以中文表示；应当有检验合格说明；有使用方法、规格、成分、质量保证期等说明；有生产厂家的名称和地址；有危及人身或者财产可能性的还应当加以警示标志或者说明；特殊的产品还应当有特殊的标志和说明，如不能倒置的物品、易燃易爆产品等。

（七）产品质量检查制度

根据《产品质量法》的规定和《产品质量监督抽查管理办法》（2010 年颁布，取代了

2002年《产品质量国家监督抽查管理办法》)，产品质量监督管理部门主要对以下三类产品进行日常的抽查：可能危及人体健康和人身、财产安全的产品，如药品、食品等；影响国计民生的重要工业产品，如钢铁、石油制品、建筑原材料等；用户、消费者、有关组织反映有质量问题的产品。

（八）产品质量社会监督制度

保护消费者权益机构或者其他有关组织、社会媒体，对产品质量问题可以依法进行社会监督。任何单位和个人对存在质量问题的产品或者服务，均有权向监督管理部门进行举报；管理机关应当为举报人保密，并可按照有关规定给予奖励。

（九）缺陷产品召回制度

《产品质量法》中所指的缺陷，是指产品存在危及人身、他人财产安全的不合理的危险；产品有保障人体健康，人身、财产安全的国家标准、行业标准的，是指不符合该标准。缺陷产品召回是企业对其生产的缺陷产品在经调查、检测得以证实后主动寻找消费者并将缺陷产品收回，或者采取特定的技术措施加以妥善处理的一种方式。

对一般的缺陷产品召回的具体操作，由企业自行决定，但对涉及消费者生命安全的产品，国家则通过立法的形式由政府有关部门对召回的整个过程实施严格的监控。

当批量产品存在严重的缺陷，厂家不主动召回时，政府管理部门可依实际情况指令其召回或对其实施强制收回。强制收回是政府的强制行为，从另一个侧面可促进其他厂家对缺陷产品的召回。广东省质量技术监督局曾发出通告，对涉及11个企业的产品予以查处和强制收回，这是我国第一次大规模对多种不合格产品实行强制收回。在此之前，国家质检总局决定对2002年第二季度抽查中存在严重质量问题的插头、插座予以强制收回，这是我国首次以国家的名义强制收回某项产品。① 消除缺陷产品对社会造成的不合理危险，维护公共安全、公众利益和社会经济秩序，实行缺陷产品召回制度，并通过相应的法制化监控得以具体落实，是我国作为一个制造业大国和融入世界经济所必须走的路。②

（十）产品质量纠纷解决制度

消费者可就产品质量问题向有关部门反映，要求进行行政处理，也可以向法院提起诉讼，要求赔偿；保护消费者权益的社会组织可以就消费者所反映的问题向有关部门反映要求处理，还可以支持消费者就产品质量所造成的损害向人民法院起诉。

四、产品质量责任

（一）与产品质量责任有关的若干概念

1. 瑕疵

瑕疵源于人们对美玉中细小斑点的描述，是指存在着微小的缺点或者不足。正如有学者指出的，凡是产品不符合其应有的质量要求则构成瑕疵。③ 一般来说，瑕疵是不影响正常使用的，也不会严重危及人身安全或者造成其他财产的损失，只影响到商品的商业价值。

---

① 赵夙岚，卢德夫．产品召回：中国不再是“绝缘地带”[N]．广州日报，2002-12-24.

② 李正华．论缺陷产品召回的法制化监控[J]．政治与法律，2003（6）：66.

③ 程信和．经济法与政府经济管理[M]．广州：广东高等教育出版社，2000：314.

2. 不合格

产品不合格是指产品不符合或者尚未达到有关的基本标准的状态。产品不合格并不等于不能使用，外形的不合格一般也不必然产生危害的结果。对于有国家强制性合格要求和标准的产品，合格是最基本的要求。此类不合格的产品不得销售。

3. 缺陷

缺陷是指产品存在着较严重的质量问题。《产品质量法》第46条明确规定："本法所称缺陷，是指产品存在危及人身、他人财产安全的不合理的危险；产品有保障人体健康和人身、财产安全的国家标准、行业标准的，是指不符合该标准。"

4. 不符合约定要求

在交易中，当事人往往通过合同对产品质量作出特殊的约定。通常情况下，特殊约定是在国家强制性标准要求之上的，可以是涉及细小的瑕疵方面。凡是产品质量未能满足合同特殊要求的，视为不符合约定要求。

（二）产品质量责任的形式

产品质量责任是指生产者和经营者因生产或者销售的产品存在质量问题而应当承担的责任。因产品质量所导致的情形不同，责任的形式也就不同，包括产品"三包"责任、产品质量合同违约责任、产品质量法律责任（侵权赔偿责任）等。

1. 产品"三包"责任

产品"三包"责任是指商品的销售者对其出售的商品，依照国家规定所承担的对不适用的商品负责包修、包换、包退的义务。一般情况下，对于能够修复的商品给予修复，对于不能修复而有相同的商品给予更换，对于不能修复且又没有可以更换的商品时，应当给予退货。"三包"责任是相对于消费权益的经营者的"应为"义务。

2. 产品质量合同违约责任

产品质量合同违约责任是指合同当事人交付的产品不符合合同关于产品质量的要求而应当承担的违约责任。与产品质量法律责任相比较，其不要求人身伤害或者财产的损失，也不依据国家关于产品是否存在缺陷的规定或者其他的标准，其标准就是国家的强制性质量标准规定，特别是合同的特殊约定。

产品质量合同违约责任，是相对于合同当事人（买方）的出售方的义务。

3. 产品质量法律责任（侵权赔偿责任）

产品质量法律责任（侵权赔偿责任）是指产品的生产者或者经营者因其生产或销售的产品的缺陷，造成消费者或者使用者人身伤害或其他财产损失时，而应当承担的民事赔偿义务。

由此可知，产品质量法律责任的构成要件是：产品存在缺陷；产品缺陷造成人身伤害或者产品以外的财产损失；人身伤害或财产损失是由产品缺陷造成的。

参考案例5-4

1842年，英国的邮递员温特博特姆根据其雇主与邮政大臣订立的传递邮件的合同，用某生产厂家提供的马车运送邮件，在投递邮件的途中因马车的车轴断裂而受伤。温特博特姆将马车制造商作为被告向法院提出了赔偿之诉。但是法院认定温特博特姆与马车制造商之间不存在合同关系，根据"无合同则无责任"的原则，判决被告无须承担对原告的赔偿责任。

分析：尽管法院驳回了原告的请求，但是作为第一起产品缺陷受害者直接针对生产者起诉的案件，引起了人们的思考：生产者是否应当对消费者或者产品的使用者承担质量担保责任？随着社会的发展，产品质量引起的人身伤害及其他财产损失的赔偿，逐渐从“无合同则无责任”的契约归责过渡到过错归责、过错推定、无过错归责。

（三）国外关于产品质量法律责任追究方面的发展趋势

1. 赔偿的数额不断增大

在工业发达国家，因产品质量问题而造成的人身伤害或者财产损失，受害者要求赔偿的数额是巨大的，有的甚至是天文数字。例如美国洛杉矶高等法院于 2001 年 6 月 6 日作出了一项创纪录的判决，判令美国“万宝路”香烟的制造商菲力普·莫里斯公司向一位患脑癌和肺癌的烟民理查德·博肯支付巨额的赔偿。原告原来是一位证券和石油经纪商，他声称从 13 岁就开始抽烟，而且一直喜欢抽该品牌的香烟，长期的抽烟导致他患有脑癌和肺癌，因而他起诉菲力普·莫里斯公司并得到法院的支持。①

2. 按照市场份额分担责任

产品质量责任作为一种侵权责任，应当明确加害的主体，如果加害主体不明确，往往会以原告败诉而告终。由于社会发展、市场繁荣、产品品种数不胜数，虽然造成损害的结果是明确的，原因也是直接的，但认定是具体哪一个产品或者哪一家生产厂家的，有时的确困难。如果按照传统的做法，受害者就无法得到赔偿。因此，一些工业发达国家的法官考虑到社会的客观现实情况，要求该种类产品的生产厂家举证说明自己的产品不会造成该损害，不能举证或者举证不能说明者，按照其产品在市场中所占有的销售份额来判定其承担相应的赔偿责任。

3. 协同责任的追究

所谓协同责任，是指生产厂家对于生产产品、市场份额或者关于产品质量的责任承担方面，存在某种协议，对受害者的赔偿按照协同的约定份额进行责任承担的一种方式。

4. 产品的范围不断扩大

传统的产品质量责任中的“产品”通常限定于动产。目前，对于产品的范围有突破传统的动产的限定的趋势，一些国家已经逐渐扩展到了不动产（如建筑物）和服务类（如运输、仓储等）。

第五节　消费者权益保护法律制度

一、消费者与消费者权益保护立法

（一）消费与消费者

1. 消费

消费是与生产相对应而产生的一个概念，是社会再生产的一个重要环节。消费是

① 美大烟草商被判有罪，一烟民获赔 30 亿美元［EB/OL］.（2001-06-07）［2019-12-10］. http://finance.sina.com.cn/o/68629.html.

指接受、使用生产的产品或者接受服务的活动过程。按照消费目的，消费可以分成生产消费和生活消费。生产消费是生产者为满足生产需要而接受和使用原材料、半成品、成品或者接受生产所需要的服务的活动过程。生活消费则是指人们为满足日常生活需要，接受和使用商品或者接受服务的活动过程。由于生产消费可以通过经济活动主体之间的契约等形式接受有关法律的规制，因而消费者权益保护法律制度所调整的消费仅指生活消费。

消费者权益保护法所调整的消费关系应当符合以下条件：

（1）消费的目的属于满足日常生活所需。

（2）消费的客体限定在商品和服务。

（3）消费者应当是自然人。

（4）消费者与经营者（供给者）之间存在某种“对价”①。

2. 消费者

消费者乃供给者的对称，是为满足日常生活需要而购买和使用商品或者接受商业服务的人。现代经济学上，消费者与企业、政府被并列为参与市场经济运行的三大主体。

（二）消费者权益及其保护立法

1. 消费者权益

消费者权益是指消费者依法享有的权利及行使该权利、该权利受到保护时给消费者带来的应有利益。

利益有合法与非法之分，因而在利益前缀以“合法”“非法”字眼，从而将利益区分为是否应受到法律的保护则是十分必要的。权益并无合法与非法之分，消费者的权益是正当的，必须受到法律的保护。

2. 消费者权益保护立法

通过立法保护消费者权益已经成为世界潮流。美国在 1906 年就颁布了《联邦食品和药品法》，日本在 1968 年公布施行了《保护消费者基本法》，1968 年韩国颁布了《消费者保护法》，1984 年西班牙制定了《消费者和使用者利益保护法》，1987 年英国颁布了《消费者利益保护法》。国家间关于保护消费者权益的协作也得到了进一步的加强，联合国于 1985 年通过了《保护消费者准则》。

1993 年 10 月 31 日，第八届全国人民代表大会第四次会议通过了《中华人民共和国消费者权益保护法》（以下简称《消费者权益保护法》），该法于 1994 年 1 月 1 日开始实施，后经 2009 年和 2013 年两次修正。

3. 消费者权益保护与市场经济秩序的维护

市场经济反映了商品的自由交换，市场经济的秩序要靠法制来维持，完全放任的和完全自由的竞争是不可能的，必须在一定的条件下开展竞争。只有在充分保护消费者权益的基础上，才会有正当的经济竞争和市场秩序。只有消费者权益得到切实有效的保护，市场经济秩序才能建立起来。

---

① 法律上的“对价”，是指当事人之间有相应的权利义务。“对价”不是绝对的对应或者相等。

二、消费者的权利

美国前总统肯尼迪于 1962 年 3 月 15 日[①]提出了消费者应当享有的四项基本权利：一是获得商品的安全保障的权利；二是获得正确的商品信息资料的权利；三是对商品自由选择的权利；四是提出消费者意见的权利。该“四权论”提出后，得到了国际社会的广泛认同，一些国家在此基础上结合本国实践对其加以扩展。国际消费者组织联盟则提出了消费者的 9 项权利：生存权、评价权、选择权、安全权、知情权、求偿权、获助权、受教育权、环保权。我国《消费者权益保护法》明确了消费者具有下述权利。

（一）保障安全权

保障安全权是指消费者有要求经营者提供的商品和服务必须符合保障人身、财产安全标准的权利。安全是人得以生存的最基本条件和要求。消费者在消费活动中，首先关心的就是安全的问题。一些工业发达国家的法院在处理因产品质量导致的消费纠纷时，判令生产厂家向受害者支付巨额的惩罚性赔偿金，理由就是生产厂家在明知产品存在危及人身安全可能性的情况下仍持漠视的态度。[②]

（二）知悉真情权

知悉真情权又称获取信息权、了解权，简称知情权，是指消费者在消费过程中有获得关于消费品和消费项目真实情况的权利。

（三）自主选择权

自主选择权是指消费者单方面所享有的自主选择经营者、自主选择商品和服务的权利。

自主选择权包括：对经营者的自主选择权；自主选择商品品种或者服务方式的权利；是否购买商品或接受服务的决定权；对商品或者服务的比较、鉴别和挑选的自主权。经营者不得拒绝交易，或者强买强卖。这一点也体现了《消费者权益保护法》作为经济法带有的“公法”性质，国家对交易行为和交易关系加以干预，而并非传统民商法中的完全自由、意思自治，或者双方的完全自愿。

（四）公平交易权

公平交易权是指消费者在购买商品或接受服务时享有获得质量保证、价格合理、计量准确等公平交易条件的权利。

（五）依法求偿权

依法求偿权是指消费者因购买、使用商品或者接受服务过程中，遭受人身、财产损害时，有依法获得赔偿的权利。

（六）依法结社权

依法结社权是指消费者享有依法成立维护自身权益的社会团体的权利。

---

① 为了更好地开展消费者权益保护活动，1983 年国际消费者联盟组织决定将每年的 3 月 15 日作为“国际消费者权益日”。

② 在因汽车、烟草、药品等产品缺陷造成人身伤亡的索赔案中，法院往往会根据生产厂家明知而又漠视消费者安全的情况，判令被告承担巨额惩罚性赔偿。

赋予消费者依法自愿结社的权利，可以使消费者在社团中获得更多的消费信息，并能相对地改变其弱势地位，以便于使消费者与经营者之间形成“抗衡”；政府也可以通过消费者团体了解有关情况及征求意见，以便于加强对消费领域和市场经济的监管。

（七）接受教育权

接受教育权又称获取消费知识权，是指消费者享有接受有关机关进行的消费者知识和消费者权益保护等方面知识教育的权利。

（八）获得尊重权

获得尊重权是指消费者在消费过程中享有人格尊严、民族风俗习惯得到尊重的权利。《中华人民共和国宪法》（以下简称《宪法》）第38条规定：“中华人民共和国公民的人格尊严不受侵犯。禁止用任何方法对公民进行侮辱、诽谤和诬告陷害。”《民法通则》第101条也明确规定：“公民、法人享有名誉权，公民的人格尊严受法律保护，禁止用侮辱、诽谤等方式损害公民、法人的名誉。”我国是一个多民族的国家，各民族的风俗习惯各有不同，不尊重民族习惯不但不能较好地开展经营活动，而且还会影响民族团结和社会稳定。因此，《宪法》第4条明确规定：“各民族都有使用和发展自己的语言文字的自由，都有保持或者改革自己的风俗习惯的自由。”人格尊严和人身自由是人格权的重要内容。人格受到尊重和民族风俗习惯受到尊重是社会文明的表现。

（九）监督批评权

监督批评权是指消费者享有对提供消费品和服务的经营者以及政府有关消费者权益保护工作的监督和批评、建议的权利。对于任何有损消费者权益的事件、行为和人员，消费者均可依法进行检举、控告，还可以提出相应的批评和建议。

（十）个人信息权

个人信息权是指消费者享有的个人信息依法得到保护的权利。

三、经营者的义务

（一）法定义务

法定义务是指经营者依照法律规定应当为的或者不能为的一定的行为。法定义务是法律明确规定的，经营者不得在契约中或者以声明排除的方式予以免除，经营者具有的法定义务在《消费者权益保护法》中作了专章的规定，具体而言，经营者有以下法定义务。

1. 听取意见，接受监督

经营者应当认真听取消费者关于其提供的商品或者服务方面的意见、建议，接受消费者、社会、政府有关部门的监督。

2. 保障安全

这是与消费者的安全保障权相对应的经营者的义务。经营者应当保证其经营的商品或者提供的服务能满足保障消费者人身安全和财产安全的基本要求。

《消费者权益保护法》明确规定了宾馆、商场、餐馆、银行、机场、车站、港口、影剧院等经营场所的经营者，应当对消费者尽到安全保障义务。同时，经营者发现其提供的商品或者服务存在缺陷，有危及人身、财产安全危险的，应当立即向有关行政部门报告和告知消费者，并采取停止销售、警示、召回、无害化处理、销毁、停止生产或者服务等措施。采取召回措施的，经营者应当承担消费者因商品被召回支出的必要费用。

3. 真实宣传

这是与消费者知悉真情权相对应的经营者的义务。真实宣传，不仅包括在广告活动中必须遵循依法、真实的原则，而且也包括在具体的经营活动中要对消费者进行客观、真实的介绍和说明。经营者向消费者提供有关商品或者服务的质量、性能、用途、有效期限等信息，应当真实、全面，不得做虚假或者引人误解的宣传。

4. 出具凭证

经营者在收取消费者款项的时候，必须依法出具购货凭证或者服务单据。消费凭证是消费者消费的依据和报账的依据，也是今后提请消费者委员会调查处理、采取司法救济时所必须提供的主要证据。

5. 货版对应

经营者提供的商品或者服务，应当在符合安全、能够正常使用、具有应有功能和性能之外，还应当与货样相一致、与说明书相一致、与介绍承诺相一致、与单据相一致。凡是向消费者提供的商品或服务与货样、说明、承诺或者单据不一致的，视为欺诈。消费者在购买商品之后发现的，有权退货并要求予以赔偿。此外，《消费者权益保护法》规定了经营者对于特定产品的瑕疵举证责任，即经营者提供的机动车、计算机、电视机、电冰箱、空调器、洗衣机等耐用商品或者装饰装修等服务，消费者自接受商品或者服务之日起 6 个月内发现瑕疵，发生争议的，由经营者承担有关瑕疵的举证责任。

6. 公平交易

经营者应当在诚实信用的基础上，充分尊重消费者的权益，交易必须公平、合理，不得作出对消费者不公平、不合理对待的规定，或者以交易优势胁迫消费者。经营者向消费者提供商品或者服务，应当恪守社会公德，诚信经营，保障消费者的合法权益；不得设定不公平、不合理的交易条件，不得强制交易。

7. 尊重人权

人权的概念相当广泛，在消费领域主要是指消费者的人身安全权、人格权、尊严权等。经营者在经营过程中必须尊重消费者的人格权等。

8. 特定情况下的无理由退货

经营者采用网络、电视、电话、邮购等方式销售商品，消费者有权自收到商品之日起 7 日内退货，且无须说明理由。但以下商品除外：消费者定做的、鲜活易腐的、在线下载或者消费者拆封的音像制品和计算机软件等数字化商品、交付的报纸、期刊。根据商品性质并经消费者在购买时确认不宜退货的商品不适用无理由退货。消费者退货的商品应当完好，经营者应当自收到退回商品之日起 7 日内返还商品价款，如无特殊约定，退回商品的运费由消费者承担。

9. 对消费者个人信息保密义务

经营者收集、使用消费者个人信息，应当遵循合法、正当、必要的原则。经营者及其工作人员对收集的消费者个人信息必须严格保密，不得泄露、出售或者非法向他人提供。经营者应当采取技术措施确保信息安全，可能发生信息泄露、丢失时，应当立即采取补救措施。

参考案例 5-5

陈某的太太产下一名男婴，陈某十分兴奋，匆忙间到某超级商场拿了一包婴儿一次性纸尿片就直接往外跑，被商场保安员拦住。陈某反复述说兴奋之情并补交了钱，但保安员怀疑其有其他盗窃行为而对其当众搜身，并以商场张贴了“偷一罚十”的警示标语为由对其实施10倍的罚款。事后，商场在经营场所反复播放其被搜身的录像，以警示他人。

陈某觉得其人身权受到了侵害，遂向当地人民法院起诉。法院经过审理后认为：陈某在购买商品时没有在商场付款的通道付款确实不妥，但经过保安人员的提示后付款，双方的交易行为得以完成。商场的保安人员当众对陈某搜身以及事后播放录像的行为，已经构成了对陈某人身和名誉的侵害，且以“店堂告示”为依据处罚消费者的行为显属违法。故法院判决商场：（1）立即停止播放行为，并销毁录像带；（2）向陈某赔礼道歉；（3）退还10倍的罚款；（4）向陈某支付精神抚慰金人民币1万元。

分析：“偷一罚十”“本商场保留搜查顾客包、袋的权利”等单方声明在某些商场经常出现。罚款是行政机关依法行政过程中的一种法定处罚措施，搜查则是公安机关依法行使侦查权的一种体现，任何经营者均无此等权利。经营者在经营活动中应尊重消费者的人格权，不得以单方声明、店堂告示等形式非法剥夺消费者的权利或者限制消费者的人身自由。

上述经营者的义务是由法律直接加以规定的，经营者不得通过单方的所谓声明、通知、店堂告示或者在其提供的格式合同中予以免除。

（二）约定义务

除了法律直接规定经营者的义务外，在具体的经营活动中，经营者和消费者还可以通过合同的形式，或者由经营者以单方承诺等方式约定经营者应当承担的其他义务。

四、消费权益争议及责任确定

对消费者权益的保护，不仅经营者负有直接的义务，而且国家、社会也负有相应的义务。当前，经营者不尊重消费者权益进而侵犯消费者权益的事件较多，甚至有媒体发出了“中国消费维权已经进入了‘打砸抢’时代”① 的呼喊。

（一）侵害消费者权益的主要表现

1. 虚假宣传、欺骗消费者

经营者通过虚假的广告宣传，欺骗消费者，使消费者得到错误、虚假的信息，从而上当受骗。由于中国商品经济发展的时间不长，而且中国消费者的心理素质较差，往往会出现“羊群心理”和“牛奔现象”②，这和虚假广告宣传、消费信息掌握不对称有直接的

① “打砸抢”是记者针对过去曾经出现患者追打医生、消费者因购买汽车后得不到有效服务而面对记者怒砸奔驰车、春节后购买了机票却无法回城而在停机坪抢占飞机事件所综合发出的感慨。

② “羊群心理”和“牛奔现象”是通过自然界羊群不问缘由地跟着领头羊走、非洲草原中野牛整体狂奔乱跑的情形，比喻听信虚假宣传而盲目消费。

关系。

2. 生产、经营假冒伪劣产品，损害消费者人身及财产

生产者生产假冒伪劣产品、经营者经销假冒伪劣产品等，造成了消费者的人身伤害或者财产损失的事件时有发生。无论是在工业领域、农资产品领域，还是在服务行业，假冒伪劣层出不穷。“打假”成了新时期人人皆知的一个名词，也是社会各界的共同呼声。

3. 侮辱消费者

消费者在购买商品或者接受服务时，受到经营者的人格侮辱的事件时有发生。例如在20世纪90年代全国广为报道的第一起商场工作人员搜身案件——北京中国国际贸易中心侵犯消费者人身权案，在法院最终以调解结案。超级商场货架与顾客“零距离”的销售方式，确实方便了消费者的选购，但同时也对商场的防盗管理提出了更高的要求，当管理存在漏洞时经常会出现货品失窃的现象。如何在防窃与尊重消费者人格权之间找到一种可行的办法，确实是值得研究的一个理论与实践的课题。①

4. 以单方声明免除法定义务

《消费者权益保护法》第26条规定：“经营者不得以格式条款、通知、声明、店堂告示等方式，作出排除或者限制消费者权利、减轻或者免除经营者责任、加重消费者责任等对消费者不公平、不合理的规定，不得利用格式条款并借助技术手段强制交易。”但是，在现实中却经常出现上述现象。

5. 求偿困难

当消费者权益受到侵害时，事后的救济显得十分困难，不但经营者不及时予以赔付，而且司法救济途径也显得漫长，就算是判决下来，接下来的申请执行也很费时费力。消费者在计算投入与产出的比例后，一般不到万不得已的情况下，不会轻易采取司法救济措施。这样反而助长了经营者侵害消费者权益的气焰。

（二）消费权益争议

消费权益争议是指消费者因消费者权益受到侵害而与经营者所产生的纠纷。消费权益争议主要表现为以下几种情况。

1. 质量争议

《消费者权益保护法》对耐用消费品实行举证责任倒置，而对一般商品的举证仍然实行“谁主张，谁举证”的做法。

2. 不正当标示，导致误认误购的退货和索赔争议

由于经营者虚假的广告宣传或者不正当的标示，导致消费者的错误认识和错误购买。判定经营者的宣传或标示是否正当，主要是依照法律规定加以判断，并且以一般消费者普通注意原则予以衡量。

《消费者权益保护法》第45条中特别规定：“社会团体或者其他组织、个人在关系消费者生命健康商品或者服务的虚假广告或者其他虚假宣传中向消费者推荐商品或者服务，造成消费者损害的，应当与提供该商品或者服务的经营者承担连带责任。”

3. 人身伤害和财产损失赔偿争议

消费者在使用购买的商品或者接受的服务中所受到的人身伤害或者其他财产的损失，经营者通常会以该伤害或者财产损失与商品、服务无关为由予以拒绝。例如，在消费者遭

① 李正华．超级商场的防盗与消费者权益的保护［J］．经济与法，1997（7）：30.

到无端搜身的情况下，经营者拒不承认所发生的事实，而消费者又难以举出相关的证据，特别是在造成消费者精神损害时，经营者以赔偿无据为由予以拒绝，因而引起争议。

4. 商品“三包”争议

《消费者权益保护法》中的“三包”义务规定了有瑕疵退货和无理由退货。针对网络购物，消费者有权自收到商品之日起 7 日内退货，且无须说明理由，但鲜活易腐等特定商品除外。

5. 通过网络交易平台消费的争议

消费者通过网络交易平台消费，其合法权益受到损害的，如果网络交易平台不能提供销售者或者服务者的真实名称、地址和有效联系方式的，消费者也可以向网络交易平台提供者要求赔偿；网络交易平台提供者赔偿后，有权向销售者或者服务者追偿。如果网络交易平台提供者明知或者应知销售者或者服务者利用其平台侵害消费者合法权益，未采取必要措施的，依法承担连带责任。

（三）责任的确定和承担

1. 责任的确定

消费权益争议可以通过消费者与经营者双方协商解决，可以由双方在消费者协会等消费者保护机构的调解下解决，可以由消费者向有关行政部门申诉，消费者可以与经营者协商确定提交仲裁机构解决，或者依法要求法院进行司法救济。

《消费者权益保护法》规定了消费公益诉讼，即对侵害众多消费者合法权益的行为，中国消费者协会以及在省、自治区、直辖市设立的消费者协会，可以向法院提起诉讼。

2. 责任的承担

责任是义务人不履行法定义务或约定义务而被强令承担对自己不利的后果。

对于造成消费者人身伤害或者财产损失的，在不同情况下责任由以下责任者承担：

（1）生产者、销售者。因产品缺陷造成消费者人身或者其他财产损害时，法律赋予消费者从产品的生产者或销售者中选择承担责任的主体的权利。

（2）展销会举办者、柜台出租者。消费者在展览会、租赁柜台购买商品或者接受服务，其权益受到损害的，可以向销售者或者服务者要求赔偿。展览结束或者柜台租赁期满后，展览的举办者、柜台的出租者承担连带赔偿责任。展览的举办者、柜台的出租者承担赔偿责任后，有权向销售者或者服务者追偿。

（3）运输、仓储者。如果是在运输、仓储过程中造成的产品缺陷，则生产者或者销售者向消费者承担赔偿责任后，可以向有直接责任的运输者、仓储者追偿。

（4）营业执照持有人和租借人。使用他人的营业执照进行违法经营或者提供商品或服务，损害消费者权益的，借用营业执照的人或者营业执照的持有人应当承担赔偿责任。

（5）广告客户和广告经营者。广告客户发布违法的虚假广告造成消费者损害的，由广告客户承担责任；广告经营者不能提供广告客户的真实名称、地址的，应当由广告经营者承担赔偿责任。

（6）消费者。如果属于消费者自身的原因造成损害的，则由消费者自己承担相应的责任。

本章小结

市场经济中，营商主体在经营活动中可充分发挥自己的主观能动性开展经营竞争活动，但竞争活动的开展必须依法进行。市场经济不仅是竞争经济，还是法制经济、道德经济。因此，营商主体在讲究质量、追求效率的同时，还要遵守竞争秩序、尊重消费者的权益。

练习题

1. 名词解释

市场规制　不正当竞争　商业贿赂　产品缺陷　产品召回
消费者　消费者权益

2. 思考题

(1) 不正当竞争行为的具体表现有哪些？
(2) 发布广告应遵循什么样的基本准则？
(3) 我国关于产品质量的主要制度有哪些？
(4) 消费者的权利有哪些？

3. 案例分析题

案例一

在2018年的“十一”黄金周假期期间，张某参加了某旅行社组织的某地旅游团。在旅行过程中，旅游车并没有按照广告及旅行社所声称的路线行驶，减少了旅游景点并改变了行程。第一天晚上入住一家宾馆（声称为三星级，但实际并没有被评定星级），尽管餐厅墙上贴有“注意路滑”的警示牌，但是由于餐厅地面留有顾客撒下的稀饭没有清扫而导致张某不慎摔倒造成骨盆骨折。张某被团友送往当地医院时，因没有带够住院所需的费用而无法住院治疗，医生对其采取临时处理措施后让其离开了医院。由于没有及时做手术，再加上长时间的路途颠簸，张某被抬回家后送到医院住院，做了三次手术，误工半年。

问题： 旅游团的成员应如何索赔？张某摔伤应由谁负责？张某做三次手术的费用及误工等损失应由谁承担？

提示： 旅游广告与消费者权益之间的关系；警示标志的作用；旅游安全与酒店经营者的责任。

案例二

2018年10月3日，陈某在某酒店的一间包房内招待客人，自带酒水，消费金额为人民币300元。在结账时，服务员指着墙上的告示说，客人总共自带了两瓶白酒，酒店每瓶收开瓶费40元。因此消费金额为380元，另加15%的服务费，共计437元。但是，该包房的最低消费为500元，因而要求陈某支付500元。陈某觉得很不合理，为此与服务员争论起来，后来被迫支付了500元才得以离开，离开前陈某要求经营者开具发票并注明收取“开瓶费”和“最低消费标准”，但是酒店以当天发票已用完为由，只出具了加盖公章的收款收据（收据上只记载了“收到餐费500元”）。

问题： 在此纠纷中，经营者有哪些侵害消费者的行为？消费者可通过什么途径解决？

第六章

知识产权法律制度

【本章引言】

在知识经济社会中，衡量一个企业的实力不再单纯看其所拥有的资金量、厂房、机器设备等有形资产的多寡，更多的是看其是否拥有含金量高的知识产权以及是否拥有可用人才。因此，现代社会的竞争实际上就是知识产权的竞争和人才的竞争。专利制度对促进技术创新的作用被形象地比喻为“为天才之火浇上利益之油”。知识产权制度作为一种鼓励创新、保护创新成果的法律制度，赋予了创新主体合法垄断的权利。营商主体合法、合理地利用好知识产权制度所赋予的权利，是开展经济竞争并维持竞争优势的一大法宝。

【本章学习目标】

通过本章的学习，你应该能够：

- 掌握知识产权的基本特征；
- 掌握受著作权法保护的作品范围；
- 掌握驰名商标的特殊保护规定；
- 了解知识产权制度的发展历史；
- 了解知识产权的基本权利分类及作用；
- 理解企业知识产权战略的意义。

第一节　知识产权法律制度概述

一、知识产权及知识产权立法

（一）知识产权的概念及特征

1. 知识产权的概念

知识产权是指人们对自己创造性的智力活动成果依法所享有的专有权利。知识产权的内容包括了人身权利和财产权利。

知识产权的权利包括著作权、工业产权和其他与智力劳动相关的权利三大类。其中，著作权又包括版权、邻接权、计算机软件专用权等；工业产权包括专利权、商标权、商号权、产地名称权、反不正当竞争的权利等；其他与智力劳动相关的权利包括域名权、植物新品种权、发现权等。

2. 知识产权的特征

（1）专有性。专有性是指知识产权权利的唯一、专有、独占的垄断特性。一项知识产权只能授予一次。获得授权的权利人，拥有了排斥他人拥有相同权利的权利，任何人没有法定事由或者未经权利人许可，不得擅自行使该项权利。

（2）地域性。地域性是指按一国法律所获得的知识产权只在该国范围内获得承认与保护，如果希望该权利在其他的国家获得保护，则需要依照其他国家法律规定经过申请或登记注册程序的特性。知识产权原则上不在授权以外的其他国家内发生效力。

（3）时间性。时间性是指知识产权在一定时间内受到法律保护，超过法律规定的有效期限则可能转为社会公共财产的特性。

（4）审批性。审批性是指知识产权的某些特定权利需要经过主管部门的审核批准或者登记注册方承认其专属权利存在的特性。

（二）知识产权立法

知识产权法是指调整知识产权归属、利用和保护所产生的社会关系的法律规范的总称。

对知识产权的法律保护，成文法最早可以追溯到1623年英国颁布的《垄断法规》，该法规是有关专有技术保护的专门法律规定。因为知识产权的地域性特点，为促进各国之间的科学技术交流和商品流通，一些欧洲国家于1883年签署了《保护工业产权巴黎公约》，这成为知识产权国际保护的第一个国际性公约。

现行知识产权法律法规主要有：《中华人民共和国商标法》（1982年制定，1993年、2001年、2013年、2019年分别作了修正）；《中华人民共和国专利法》（1984年制定，1992年、2000年、2008年分别作了修正）；《中华人民共和国著作权法》（1990年制定，2001年、2010年分别作了修正）。此外，还有国务院发布的《植物新品种保护条例》（1997年发布，2013年、2014年分别修正）；《集成电路布图设计保护条例》（2001年发布）；《计算机软件保护条例》（2001年发布，2011年、2013年分别作了修正）；《知识产权海关保护条例》（2003年发布，2010年修正）。

中国现代的知识产权立法从1982年开始，仅用了短短的8年时间，就完成了商标、专利、著作权基本制度的建设。世界知识产权组织前总干事鲍格胥博士在回顾该组织与中国合作20年的历史时指出：“在知识产权史上，中国完成所有这一切的速度是独一无二的。”可以说，中国用了二十余年的时间，走过了发达国家用一百多年时间才走完的知识产权立法路程。

二、知识产权法律制度在社会中的作用

（一）知识产权法对社会经济发展的作用

作者创作的作品因有著作权法律的保护，不仅使作品得到传播，而且其作品的销售也使出版商获得利润；专利法的出现对科学技术发展起到了促进的作用，而科学技术的发展又为社会经济的腾飞作出了应有的贡献；商标法对商标给予了充分的保护，促进了品牌效

应。可见，知识产权法对社会经济的发展起到了巨大的促进作用。

（二）知识产权法对社会文化发展的作用

知识产权是人类智力成果在法律权利上的体现。知识产权法直接促进社会文化事业的发展。例如，知识产权立法强化了知识产权的保护，计算机软件、新的科学技术不断出现，社会文化事业也就日新月异。知识无国界，各国立法经验的交流和保护方式的借鉴，也是一种文化的交流。

（三）知识产权法对社会政治发展的作用

知识产权法从侧面反映了两个国家的政治关系，也从侧面体现了脑力劳动与体力劳动的关系的调整。通过对两种劳动关系的调整，达到了政治的稳定和社会的繁荣。

（四）知识产权法对国际关系发展的作用

在当今世界，知识产权问题已经上升到了国际贸易关系的高度，上升到了国际政治关系的高度。知识产权法已经成为保障国际科学技术和文化交流与协作的有效手段。

三、知识产权的法律保护

知识产权作为一种法律保护的权利，在具体的保护过程中，权利人可根据不同的情况予以保护。

（一）自我保护

1. 研究开发阶段的自我保护

知识产权的授予有相应的前提条件，如发明创造的技术要获得专利法律保护，必须具有新颖性、创造性和实用性，如果在研究开发过程中未采取有效的保密措施，即使是自己独立研究开发的，被依法公开（如在申请专利前就销售了含有该技术的产品、公开举行技术鉴定会议等）后，将不可能获得专利授权。现实生活中，类似这样本可获得授权而最终无法获得权利的情形是不少的。

2. 授权后的自我保护

在获得授权后，权利主体应依法行使权利，否则，权利将有可能被撤销。如商标经过核准登记注册后，必须依法在核定注册及核定使用的范围内使用，如果连续 3 年不使用，或者超越核准登记、超越核准使用的范围不当使用注册商标的，将可能被依法撤销注册商标。在权利保护中，知识产权的权利人应将保护知识产权的工作融入日常的设计、生产、销售等环节中，强化自我保护意识。

（二）行政保护

中国现行的知识产权法律、法规对知识产权的行政管理机构作出了规定。为了保证知识产权权利人依法享有各项权利，法律赋予相应的行政管理机构一定的行政管理权，对侵犯知识产权的行为进行调查并作出一定的处罚，从而保证知识产权法律在实际生活中得到贯彻和执行。

在 2018 年的政府机构改革中，改变了过去知识产权局、工商行政管理总局下的商标局、国家版权局、国家质量监督检验检疫总局等不同部门分别管理专利、商标、著作权、原产地标志的做法，将国家知识产权局的职责、国家工商行政管理总局的商标管理职责、国家质量监督检验检疫总局的原产地地理标志管理职责整合，重新组建国家知识产权局，由国家市场监督管理总局管理。

知识产权局负责专利申请的审查及授予工作，负责全国范围内的知识产权宣传工作和知识产权管理的协调工作，负责知识产权的对外联络工作，负责全国范围内的商标管理工作等。各省、自治区、直辖市以及各地（市）、县级人民政府机构中均设有知识产权局，负责当地的知识产权保护、宣传及协调工作。2018 年 3 月，根据中共中央印发的《深化党和国家机构改革方案》，将国家新闻出版广电总局的新闻出版管理职责划入中共中央宣传部。

其他的行政管理机构在自己的职权范围内对相应的知识产权工作实施行政管理。如海关负责知识产权的边境管理。

（三）司法保护

1. 知识产权民事纠纷案件的审理

当知识产权受到不法侵害，权利人可以向侵权人提出权利主张，在私权处分的前提下，可以通过协商谈判的方式制止侵权行为并获得相应的赔偿，也可以依照《民事诉讼法》的相关规定提出诉讼，请求人民法院给予司法救济。

2. 知识产权犯罪的追究

2004 年 12 月 21 日，最高人民法院、最高人民检察院联合公布《关于办理侵犯知识产权刑事案件具体应用法律若干问题的解释》，对侵犯著作权、专利权、商标权等传统知识产权的行为出台了新的刑事规定，把传统的假冒商标、假冒专利等罪名的定罪“门槛”降低了，规定只要假冒注册商标非法经营数额达到 5 万元或违法所得达到 3 万元；假冒专利非法经营数额在 20 万元以上或者违法所得数额在 10 万元以上的，又或者给专利权人造成直接经济损失 50 万元以上的；侵犯著作权，非法经营数额在 5 万元以上的，就可以判处有期徒刑或者拘役，并处或单处罚金。帮助他人实施犯罪的，以及进行单位犯罪的，都要承担相应的刑事责任。

四、知识产权战略

知识产权战略是指运用知识产权保护制度，为充分地维护自己的权益，获得竞争优势并遏制竞争对手，谋求最佳经济效益而进行的整体性筹划和采取的一系列策略与手段。

（一）国家知识产权战略

国家知识产权战略是指国家通过完善知识产权制度和政策，在创新型国家建设中为提高国家竞争力及保证持续发展而采取的一系列策略与手段。

借鉴国外相关经验并结合自身发展实际，2008 年 6 月 5 日，国务院发布《国家知识产权战略纲要》（以下简称《纲要》）。《纲要》制定工作历时 3 年，共有 30 多个部门、数百位专家参与。国家知识产权战略包括《纲要》和 20 个知识产权的专题报告。中国科技部于 2005 年提出了中国科技发展的三大战略——人才战略、专利战略、标准战略，这三大战略的核心就是知识产权。中共中央、国务院已经明确提出了要坚持走中国特色自主创新道路，用 15 年左右的时间把我国建设成为创新型国家。《纲要》还将“每万人发明专利拥有量”明确列入“十二五”时期经济社会发展主要指标。

（二）区域知识产权战略

国家的知识产权战略是以国家为主体，着眼于全国范围内的知识产权的全盘谋划，而不同的地区有不同的实际情况。在经济全球化的同时，也产生了其对立面——区域化。在一国范围内，全国统一市场的形成同时也促使了区域性合作的发展。

“泛珠三角区域”① 的知识产权合作是新形势下区域知识产权管理合作机制的创新。自2005年7月26日签署《泛珠三角区域知识产权合作协议》以来，在各省（区）知识产权管理部门的共同努力下，泛珠三角区域知识产权合作得以顺利开展，知识产权合作交流工作不断加强，已经在多个合作项目中取得了初步成效，建起了知识产权合作平台，开通了泛珠三角合作信息网，有效地探索了区域间知识产权合作的新机制。

（三）行业知识产权战略

行业知识产权战略是指行业根据其发展特色和需要，确定运用知识产权制度发展的产业，以获得竞争优势的整体谋划和一系列策略及手段。

（四）企业知识产权战略

企业知识产权战略是指企业在知识产权创造、保护、利用、实施和管理过程中，围绕着企业核心竞争力的提升和谋求最佳经济效益，有效地运用现行知识产权制度而进行的整体性筹划和采取的一系列策略及手段。

企业知识产权战略可根据知识产权的具体内容分为商标战略、专利战略、著作权战略、计算机软件战略、商业秘密战略等，也可根据知识产权工作的整体安排分为知识产权创造战略、知识产权利用战略、知识产权管理战略、知识产权保护战略等。

企业知识产权战略工作按以下步骤开展：设立专门企业知识产权管理机构；确定符合实际的企业知识产权战略；加强和鼓励技术创新；切实维护知识产权。

参考案例 6－1

可口可乐（Coca-Cola）公司，成立于1892年，目前总部设在美国佐治亚州亚特兰大，是全球最大的饮料公司，在全球饮料市场中的占有率为48%，在200个国家拥有160种饮料品牌，包括汽水、运动饮料、乳类饮品、果汁、茶和咖啡，亦是全球最大的果汁饮料经销商。仅可口可乐意大利公司2000年的销售收入就达到了11亿欧元。可口可乐这风行一百多年的奇妙液体，是在1886年由美国佐治亚州亚特兰大人约翰·潘伯顿（John S. Pemberton）在家中后院中将碳酸水和糖以及其他原料混合在一个三脚壶中而发明的。1887年6月6日，潘伯顿申请了可口可乐注册商标专用权。

分析：一个“卖水”的公司，卖了一百多年并成为世界五百强企业之一，靠的就是成功的知识产权战略。该公司以商标“可口可乐”、配方的商业秘密、瓶子的外观设计专利、广告的著作权对该产品实施整体、有效的多重法律保护。试想，如果当年将可口可乐的配方申请专利，则该配方在过了专利保护期后就成为世界上任何人均可生产的饮料的标准配方；如果没有将“可口可乐”注册为商标，则别人也可以使用；如果当时没有将饮料瓶申请外观设计专利，其饮料外观包装也会被人仿冒。可以说，可口可乐公司如果没有正确的知识产权战略，就不会有持续至今的辉煌。

---

① “泛珠三角区域”是指包括福建、江西、湖南、广东、广西、海南、四川、贵州、云南9个省（自治区）和香港、澳门两个特别行政区（简称“9+2”）的经济合作区域。

第二节　著作权法律制度

一、著作权立法

著作权是文学、艺术和科学作品的创作者依法享有对其作品的专有权利。

英国于1709年就颁布了《安娜女王法令》，使“印刷翻印权”演变成具有现代意义的“版权”。[①] 著作权在1789年法国的《人权宣言》中已经上升到了人权的高度：“自由传达思想和意见是人类最宝贵的权利之一，因此，各个公民都有言论、著述和出版自由，但在法律所规定的情况下，应对滥用此项自由负担责任。”

随着科学文化国际交流的发展，国际组织也陆续制定了著作权方面的公约，如1886年的《伯尔尼公约》、1952年的《世界版权公约》、1961年的《保护作者、唱片录制者和广播组织公约》、1971年的《保护唱片录音制作者防止其唱片被擅自复制的公约》、1974年的《人造卫星播送载有节目信号公约》等。《中华人民共和国著作权法》于1990年9月7日第七届全国人民代表大会常务委员会第十五次会议通过，后经2001年10月27日第九届全国人民代表大会常务委员会第二十四次会议决定进行第一次修正；根据2010年2月26日第十一届全国人民代表大会常务委员会第十三次会议《关于修改〈中华人民共和国著作权法〉的决定》进行第二次修正。

二、作品与著作权人

（一）作品

1. 作品的概念

作品是指在文学、艺术和科学领域内，以语言文字、符号等形式反映作者思想及其对客观世界的认识，具有独创性并能以某种有形的形式予以复制的智力成果。

2. 作品受保护的条件

受到著作权法律保护的作品应当符合以下条件：

（1）作品具有独创性，即由独立构思而成，非抄袭、剽窃或者篡改他人的作品而形成的。

（2）作品具有可感知性，即作品必须通过某种载体能够为人们所感受到。

（3）可复制性，即作品能够以某种形式被复制。

3. 作为著作权客体的作品种类

《著作权法》将文学、艺术、科学领域内的作品分为以下九类：

（1）文字作品。文字作品是作品中最为普遍、数量最多且运用最广泛的作品。

（2）口述作品。

（3）音乐、戏剧、曲艺、舞蹈、杂技艺术作品。

（4）美术、建筑作品。

---

① 吴汉东．知识产权法［M］. 北京：中国政法大学出版社，1999：30.

（5）摄影作品。

（6）电影作品和以类似摄制电影的方法创作的作品。

（7）工程设计图、产品设计图、地图、示意图等图形作品和模型作品。

（8）计算机软件。

（9）法律、行政法规规定的其他作品。

4. 不能作为著作权客体的作品

以下作品，尽管具有独创性，其内容也可为人们所感知，亦能够在有形载体上存储且可以复制，但法律作出明确规定不将其作为著作权的客体对待：

（1）依法禁止出版和传播的作品。

（2）法律、法规，国家机关的决议、决定、命令和其他具有立法、行政、司法性质的文件及其官方正式译文。

（3）时事新闻。

（4）历法、数表、通用表格和公式。

（5）正式公布的专利文件。

（二）著作权人

1. 作者

作者是作品的创作人。创作是直接产生作品的智力活动，抄袭、剽窃、篡改他人作品的行为不是创作活动。作者必须是以自己掌握的技巧、方法直接创作，通过作品反映自己的创作个性及特点的人，为他人创作进行组织、提供咨询意见或帮助，或者提供物质性条件的服务者不是作者。

2. 著作权人

著作权人是依法享有著作权的人。著作权人主要包括以下几类：

（1）一般作品的著作权人。创作作品的自然人或者被视为作者的法人或非法人单位享有著作权。如无反证，在作品上署名的人为著作权人。作者去世后或者作为著作权人的法人或其他组织变更或终止后，依法承继者可取得著作权的财产权（作品的使用权和报酬权等）以及发表权，而作品的人身权利（署名权、名誉权等）不得继承。著作权人可通过签署合同的形式，将其享有的著作权中的财产权利全部或者部分转让给他人。公民死亡后无人继承且无人受遗赠的，其著作财产权归国家所有；如死亡的公民生前为集体所有制组织成员，则其著作财产权归集体所有制组织享有。

（2）职务作品的著作权人。员工在受雇期间和在受雇范围内所创作的作品，有雇佣合同约定的，依照约定确定作品的著作权归属；没有约定的，依照法律规定。一般的职务作品，著作权归作者所有，但雇佣单位有权在其业务范围内优先使用；对于法律规定的特殊职务作品，著作权归单位，作者只享有署名权，单位可给予作者适当的物质和精神奖励。

（3）合作作品的著作权人。合作作品的著作权归属，有约定的从约定，没有约定的由合作者共同享有。不可分割的合作作品，合作者对著作权的行使不能协商一致的，则任何一方无正当理由均不得阻止他方行使除转让以外的其他权利，但所得收益应当合理分配给所有合作作者；可分割的合作作品，作者对各自创作的部分行使著作权，但不得侵犯合作作品整体的著作权。

（4）演绎作品的权利人。演绎作品是指经同意而改编、翻译、注释、整理他人已有作品而产生的作品。演绎作品的著作权由演绎作品的作者享有，但对被演绎的作品不享有著作权，并无权阻止他人使用同一被演绎作品。

（5）编辑作品的权利人。对已经发表或者已经完成的作品进行选择、编排而形成的作品或者组织编写的作品，应当获得原作品的著作权人许可，形成的编辑作品的著作权由编辑人享有，但行使编辑作品著作权时不得侵犯原作品作者的著作权。

（6）影视作品的权利人。影视作品是指摄制在一定物体上，由一系列画面组成并借助适当装置放映、播放的作品。导演、编剧、作词、作曲、摄影等作者享有署名权，著作权的其他权利由制片者享有。剧本、音乐等可以单独使用的作品的作者有权单独行使其著作权。

（7）美术作品的权利人。美术作品出售后，享有作品原件的所有权人对该作品享有占有、使用、收益、处分的权利，但作品的著作权仍属于作者，原件的展览权由原件所有人享有。

（8）匿名作品的权利人。身份不明的作品，由作品原件的合法持有人行使署名权以外的著作权。作者身份确定后，由作者或其继承人行使著作权。

三、著作权的内容及法律保护

（一）著作权的内容

著作权的内容是指依照著作权法所确认并保护的作者或其他著作权人所享有的权利。著作权的权利包括两方面的内容：一是人身权，二是财产权。

1. 人身权

著作权的人身权又称作者的人格权，是指作者基于作品创作而享有的各种与人身相关联而无直接财产内容的权利。

著作权的人身权主要包括以下几种权利：

（1）发表权。发表权是作者决定将作品公之于众的权利，包括是否公开发表、何时公开、以何种形式公开的决定权。

（2）署名权。作者有权在作品上表明作者的身份并在作品上署名，包括是否署名，是否署真名以及署名的顺序等权利。

（3）修改权。作者有权修改或者授权他人修改作品，报纸、杂志、出版社对作品的内容加以修改须得到作者的许可，而对于文字性修改、删减则无须征得作者的同意。

（4）保护作品的完整权。作者有保护作品内容的完整，使作品不受歪曲、篡改的权利。

2. 财产权

著作权的财产权又称著作权的经济权利，是指著作权人自己使用或者授权他人使用作品而获取物质利益的权利。

著作权的财产权主要包括以下几项权利：

（1）复制权。复制权是指以印刷、复印、临摹、拓印、录音、录像、翻版等形式将作品制成一份或多份以再现作品的权利，是著作权中财产权的基本权能。

（2）表演权。表演权又称公演权，是著作权人自己或者许可、禁止他人以一定形式表演其作品的权利。对于未公开发表的作品，未经著作权人同意，他人不得进行商业性表演；表演者使用他人已经公开发表的作品（除声明不得使用外）进行商业性演出的，可以不经著作权人同意，但必须依法支付报酬。

（3）广播权。著作权人有自己或授权他人、禁止他人通过无线电波或者有线电视系统等形式广播自己作品的权利。

（4）展览权。著作权人有自己或者授权他人、禁止他人公开陈列展出其作品原件或者复制品的权利。肖像作品展览时，应得到该作品被画、被摄的肖像人的许可。

（5）发行权。著作权人有公开发行或者禁止他人非法公开发行其创作的作品或者复制品的权利。

（6）信息网络传播权。著作权人有自己或授权他人、禁止他人将作品数字化后，以有线或者无线的方式通过网络传输作品的权利。

（7）演绎权。著作权人有通过改变原作品的表现形式而创作新作品的权利。未经著作权人同意，他人不得对原作进行改变、翻译、注释、整理。广播台、电视台使用演绎作品制作广播、电视节目时，应向演绎作品的著作权人和原作的著作权人支付报酬。

（8）摄制权。著作权人有以拍摄电影或者类似的方式首次将作品固定在一定载体上的权利。

（9）汇编权。著作权人有将若干作品或者作品片段汇集编排成一部作品的权利。

（10）出租权。著作权人有将其电影作品和以类似摄制电影的方法创作的作品、计算机软件通过出租的形式而获得报酬的权利。

（11）放映权。即通过放映机、幻灯机等技术设备公开再现美术、摄影、电影和以类似摄制电影的方法创作的作品等的权利。

（二）著作权的法律保护

1. 著作权的保护期限

作者的署名权、修改权和保护作品完整权的保护期限不受限制。

公民个人的作品，其发表权和各项经济权利的保护期限为作者的终身及其死后50年，截止于作者死亡后第50年的12月31日。属于法人或者其他组织的作品，其发表权和各项经济权利的保护期限为50年，截止于作品首次发表后第50年的12月31日；但作品自创作完成后50年内未发表的，不再给予保护。

2. 著作权的保护

著作权人可依法行使其相应的人身权和财产权，未经著作权人同意或不属于合理使用、没有法定使用事由的，属于侵犯著作权的行为，应依法承担法律责任。

参考案例 6-2

知名摄影家乔先生创作了反映三峡地区民风民俗的摄影作品《淳朴的山民》和《送嫁妆》，发表于四川画报社出版发行的《长江三峡》画册上并有署名。2004年，乔先生陆续发现重庆某实业（集团）有限公司（以下简称被告）在其开发的“三峡·××国际”房地产项目及其企业形象宣传中，有5处使用其摄影作品《淳朴的山民》和《送嫁妆》，存在不署名、随意改变原作等侵权行为。双方协商未果后，乔先生将该公司诉至法院。

法院审理后认为：被告未经作者乔先生同意，擅自复制其摄影作品《淳朴的山民》和《送嫁妆》，并在向公众散发的宣传资料和向公众展示的户外广告上使用，进行商业宣传；在使用中未署名，未支付报酬，且存在裁剪、覆盖、反转、更换背景等修改和破坏原作品及其完整性的行为，侵犯了乔先生对其摄影作品《淳朴的山民》和《送嫁妆》依法享有的署名权、修改权、保护作品完整权、复制权、发行权、展览权以及获得报酬的权利。据此，法院一审判决被告立即停止散发并销毁侵权的广告传单、宣传画册、企业杂志，拆除侵权的户外广告，并在《三峡都市报》上刊登声明，向摄影作者乔先生道歉、消除影响，并赔偿损失5.6万元。

分析：摄影作品属于《著作权法》保护的对象，乔先生创作的摄影作品向杂志社投稿被刊载，并有署名，足以证实乔先生为著作权人。著作权人对作品享有著作权，有权禁止他人未经许可而使用。非法使用他人作品的，应立即无条件停止侵权行为；有非法获益的，还应依法给予赔偿。

资料来源：朱薇．擅自用他人摄影作品打广告，房地产公司被判侵权［DB/OL］.（2006-08-25）［2019-12-10］. http：//news. sohu. com/20060825/n244998812. shtml.

3. 合理使用

合理使用是指依照法律规定而使用他人享有著作权的作品，无须征得著作权人同意，也不必向其支付报酬，但应当尊重作者精神权利的情形。

《著作权法》第 22 条规定了以下 12 种情形为合理使用：

（1）为个人学习、研究或者欣赏，使用他人已经发表的作品。

（2）为介绍、评论某一作品或者说明某一问题，在作品中适当引用他人已经发表的作品。

（3）为报道时事新闻，在报纸、期刊、广播电台、电视台等媒体中不可避免地再现或者引用已经发表的作品。

（4）报纸、期刊、广播电台、电视台等媒体刊登或者播放其他报纸、期刊、广播电台、电视台等媒体已经发表的关于政治、经济、宗教问题的时事性文章，但作者声明不许刊登、播放的除外。

（5）报纸、期刊、广播电台、电视台等媒体刊登或者播放在公众集会上发表的讲话，但作者声明不许刊登、播放的除外。

（6）为学校课堂教学或者科学研究，翻译或者少量复制已经发表的作品，供教学使用，但不得出版发行。

（7）国家机关为执行公务在合理范围内使用已经发表的作品。

（8）图书馆、档案馆、纪念馆、博物馆、美术馆等为陈列或者保存版本的需要，复制本馆收藏的作品。

（9）免费表演已经发表的作品，该表演未向公众收取费用，也未向表演者支付报酬。

（10）对设置或陈列在室外公共场所的艺术作品进行临摹、绘画、摄影、录像。

（11）将中国公民、法人或者其他组织已经发表的以汉语言文字创作的作品翻译成少数民族语言文字作品在国内出版发行。

（12）将已经发表的作品改成盲文出版。

4. 法定许可

法定许可是指他人依照法律规定而使用享有著作权的作品，无须征得著作权人同意，但必须支付报酬的情形。

《著作权法》规定了以下情形为法定许可使用：

（1）教科书汇编。《著作权法》第 23 条规定："为实施九年制义务教育和国家教育规划而编写出版教科书，除作者事先声明不许使用的外，可以不经著作权人许可，在教科书中汇编已经发表的作品片段或者短小的文字作品、音乐作品或者单幅的美术作品、摄影作品，但应当按照规定支付报酬，指明作者姓名、作品名称，并且不得侵犯著作权人依照本法享有的其他权利。"

（2）报刊转载。作品刊登后，除著作权人声明不得转载、摘编的，其他报刊可以转载或者作为文摘、资料刊登，但应当按照规定向著作权人支付报酬。

(3) 制作录音制品。录音制品作者使用他人已经合法录制为录音制品的音乐作品制作录音制品，除著作权人声明不得使用的，可以不经著作权人许可，但应当按照规定支付报酬。

(4) 广播电台、电视台可以不经著作权人的许可而播放他人已经发表的作品，但应当按照规定支付报酬。

5. 著作权的集体管理

根据《著作权法》的规定，著作权人和与著作权有关的权利人，可以授权著作权集体管理组织行使著作权或者与著作权有关的权利。著作权集体管理组织被授权后，可以以自己的名义为著作权人和与著作权有关的权利人主张权利，并可作为当事人进行涉及著作权或者与著作权有关的权利的诉讼、仲裁活动。

6. 著作权侵权诉讼

著作权人为维护自己的权益，可以通过与涉嫌侵权人协商，或者直接向著作权行政执法部门举报要求查处，当合同中有仲裁条款约定时可申请仲裁，或依法通过诉讼的途径要求获得救济。在著作权侵权诉讼中，著作权人可要求侵权者停止侵权行为，如造成不良影响或者精神损害的可要求其赔礼道歉，对造成经济损失或因侵权有非法获利的还可要求其赔偿经济损失。

在著作权诉讼中，以下三种情形适用举证责任倒置规则：复制品的出版者、制作者，应承担证明其出版、制作有合法授权的举证责任；复制品的发行者，应承担证明其发行复制品有合法来源的举证责任；电影作品和以类似摄制电影的方法创作的作品、计算机软件和录音、录像制品的出租者，应承担其出租的复制品有合法来源的举证责任。

7. 计算机软件登记

计算机软件为文字作品，受到《著作权法》和《计算机软件保护条例》等法律、行政法规的保护，其保护期为开发者终身及死后 50 年。

著作权自作品完成时著作权人依法享有著作权，但对于计算机软件，国家提供登记服务，是否登记由企业或者开发者自己决定，登记与否不影响对软件的法律保护。由于计算机软件的特殊性，它不同于一般的文字作品，开发者要证明该软件为其开发并由其享有著作权，经过登记就能够证明在登记日之前该软件就已经存在，在无反证的情况下，法院或者行政机关就可以依据登记文件直接确认开发的事实乃至权利的归属。应当说，计算机软件登记不但为交易双方提供了一个权属证明的文件，也为今后计算机软件侵权纠纷案件的行政处理、司法审判提供了一个有效的证据。

第三节　专利法律制度

一、专利及专利立法

(一) 专利概述

1. 专利的概念

专利是国家专利主管机关依照专利法，对符合条件的发明创造技术方案而授予发明、创造人拥有该技术方案专用的权利。

专利有三个方面的含义：一是指专利权；二是指专利技术；三是指专利文献。通常情况下，专利在没有特指时，就是指专利权。广义的专利包括了发明专利、实用新型专利、外观设计专利。

2. 专利的特征

（1）公开性。专利申请后，其涉及的专利技术是向社会公开的，任何人只要交付一定的费用就可以查阅并拥有一份与授权专利相关的文献资料，从而了解该项专利技术。

（2）独占性。因专利权是一种独占性、垄断性最强的知识产权，“尽管你知道怎样做，你却不能未经许可去做”。

3. 专利的作用

专利制度是赋予发明创造者独享其发明创造技术的垄断权利，鼓励发明创造者积极进行发明创造，保护其实施垄断技术所获得的经济利益，专利权的行使可使竞争主体获得竞争优势，可通过专利技术的实施（自己使用或者许可使用）获得相应的经济效益，所获经济利益又会支持后续的发明创造。因此，专利制度有“为天才之火浇上利益之油”的评价。

（二）专利立法

《中华人民共和国专利法》（以下简称《专利法》）由中华人民共和国第六届全国人民代表大会常务委员会第四次会议于1984年3月12日通过，后经过1992年9月4日第七届全国人民代表大会常务委员会第二十七次会议、2000年8月25日第九届全国人民代表大会常务委员会第十七次会议、2008年12月27日第十一届全国人民代表大会常务委员会第六次会议三次修正。

二、专利的种类

在中国，专利的种类有发明专利、实用新型专利、外观设计专利三种。

（一）发明专利

发明专利是指对产品、方法或对其改进提出新的技术方案而获得授权的专利。发明专利包括产品发明专利、方法发明专利。设计出一种新的产品（如汽车、铅笔），或者设计出一种新的产品生产方法（如无醇啤酒的酿造方法、菠菜豆腐的制作方法等），均可申请专利。

（二）实用新型专利

实用新型专利又称小发明，是指对产品的形状、构造或者其结合所提出的更加实用的新的技术方案而获得授权的专利。

针对有形的物品（非无固定形状的液体、粉状物），为了更加实用而提出的改进其形状的新技术方案（如将圆形长条的铅笔改进为六角形长条的铅笔），或者就有形产品的构造而提出新的技术方案（如在铅笔一头加上橡皮擦的装置等），都属于实用新型的范围。但实用新型只是针对有形物品的革新设计，不涉及方法的改进。

（三）外观设计专利

外观设计专利是指对产品形状、图案、色彩或者其结合所作出的富有美感并适于工业应用的新设计而获得授权的专利。外观设计只涉及美化产品的外观（如在铅笔外观上描绘人物、花卉、动物等，在产品及包装上所做的外观设计）和形状，不涉及产品制造、设计技术等。

三、专利申请与授权

(一) 专利申请

1. 申请原则

专利申请奉行“申请在先原则”，即对于符合授予专利的同样的发明创造申请，只授予第一个申请专利的人。

2. 申请日的确定及优先权日

“申请在先原则”的界定在于申请日。申请日不但是确定申请先后的时间标准，也是确定新颖性的时间截止点。直接递交申请文件的，以专利局收到文件之日为申请日；申请文件邮寄的，以寄出的邮戳日为申请日；申请文件有缺陷的，以文件补充齐备日为申请日。

优先权是根据国际公约的规定，公约成员国公民在成员国分别申请相同内容的发明或实用新型专利时，给予其在一定时间内（12 个月内）保留以第一次提出专利申请的申请日为在其他成员国提出专利申请的申请日的特殊权利；外观设计专利申请的优先权期限为 6 个月。申请日成为决定专利授予谁、是否新颖的关键。因此，一项成熟的技术要申请专利的话，应尽早办理申请手续以确定申请日。

3. 申请文件

申请发明和实用新型专利时应提交的文件有：请求书、说明书、权利要求书、摘要。

申请外观设计专利时，应提交的文件有：请求书、图片或者照片。

(二) 专利审批程序

1. 发明专利的审批程序

我国对发明专利实行早期公开、延期审查制度。经过初步的形式审查（文件资料是否齐备及格式是否符合要求、内容是否合法）后，在申请日起满 18 个月后进行公布，也可应申请人的要求早日公布其申请。自申请日起 3 年内，专利局可以根据申请人随时提出的请求进行实质性审查，申请人无正当理由逾期不请求实质性审查的，该申请被视为撤回。专利局在认为必要的时候，也可自行对专利申请进行实质性审查。经过审查，没有发现驳回理由的，专利局应当作出授予发明专利权的决定，并通知申请人。申请人应在收到通知后两个月内办理登记手续并缴纳有关费用，专利局颁发专利证书并予以公告。

2. 实用新型和外观设计专利的审批程序

对实用新型和外观设计专利的申请，经初步审查没有发现驳回理由的，专利局就应当作出决定，发给专利证书，并予以登记和公告。自专利局公告授权之日起 6 个月内，任何单位和个人认为该专利授权不符合法律规定的，可以请求专利局撤销该授权；专利局审查后，依法作出撤销或维持专利权的决定，并通知请求人及专利权人。

(三) 专利授权

1. 专利授权的机关

在中国，专利授权机关是国家知识产权局。

2. 专利授权的条件

授予专利权必须具备一定的实质性条件，即对技术方案有以下要求：

(1) 新颖性。这是指在申请日以前，没有同样的发明或实用新型或外观设计在国内外公开出版物上公开发表过，也没有在国内公开使用过，或以其他形式（通常为产品或方法的实际销售、使用）为公众所知悉，更没有同样的技术方案向专利管理部门提出过或授予过专利。

参考案例 6－3

某企业在研究开发一种全新的产品，但对于该产品在市场上的前景却信心不足。试产前，该企业召开了公开的技术鉴定会，邀请了该行业的专家和相应媒体，希望在社会上形成一种对产品今后销售有利的宣传态势。媒体报道后，社会反应热烈。该企业立即生产并向社会推出该产品，获得了很好的效益。之后，企业委托专利事务所向国家知识产权局提出专利申请，但被专利事务所告知该技术因已丧失新颖性而不可能获得专利，该企业深感困惑："这是我们企业自己研究开发的新产品，技术是新的，别人没有的，怎么就不能获得专利呢？"

分析：新颖性不但要求申请日之前该技术本身是前所未有的，而且还必须是未以任何形式为公众所知悉。本案中，该产品虽然是新产品，却在申请日之前已经召开了公开的技术鉴定会并以媒体报道方式使社会公众获悉，产品的销售也使该技术以使用的方式公开。因此，该企业丧失了对该产品申请专利的可能。

（2）创造性。创造性也称先进性，是指一项发明创造与申请日之前的技术相比，具有的技术特点和进步的特性。《专利法》对发明专利、实用新型、外观设计的创造性要求不同：对于发明，要求其与申请日前的技术相比，具有突出的实质性特点和显著的进步；对于实用新型，要求其与申请日前的技术相比，具有实质性特点和进步；对于外观设计，一般没有技术进步的特别要求，因为外观设计的技术性要求比较低，只要与之前的外观没有相同或者相似即可。

（3）实用性。申请的发明、实用新型、外观设计，必须能够在产业上制造或使用，并能够产生积极的效果。任何专利申请都不能停留在抽象思维阶段的理论、原理方面，必须是能够在产业上实施的技术方案。

3. 不授予专利权的发明创造

发明创造是专利法保护的对象，但并非所有的发明创造均可获得专利授权。根据《专利法》的规定，以下的发明创造不授予专利权：

（1）违反法律、社会公德或妨碍公共利益的发明创造。

（2）不属于专利法所称的发明创造。由于不能直接在工业领域使用，缺乏实用性，不具备完整的专利性（新颖性、创造性、实用性），故不能授予专利。

（3）暂时不授予专利的发明创造。考虑到社会经济发展水平及专利保护的水平，各国对一些属于发明创造的技术暂时不授予专利，如植物新品种、用原子核变换方法获得的物质。

4. 专利权的起算日

授予专利权的，申请日为专利权的起算日。

四、专利的法律保护

（一）专利权主体

专利权主体是指享有专利申请权、获得专利所有权的主体。

职务发明创造的专利申请权及专利权属于单位。职务发明创造是指单位的工作人员从事本职工作，或为执行本单位的任务或主要利用本单位的物质条件所完成的发明创造。非职务发明创造，专利申请权及专利权属于发明人或者设计人。通过受让而获得专利权的，受让人在办理专利转让备案登记手续后，专利权由受让人行使。

（二）专利的期限和法律保护范围

1. 专利的期限

发明专利的期限为20年，实用新型和外观设计专利权的期限为10年，均自申请日起算。

2. 专利的法律保护范围

发明专利和实用新型专利的保护范围，以其权利要求的内容为准，说明书及附图可以用于解释权利要求；外观设计专利的保护范围，以标示在图片或照片上的该外观设计专利产品为准。在专利权有效期内，除有法定的原因，任何单位和个人，未经专利权人的许可而实施其专利的，为侵犯专利权，专利权人或者利害关系人可请求专利管理机关予以查处，也可向人民法院起诉。

根据《专利法》的规定，下列行为不视为专利侵权：

（1）专利权人制造或者经专利权人许可制造的专利产品售出后，使用或者销售该专利产品的。

（2）为提供行政审批所需要的信息，制造、使用、进口专利药品或者专利医疗器械的，以及专门为其制造、进口专利药品或者专利医疗器械的。

（3）在专利申请日前已经制造相同产品，使用相同方法或者已经做好制造、使用的必要准备，并且仅在原有范围内继续制造、使用的。

（4）临时通过中国领土、领水、领空的外国运输工具，依照其所属国同中国签订的协议或者共同参加的国际条约，或者依照互惠原则，为运输工具自身需要而在其装置和设备中使用有关专利的。

（5）专为科学研究和实验而使用有关专利的。

第四节 商标法律制度

一、商标及商标立法

（一）商标的概念及作用

1. 商标的概念

商标是商品或者服务的标记，是商品生产者、经营者或者服务提供者用以表明自己所生产、销售的商品或提供的服务与其他经营者不同而使用的标记。

由于商标的标识性和区别作用，要求商标必须具有显著性（能够与官方标志或一般性标记加以明显的区别）和非冲突性（不得与现有注册商标或在先权利产生冲突）。

2013年新修订的《商标法》将声音商标纳入注册商标的范围，即商标不再有可视性的限制。国外声音商标如米高梅电影公司所拍摄的所有影片片头都有几声狮吼，即使观众闭上眼睛，也能辨识出该电影为米高梅公司所拍，实际上已经符合了商标的标识和区别要求。

2. 商标的作用

商标的作用主要体现在以下几个方面：

(1) 区别作用。通过商标，可以使消费者比较容易地区分相同类别的不同生产者、销售者或者不同的服务商。

(2) 证明作用。商标在一定程度上体现出与某种商品或者服务的紧密关联性，驰名商标在某种程度上就体现了一定的高品质。

(3) 广告作用。一枚好的商标，无论其设计含义还是外观特征，均能较好地配合商业广告起到宣传的效果；商业广告宣传的重点在于突出商标。

(4) 无形资产的体现。一枚驰名商标的价值不菲，属于企业资产的一个重要组成部分。例如，“可口可乐”商标在其公司 1967 年的财产表上价值被确定为 30 亿美元，至今其价值已达数百亿美元。

（二）商标立法

商标最早起源于西班牙，当时的游牧部落在自己的牲畜身上打上烙印以示区分他人的牲畜。法国于 1803 年颁布了《关于工厂、制造场和作坊的法律》，这是一部含有保护商标的法律；1857 年制定的《关于以使用原则和不审查原则为内容的制造标记和商标的法律》则是一部专门的商标法。英国于 1862 年颁布了《商品标记法》，1885 年又颁布了《商标注册法》。

在我国的宋代，山东一家刘家针铺以白兔为商品的标记，在包装纸上用铜板印有白兔的图形，并书写“兔儿为记”，这是我国保存至今最为完整的商标图样。

第五届全国人民代表大会常务委员会第二十四次会议于 1982 年 8 月 23 日通过了《中华人民共和国商标法》（以下简称《商标法》），该法经过 1993 年、2001 年、2013 年和 2019 年四次修正。

二、商标的种类

（一）文字商标

文字商标是指单纯以文字构成的商标。

文字商标包括中文文字商标（如“长城”）、外文文字商标（如“SONY”）、数字商标（如“555”）等。文字商标可以通过文字来直接表达其标识含义，只要认识该文字就可理解该商标的含义。但是，该种商标缺乏生动活泼的形象。

（二）图形商标

图形商标是指单纯以图形构成的商标。图形商标包括有意义的图形商标（如“虎头”“熊猫”图案）、无直接含义的记号商标（如“三叉星”的奔驰图案）。图形商标的标识性强，能起到见图识标的作用，即使不认识文字的人也可以通过图案获得相关的信息，但比较复杂的图形如果处理不好，可能会引起误解。

（三）组合商标

组合商标是指由文字和图形组合而成的商标（如由“红棉花”图案与“红棉”文字组成的商标）。组合商标结合了图形与文字并发挥其各自的特长，但在组合过程中必须避免烦琐的问题。

（四）声音商标

声音商标是在 2013 年新修订《商标法》中纳入商标注册范围的。声音商标是非传统商标的一种，与其他可以作为商标的要素一样，要求具备能够将一个企业的产品或服务与其他企业的产品或服务区别开来的基本功能，即必须具有显著特征，便于消费者识别。国外已有注册声音商标，如苹果电脑开机声音、诺基亚之歌、NBC 三响音阶和米高梅公司的狮子吼等。

（五）商标的其他分类

根据不同的标准，可以将商标作其他不同分类。

1. 以标识对象为标准划分

按照标识对象的不同，商标可分为商品商标和服务商标。

商品商标是指使用在商品上的商标。服务商标是指使用在服务类别上的商标，如银行业、保险业的商标，各酒店、旅游公司使用的商标等。

2. 以是否注册为标准划分

按照是否注册，商标可分为注册商标和未注册商标。

注册商标是指经过商标主管机关核准登记注册的商标。注册商标取得商标专用权，在同类商品上，其他人未经商标权人同意不得使用。未注册商标是指未经商标主管机关核准登记的商标。在自愿注册原则下，商标是否注册由商标使用者自行决定。

3. 以商标使用者为标准划分

按照商标使用者的不同，商标可分为制造商标和销售商标。

制造商标又称生产商标，是指商品制造者使用的商标。销售商标又称商业商标，是指经销商为使自己与他人经销的商品区别开来而使用的商标。

4. 以商标的用途为标准划分

按照用途的不同，商标可分为证明商标、等级商标、防卫商标和集体商标。

证明商标又称保证商标，是指由商品质量监督检验机构注册，许可他人在商品上使用，以证明该商品原产地、原料、制造方法、质量、精确度或者具有某种特点的商标。证明商标的使用，意在说明质量保证，如国际羊毛局注册并负责管理的纯羊毛标志等。

等级商标是指同一企业在同类商品因规格、质量不同而分别使用的系列商标。

防卫商标是指为了防止他人使用或者注册商标造成对自己注册商标的威胁或者损害，而在同类或类似商品上申请注册的商标。防卫商标包括了联合商标（将与自己的注册商标相近的商标注册，如为保护“娃哈哈”商标而注册的“哈哈娃”“哈娃哈”“娃娃哈”“娃哈娃”“哈娃娃”等）和防御商标（同一商标所有权人在其他非同类或类似商品上注册同样的商标，以防御他人的淡化）。

集体商标是指工商业团体或者行业性组织申请注册的供其成员在商品或服务上使用的商标。

5. 以商标的驰名度为标准划分

按照商标驰名度的不同，商标可分为一般商标、著名商标和驰名商标。

一般商标是指其知名度一般的商标。著名商标是指商标达到一定的知名度而由行政管理机关授予著名商标荣誉称号的商标。驰名商标是指在一定的国家或地区，具有很高的知名度，为消费者所广泛知悉并享有《保护工业产权巴黎公约》特殊保护的商标。驰名商标并不是商标法上对商标的一种分类，而是在商标制度上给予特殊法律保护的一类商标。

三、商标注册

（一）商标注册的效力

未经注册的商标，使用者不具有专用权，任何人均可以合法使用。

商标经过商标主管部门的核准登记注册，就赋予了商标注册申请人商标专用权。在核准注册及核准使用的商品范围（种类）上，他人未经商标权人许可，不得使用该商标。

商标注册是在同类商品或者服务上排斥他人使用该商标的有效途径，也是商标法给予商标权人保护的基本前提。商标注册的有效期为10年，自核准注册之日起计算；有效期届满需要继续使用的，可以申请续展注册。

（二）商标注册的原则

根据《商标法》的规定，我国对于商标注册采取以下原则。

1. 自愿注册原则

在商品及服务项目上是否有商标，以及商标是否注册，由经营者自行决定，国家不强行要求，商标不注册甚至没有商标，不影响商品的生产及销售。未经注册的商标可以使用，但是在使用过程中不得擅自使用注册标记①，并应在产品或包装上标明生产厂家及地址，产品应保证质量。国家规定必须使用注册商标的商品②，必须申请商标注册，未经注册的，不得在市场上销售。

2. 申请在先原则

《商标法》第31条规定："两个或者两个以上的商标注册申请人，在同一种商品或者类似商品上，以相同或者近似的商标申请注册的，初步审定并公告申请在先的商标；同一天申请的，初步审定并公告使用在先的商标，驳回其他人的申请，不予公告。"第32条规定："申请商标注册不得损害他人现有的在先权利，也不得以不正当手段抢先注册他人已经使用并有一定影响的商标。"

3. 诚实信用原则

代理人或者代表人违反合同约定，或者申请人侵犯他人在先权利，或者有其他违反诚实信用的行为，抢注他人商标的，不予核准登记；已经核准登记的，依据相关程序及利害关系人的申请，将予以撤销。

4. 保护优先权原则

商标申请人在一国第一次申请注册登记的同时，可以要求优先权登记，经登记的，可在一定期限（6个月）内在相关国际公约成员国再次提出该商标申请注册，其申请日保留为第一次申请日期。

在2013年修订的《商标法》实施前，商标注册采取"一类商标，一个商标，一份申请"的办法，同一申请人希望在不同类别的商品上注册相同的商标，必须按商品国际分类表分别提出申请。2013年修订后的《商标法》改变了这种原则，规定"商标注册申请人可以通过一份申请就多个类别的商品申请注册同一商标"。

（三）商标注册的要求

1. 实质性要求

申请商标注册必须符合相应的实质性要求：

（1）满足商标的特性。商标必须具有显著性、非冲突性，不得以固定形象的其他方式出现，不得以单纯的、一般性几何图形出现，不得与现有注册商标相同。

（2）不属于《商标法》禁止注册的情形。《商标法》明确禁止以下文字或者图形申请

---

① 在我国，商标注册标记包括®、汉字"注"外加圆圈、汉字"注册商标"三种。

② 在我国，人用药品和烟草制品必须使用注册商标。

注册：1）同中华人民共和国的国家名称、国旗、国徽、国歌、军旗、军徽、军歌、勋章等相同或者近似的，以及同中央国家机关的名称、标志、所在地特定地点的名称或者标志性建筑物的名称、图形相同的。2）同外国国家名称、国旗、国徽、军旗相同或者近似的，但该国政府同意的除外。3）同政府间国际组织的名称、旗帜、徽记相同或者近似的，但经该组织同意或者不易误导公众的除外。4）与表明实施控制、予以保证的官方标志、检验印记相同或者近似的，但经授权的除外。5）同“红十字”“红新月”的名称、标志相同或者近似的。6）带有民族歧视性的。7）带有欺骗性，容易使公众对商品的质量等特点或者产地产生误会的。8）有害于社会主义道德风尚或者有其他不良影响的。9）县级以上行政区划的地名或者公众知晓的外国地名，不得作为商标。但是该地名具有其他含义或者作为集体商标、证明商标组成部分的除外；已经注册的使用地名的商标继续有效。

2. 程序性要求

（1）申请及申请文件。申请人可以委托商标代理机构申请，也可自行申请。申请人应提交以下文件资料：申请书一份；商标图样 10 张；申请人的营业执照资料或个人身份资料等。商标注册申请等有关文件，可以以书面方式或者数据电文方式提出。

（2）审查。商标局对于申请人是否具有合法资格，申请资料是否齐全、内容是否合法、手续是否齐备，商标是否符合法律规定进行初步审查，应当自收到商标注册申请文件之日起 9 个月内审查完毕，审查合格的予以公告。自公告之日起 3 个月内，没有异议的或者异议不成立的，则决定予以注册。

（3）核准注册。决定给予核准注册的商标，发给申请注册人《商标注册证》，并予以公告，商标专用权的时间从初审公告 3 个月期满之日起算。

四、商标的使用与法律保护

（一）商标的使用

不以使用为目的的恶意商标注册申请，其申请应当予以驳回。在商标的使用方面，应当注意以下问题。

1. 非注册商标的使用

只要不属于强制注册的商品，营商主体可以根据自身的情况决定生产以及销售的商品是否有商标、商标是否注册。使用非注册商标时，必须在产品或者其包装上明确标明生产或者销售的营商主体名称、地址等信息，产品必须符合国家质量的要求；不得在产品及包装上使用商标注册的标记（在未注册商标上使用注册标记称为“冒充注册商标”）。当获知别人已经将该商标注册后，应立即停止使用该商标。

2. 注册商标的使用

（1）按时使用。《商标法》规定，注册商标没有正当理由连续 3 年不使用的，任何单位或者个人可以向商标局申请撤销该注册商标。

（2）按核准注册的商标及核准使用的范围使用。商标注册其实就是核准商标的图案、核准使用的范围。商标权人在实际使用时应与核准注册的商标图案一致，并不超出核准使用的范围。

（3）转让注册商标应办理手续，近似商标一并转让。转让注册商标的，转让人和受让人应当签订转让协议，并共同向商标局提出申请。受让人应当保证使用该注册商标的商品质量。转让注册商标的，商标注册人对其在同一种商品上注册的近似的商标，或者在类似商品上注册的相同或者近似的商标，应当一并转让。对容易导致混淆或者有其他不良影响的转让，商标局不予核准，书面通知申请人并说明理由。转让注册商标经核准后，予以公告。受让人自公告之日起享有商标专用权。

(4) 商标使用许可应备案。许可他人使用其注册商标的，许可人应当将其商标使用许可报商标局备案，由商标局公告。商标使用许可未经备案不得对抗善意第三人。

(5) 期满及时申请续展。注册商标使用期满后需要继续使用的，应在期满前12个月内提出续展申请；在此期间未能提出申请的，可以给予6个月的宽展期。宽展期满仍未申请续展的，注销其注册商标，并且该商标原注册人不得在6个月内就该商标再次申请注册。

（二）商标专用权的法律保护

1. 商标专用权的界定

商标专用权简称商标权，是指注册商标权利人对注册商标的独占使用的权利。商标专用权具有排斥他人（禁止他人）使用的权利。但是，商标专用权也不是绝对的，非核准注册的商标，或在非核定使用的范围内，注册商标权利人不具有排斥他人使用该商标的权利。

2. 驰名商标的特殊保护

驰名商标是指在一个国家或者特定地区经过长期使用而为相关公众广为知晓并享有较高声誉的商标。驰名商标最早出现在《保护工业产权巴黎公约》之中，但该公约并没有给出驰名商标一个明确的定义。

驰名商标应当根据当事人的请求，作为处理涉及商标案件需要认定的事实进行认定。认定驰名商标应当考虑下列因素：

(1) 相关公众对该商标的知晓程度。

(2) 该商标使用的持续时间。

(3) 该商标的任何宣传工作的持续时间、程度和地理范围。

(4) 该商标作为驰名商标受保护的记录。

(5) 该商标驰名的其他因素。

由于驰名商标具有很高的知名度，使消费者将该商标与相应的经营主体及商品或服务紧密相连，并且驰名商标的商品或服务有相应的质量保障。因此，驰名商标受到特殊的法律保护，其主要表现在：第一，排斥他人以驰名商标相同或者相似的商标在其他任何类别申请商标注册；第二，排斥他人使用与驰名商标相同或者相似的商标；第三，排斥他人将驰名商标当作商号使用。例如，“可口可乐”为驰名商标，则其他人不得在任何类别上申请注册，不得将之当成商号使用，也不得在其他类别的商品或者服务上使用该商标。

《商标法》对驰名商标的使用作了禁止性规定：生产、经营者不得将“驰名商标”字样用于商品、商品包装或者容器上，或者用于广告宣传、展览以及其他商业活动中。

参考案例 6-4

甲公司在其生产的洗衣粉商品上以一彩色“雄鹰”图案为商标并申请注册该商标，被核准注册。目前，该商标不是驰名商标。乙公司在其生产的威化饼上，也使用了一个黑白“雄鹰”图案的非注册商标。

分析：由于该商标不是驰名商标，因而甲公司只能在洗衣粉这类商品上对该“雄鹰”

图案拥有专用权，他人未经其许可不得在该类别商品范围内使用该商标。如果单纯是从商标专用权的角度分析，不考虑不正当竞争的问题，乙公司的这种使用并没有侵犯甲公司的商标专用权，甲公司不得以商标专用权行使为由排斥乙公司的使用。

3. 商标专用权的行使

注册商标权人依法行使自己的商标专用权，主要表现为：自己使用该注册商标；依法转让（包括有偿或无偿）该注册商标；有偿或无偿地许可他人使用该注册商标；以该注册商标作价投资或者作为合作条件；禁止他人非法使用该注册商标。

4. 侵犯商标专用权的表现

下列行为属于商标侵权行为：

（1）未经商标注册人的许可，在同一种商品上使用与其注册商标相同的商标的。

（2）未经商标注册人的许可，在同一种商品上使用与其注册商标近似的商标，或者在类似商品上使用与其注册商标相同或者近似的商标，容易导致混淆的。

（3）销售侵犯注册商标专用权的商品的。

（4）伪造、擅自制造他人注册商标标识或者销售伪造、擅自制造他人的注册商标标识的。

（5）未经商标注册人同意，更换其注册商标并将该更换商标的商品又投入市场的。

（6）故意为侵犯他人商标专用权行为提供便利条件，帮助他人实施侵犯商标专用权行为的。

（7）给他人的注册商标专用权造成其他损害的。

另外，将他人注册商标、未注册的驰名商标作为企业名称中的字号使用，误导公众，构成不正当竞争行为的，依照《中华人民共和国反不正当竞争法》处理。

5. 侵犯商标专用权行为的责任

任何的商标侵权行为，必须无条件立即停止侵害，侵权人根据不同的情形应承担以下责任：

（1）民事责任。

造成商标权人商标声誉损害的，应赔礼道歉；造成商标权人损失的，应赔偿损失。赔偿损失有以下几种计算方法：一是按照权利人因被侵权所受到的实际损失确定；二是按照侵权人因侵权所获得的利益确定；三是参照该商标许可使用费的倍数合理确定；四是对恶意侵犯商标专用权，情节严重的，可以在按照上述方法确定数额的 1 倍以上 5 倍以下确定赔偿数额，赔偿数额应当包括权利人为制止侵权行为所支付的合理开支；五是在权利人已经尽力举证后，人民法院可以参考权利人的主张和提供的证据判定赔偿数额；六是以上方法均难以确定的，由人民法院根据侵权行为的情节判决给予 500 万元以下的赔偿。销售不知道是侵犯注册商标专用权的商品，能证明该商品是自己合法取得并说明提供者的，不承担赔偿责任。

人民法院审理商标纠纷案件，应权利人请求，对属于假冒注册商标的商品，除特殊情况外，责令销毁；对主要用于制造假冒注册商标的商品的材料、工具，责令销毁，且不予补偿；或者在特殊情况下，责令禁止前述材料、工具进入商业渠道，且不予补偿。假冒注册商标的商品不得在仅去除假冒注册商标后进入商业渠道。

（2）行政责任。

工商行政管理部门有权对商标侵权行为采取行政处罚措施，包括：责令停止侵权行为，封存或者收缴侵权商标标识；消除现存商品或包装上的商标标识；收缴专门用于商标侵权的模具、印版和其他作案工具；责令并监督销毁侵权物品；通报；罚款；吊销营业执照。

（3）刑事责任。

假冒他人注册商标情节严重、构成犯罪的，依法追究其刑事责任。

第五节 其他知识产权保护制度

一、集成电路布图设计保护制度

（一）集成电路布图设计及其表现形式

集成电路布图设计是指将至少包含一个有源元件的多个元件和部分或全部元件的互联线路集成在基片之上，以执行某种电子功能的中间产品或者最终产品的设计。集成电路布图设计反映了高科技电子技术的智力劳动成果，通过掩膜版、芯片、磁带、磁盘等载体表现出来。但只要通过翻拍掩膜版、拷贝磁盘、反向工程①等手段，即可复制出其布图设计。

（二）集成电路布图设计的法律保护方式

从现有的法律制度分析，著作权保护的客体是一种反映作者思想的作品，专利保护的是一种发明创造技术。集成电路布图设计是用于工业生产的设计，其本身并不是一个蕴含作者思想内容的作品，而且以著作权法加以保护的话，不能适应变化迅速的集成电路布图发展趋势，也容易产生长时期的垄断，反而会阻碍其技术发展；从专利法的角度分析，集成电路布图设计不是产品的设计，而且审查授权的时间较长，也不利于对其保护。

（三）集成电路布图设计的立法

1984 年，美国率先通过了《半导体芯片保护法》，我国于 2001 年 3 月 28 日通过了《集成电路布图设计保护条例》。

（四）集成电路布图设计权的保护

根据“谁创作谁受益”的原则，集成电路布图设计专有权由创作人享有。合作创作的，有约定的从约定，没有约定的由合作创作者共同享有。集成电路布图设计完成后，在首次商业利用的两年内，创作人可以向管理部门提出登记申请。

集成电路布图设计的保护期限为 10 年，从登记之日起或者首次商业使用之日起计算。无论是否申请登记或者投入商业使用，设计自创作完成之日起满 15 年的，不再受该条例的保护。未经集成电路布图设计权利人许可，有下列行为之一的，行为人必须立即停止侵权行为，并承担赔偿责任：

（1）复制受保护的布图设计的全部或者其中任何具有独创性的部分的。

（2）为商业目的进口、销售或者以其他方式提供受保护的布图设计的集成电路或者含有该集成电路的物品的。

---

① 反向工程又称还原工程，是指通过技术手段对从公开渠道取得的产品进行拆卸、测绘、分析等而获得的有关技术信息的研究活动。

二、植物新品种保护制度

植物新品种是指经过人工培育或者对发现的野生植物予以开发，具备新颖性、特异性、一致性和稳定性并有适当命名的植物品种。

（一）保护植物新品种的立法

1930年美国颁布的《植物专利法》、1953年德国颁布的《种子材料法》给予育种者以法律保护，1961年在巴黎由西方国家缔结的《保护植物新品种国际公约》，允许成员国通过专利或其他专门方式来保护和确认育种者的权利，1994年《与贸易有关的知识产权协定》也提到了植物新品种的保护问题。

由于我国的《专利法》不将动物和植物新品种作为专利客体予以保护，故1997年3月20日国务院发布了《植物新品种保护条例》（2013年进行了修订），对植物新品种予以专门的保护。

（二）保护植物新品种的方式

过去，我国由农业部负责农作物新品种的审批，国家林业局负责林木新品种的审批。育种者需要取得植物新品种权的，可向审批机关提出申请，审批机关受理申请后在6个月内完成对申请的初步审查，符合要求的予以公告并通知申请人在3个月内缴纳申请费，缴费后发给权利证书。保护期限自授权之日起计算，藤本植物、林木、果树和观赏植物的保护期限为20年，其他植物的保护期限为15年。一旦获得植物新品种权，育种者对其受保护的品种享有排他的独占权利，他人不得：以商业销售为目的生产繁殖材料；提供出售繁殖材料；在市场上销售繁殖材料。对侵犯植物新品种权的行为，新品种权利人或利害关系人可请求省级以上人民政府的农、林业行政部门处理，也可以直接向人民法院起诉。

三、域名保护制度

（一）域名及其作用

域名是指为便于人们发送和接收电子邮件、访问某个网站而设计链接到国际互联网上的计算机的地址。自20世纪80年代以来，互联网为人们的交流及获取信息提供了方便，而域名作为一种系统的命名机制，发展至今已超出了最初设计时的意义，成为网页所有者的代号或者标识。[①] 有“网上商标”之称的域名，成为“已经超过了具有近200年法律保护史的商标，也超过了网页所有者自身的姓名、国籍、通信地址、电话号码等传统上用以同特定人取得联系的身份符号”[②]。

域名具有标识性、唯一性、排他性，在“申请在先”原则下，谁先申请谁将获得该域名。为搜索方便，人们往往以公司名称或者公司名称的简称、简写作为域名的核心部分申请注册。但由于一些知名企业没有及时申请注册域名，在“申请在先”原则下就容易产生“域名抢注”的问题。

---

① 吴汉东，胡开忠．走向知识经济时代的知识产权法［M］．北京：法律出版社，2002：380.

② 唐广良．INTERNET域名及有关问题［A］//郑成思．知识产权文丛：第3卷［C］．北京：中国政法大学出版社，2000：35.

（二）有关域名的立法

美国于 1998 年 1 月提出了将域名注册作为航标的评审规则，对于域名与商标的纠纷，由 NSI 公司负责处理，倾向保护商标权，当商标注册早于域名注册时，将可以获得在先权利的保护。1998 年 10 月成立的互联网名称与数字地址分配机构（ICANN）于 1999 年 10 月通过了《统一域名争议解决规则》和《统一域名争议解决规则细则》，明确规定投诉人发现以下情形时，可以启动行政争议处理程序：一是他人注册了与自己相同或近似的域名，足以造成混淆；二是域名申请者就其域名不享有权利或者合法权益；三是域名是被恶意注册使用的。

1997 年我国颁布了《中国互联网域名注册暂行管理办法》及《中国互联网域名注册实施细则》（已废止），2002 年颁布了《中国互联网络域名管理办法》《中国互联网络信息中心域名注册实施细则》《中国互联网络信息中心域名争议解决办法》《中国互联网络信息中心域名争议解决办法程序规则》《中国互联网络信息中心域名注册服务机构认证办法》等文件。《互联网域名管理办法》已经 2017 年 8 月 16 日工业和信息化部第 32 次部务会议审议通过，信息产业部 2004 年 11 月 5 日公布的《中国互联网络域名管理办法》（信息产业部令第 30 号）同时废止。

根据相关规定，不得使用下列名称作为域名注册：

（1）公众知晓的国家或者地区名称、外国地名、国际组织名称。

（2）未经批准不得使用县级以上行政区划名称的全称或者缩写。

（3）行业名称或者商品的通用名称。

（4）对国家、社会或者公共利益有损害的名称。

（5）不得使用他人已在中国注册过的企业名称或者商标名称。

（三）域名的法律保护

域名权人有权使用自己注册的域名，有权变更、转让、注销域名。他人未经权利人许可，不得使用、侵犯该域名。对于域名权属纠纷，CNNIC 颁布了《中文域名争议解决办法（试行）》，指定了中国国际经济贸易仲裁委员会为域名争议的仲裁机关。市场监督管理部门在日常的行政执法中，可对涉及域名违法行为或者侵权的行为予以查处，人民法院也受理关于域名侵权纠纷的案件。中文域名纠纷的解决已经逐步形成了“注册机关的解决—委托仲裁—行政管理—诉讼”的完整系统。

四、厂商名称保护制度

（一）厂商名称的概念及作用

厂商名称是指一个合法经营主体在开展经营活动时，用于区分其他主体而使用的名称。通常人们使用“商号”“企业名称”这一概念。

一个朗朗上口、容易记忆、便于宣传的厂商名称，不但体现了人们智力活动的成果，承载了营商主体的商业信誉，而且还可作为一种无形资产依法许可使用或转让。

（二）厂商名称的有关立法

英国于 1916 年颁布了《厂商名称登记法》，荷兰于 1921 年颁布了《企业名称法》。《保护工业产权巴黎公约》对商号也作了规定。

我国的《民法通则》《民法总则》《公司法》《产品质量法》《反不正当竞争法》《消费者权益保护法》以及《企业名称登记管理规定》等法律、法规，都对厂商名称作出了相关的规定。

（三）厂商名称的法律保护

根据我国的法律规定，公司以及个人合伙、其他合法经营的主体均可依法起字号，一个企业只能使用一个厂商名称。经过核准登记的厂商名称，在其规定的范围内享有专用权。由于《企业名称登记管理规定》实行的是“辖区内不得重复”的保护制度，就造成了在不同登记管理辖区厂商名称登记相同或者相似的情形出现。该规定明确了：“企业只准许使用一个名称，在登记主管机关辖区内不得与已登记注册的同行业企业名称相同或者近似。”而如何理解“登记主管机关辖区”就成了问题。由于实行分级登记制度，不同的管理主体在其主管范围内分别行使审查权，就难以避免在相同行业相同商号问题的产生。只有在全国范围内建立统一的“名称查询系统”，并在此基础上实行“分级管理”，方可解决厂商名称冲突的问题。[①]

参考案例 6－5

宋某某是原海口市个体工商户“东北人餐厅”的老板，经商标局核准注册了“东北人”文字商标。该餐厅于1995年12月开始使用以东北民间特色为主基调的红色为企业的主要色彩，以黑色为主要文字书写色彩，配以凤凰、牡丹图案及花土布为服务人员服饰及桌布等装饰用面料等。1999年3月26日，广州市越秀区东北人风味饺子馆开张时，在匾牌上也使用了“东北人”汉字，饺子馆内的布置、陈设、装饰风格也与海口东北人餐厅及其在广州的连锁店基本相同。

2000年6月2日，宋某某向广州市中级人民法院提起诉讼，指控广州市越秀区东北人风味饺子馆构成不正当竞争，要求法院责令其立即停止不正当竞争行为，在广州当地报纸上刊登赔礼道歉声明，并赔偿100万元的经济损失。

法院审理后认为：原告与被告均是餐饮经营者，经营的也都是东北风味饮食，市场竞争客观存在。原告拥有合法的“东北人”商标，且店内的布置、陈设、装饰风格自成一体；被告的行为容易使消费者对服务来源产生误解，造成混淆，构成不正当竞争。因此判决：被告停止该不正当竞争行为，赔偿原告经济损失10万元，并在《羊城晚报》上刊登赔礼道歉声明。一审判决后，被告不服而提出上诉，广东省高级人民法院依法维持了原判。

分析：本案中，原告并未以厂商名称权受到侵害为由起诉，而是以商标权以及特殊性商业标识权（包括特定的装潢、装饰）通过《反不正当竞争法》来主张权利。本案的判决并未涉及厂商名称冲突的解决。换而言之，被告只要不使用与原告商标相同或相似的文字，仍可使用“东北人”的商号。

五、地理标志保护制度

（一）地理标志及其作用

地理标志是指用以明确产品源自某个国家的特定区域，或者源自该区域中的某个具体

① 陶凯元．冲突与平衡：广东法院知识产权审判十年巡礼［M］．北京：法律出版社，2006：394.

地点或位置的商业性标记。地理标志包括货源标记、原产地名称。货源标记是指表示货物来源地的标志，如“中国制造”等。原产地名称是指表示该商品因源自特定地域而具有某种特殊品质所使用的名称，如“金华火腿”“杭州龙井”“贵州茅台”① 等。

由于产地与一定的气候、生产工艺、原材料有密切的关联，消费者往往通过产地名称来判断某些商品的风味或质量。因此，产地名称就具有一定意义上的经济价值，甚至成为商业竞争的一个重要的方面。产地名称属于无形产权，保护产地名称，实质上就是保护知识产权、保护消费者权益及维护正常的竞争秩序。

（二）有关地理标志的立法

1919 年法国颁布了《原产地名称保护法》，1935 年还专门颁布了关于葡萄酒名称保护的法律，1955 年颁布了专门保护奶酪的法律。其他国家也纷纷通过反不正当竞争法来规范原产地名称的使用。1883 年的《保护工业产权巴黎公约》以及 1891 年的《制止产品产地虚假或欺骗性标志马德里协定》和 1958 年的《保护原产地名称及其国际注册里斯本协定》等国际公约以及 1994 年的《与贸易有关的知识产权协定》对地理标志都有相关规定。

2001 年我国在修订《商标法》时，将原产地名称保护的内容加入了《商标法》之中。在《产品质量法》《反不正当竞争法》《消费者权益保护法》中，也有关于地理标志的相关规定。1994 年，我国颁布了《集体商标、证明商标注册和管理办法》（1998 年 12 月 31 日国家工商行政管理局令第 86 号修订），明确了地理标志可作为证明商标。《地理标志产品保护规定》经 2005 年 5 月 16 日国家质量监督检验检疫总局局务会议审议通过，自 2005 年 7 月 15 日起施行。

（三）地理标志的法律保护

地理标志可以作为证明商标或者集体商标注册。

以地理标志作为证明商标注册的，其商品符合使用该地理标志条件的自然人、法人或者其他组织可以要求使用该证明商标，控制该证明商标的组织应当允许。

以地理标志作为集体商标注册的，其商品符合使用该地理标志条件的自然人、法人或者其他组织可以要求参加以该地理标志作为集体商标注册的团体、协会或者其他组织，该团体、协会或者其他组织应当依据其章程接纳其为会员；不要求参加以该地理标志作为集体商标注册的团体、协会或者其他组织的，也可以正当使用该地理标志，该团体、协会或者其他组织无权禁止。不符合条件而使用地理标志，导致消费者误认、误购，或者扰乱经济竞争秩序的，行政机关可依法查处。假冒地理标志证明商标或者集体商标的，权利人可依法要求其赔偿损失。

本章小结

任何一个制度都不可能穷尽所有的问题。在知识经济社会中，知识产权客体的无形并

① 据科学考证，贵州所产的茅台酒之所以能够品质独特，除了其有历史悠久的生产工艺及精良的原材料外，还因为在茅台镇上空的空气层中含有大量特定的有利于酒发酵的无害细菌。换言之，在别的地方即使有同样的生产设备、原材料、工艺，也不可能酿出与当地的茅台酒同等品质的酒。

非反映知识产权的无用；恰恰相反，由于知识产权的独占性，权利人在某一领域拥有了合法垄断的优势。知识产权制度是一把双刃剑，遵守并适当运用它，可为营商主体提升竞争实力；违反它，则有可能使自己陷入被指控甚至被驱逐出市场的危险。在知识经济社会中，营商主体应有自己的知识产权战略。

练习题

1. 名词解释

知识产权　知识产权法　知识产权战略　作品　专利　新颖性　商标　驰名商标　域名　产地名称

2. 思考题

（1）知识产权与有形的财产权相比有哪些特征？
（2）如何制定企业的知识产权战略？
（3）受著作权法保护的作品范围包括哪些？
（4）如何进行外观设计专利申请？
（5）不得申请注册的商标有哪些？
（6）驰名商标受到什么特殊保护？
（7）如何正确使用厂商名称？

3. 案例分析题

案例一

李某是一位摄影爱好者，他于 2017 年 7 月在广东增城某地拍摄了一幅荔枝的彩色照片，取名为“南国佳果——增城挂绿”。李某向某农业刊物投稿，该照片被作为封面使用。某水果农场未经李某许可，将该照片用于其次年生产的荔枝包装袋、箱上，该农场荔枝销售收入达到了 50 万元。李某当年出差时在机场见到该水果箱上的图片，确认为其拍摄的照片。于是，李某与该农场交涉，要求其立即停止使用该照片，并给予经济赔偿，但交涉未果。

问题：李某可以拿什么证据证明自己是该摄影作品的著作权人？李某应采取什么措施维护自己的权利？

案例二

某商场在中国注册了“某 A”商标（核准在衬衣上使用）。2019 年秋天，在其出售的“某 A”牌衬衣断销情况下，销售部经理购买了一批（1 000 件）“某 B”牌（在中国注册）的衬衣，让员工将该衬衣上的“某 B”注册商标拆除，换上了自己商场的“某 A”注册商标，并在商场出售。该地区独家经销“某 B”衬衣的经营者发现后，要求该商场立即停止该行为并赔偿损失，但协商未果。

问题：该商场的行为应如何定性？经销商可采取什么救济措施？

第七章 财政金融调控法律制度

【本章引言】

经济基础决定上层建筑，上层建筑对经济基础又会产生一定的影响作用，这是马克思主义的基本原理。国家为了巩固其政权，促进经济的发展，均不同程度地运用财政金融政策对经济施加影响。财政预算和决算、税收、金融、价格、保险、证券、票据等政策和法律规定，对社会经济产生直接的作用。

【本章学习目标】

通过本章的学习，你应该能够：

- 掌握税收法中的实体制度；
- 掌握保险合同中的最大诚信原则；
- 掌握各种票据中的绝对记载事项；
- 了解财政的作用；
- 了解不正当价格行为的表现；
- 理解票据法律关系的内容。

第一节 财政法律制度

一、财政与财政法概述

（一）财政的概念

财政，全称“国家财政”，是指国家为实现其职能，凭借政治权力强制参与国民收入的分配和再分配的职能活动。“财政”一词源于拉丁文“finis”，意为“结算支付的期限”。16 世纪末以后，法语“finances”被普遍用于指国家及其他公共团体的理财活动。

（二）财政的特征

财政作为一个社会经济的范畴，区别于私人经济，它决定着社会财富的分配。财政的基本特征表现在：财政的主体是国家；财政以法律为依据，由国家强制力予以保障；财政的目的是满足国家和社会的公共欲望，实现公共需要；财政的内容包括了财政收入、财政支出、财政管理三大部分。财政是一个历史的范畴，它是人类社会发展到一定阶段，有了阶级和国家之后才出现的。

（三）财政的职能

1. 调节分配收入职能

分配收入是财政最原始、最基本的职能。国家通过经济政策、法律对社会的分配关系予以调节。

2. 配置资源职能

通过对资源的分配来引导人力、物力的流向，以形成合理的产业结构和资产结构，促使资源的有效配置。

3. 保障社会稳定职能

社会的发展在不同的时期有很多难以预料的因素存在，会发生各种困难。通过财政的统一安排，才可能对社会发展中的要求加以财政上的投入，以满足实际需要以及缓解或者解决困难。

（四）财政体系

我国目前实行的是分税制财政管理体制，各级财政支出的范围按照中央与地方政府的事权划分。我国是人民当家做主的社会主义国家，其财政体系也应当反映出这一根本属性。因此，我国的财政体系主要包括以下内容。

1. 国家预算

国家预算是国家为了实现其职能，按照法定程序预先制订的关于未来一定时期内收入和支出的财政计划。国家预算是国家经济计划的重要组成部分。

2. 国有企业财务

国有企业进行各种业务活动时，通过货币资金的筹集、分配和使用，与有关各方所发生的交纳与拨款的关系形成了国有企业的财务活动。由于国有企业的投资者是国家，其收入理所当然地属于国家。

3. 预算外资金

各地区、各部门、各单位自收自支，在国家预算之外单独管理的预算外财政资金，是我国财政体系的补充。

4. 财政监督

财政监督是指国家的各级财政部门在资金的筹集、分配和使用过程中，对企事业单位和国家机关的经济活动所进行的监察和督导活动。

凡是涉及中央和地方财政关系，国家预算和决算关系，国家机关、企事业单位、公民之间的财政分配关系，各级财政机关的权利、义务和责任关系，财政监督关系等等，都属于财政关系。

（五）财政立法

财政法是指调整国家资金的筹集、运用、管理、监督等财政关系的法律规范的总称。

有学者认为，由于财政法所调整的是财政关系，而财政关系是民法、商法、行政法、刑法等部门法所没有涉及的领域，不存在与其他法律部门的交叉或者冲突，所以它能够在整个法律体系当中成为一个独立的法律部门。但是考虑到财政法在调整对象、宗旨、调整方法、本质特性等方面在总体上都与经济法一致，有学者认为应将财政法纳入经济法当中，作为经济法的宏观调控法中的重要部门来看待。在我国，财政法是由一系列有关财政的法律法规形成的一个法规群所构成。

二、财政法的基本原则

（一）收支平衡，略有节余原则

财政的收入与财政的支出是一对客观的矛盾，要么是收入大于支出，此时称为财政节余或者财政黑字，说明国家对社会产品和国民收入的分配小于社会生产的规模；要么是支出大于收入，此时称为财政超支或者财政赤字，说明国家对社会产品和国民收入的分配超过了社会生产的规模。当财政赤字发生后，政府往往通过动用银行货币补充财政资金的不足，或者进行财政发行（即投放一部分没有物资保证的货币到社会上）。财政严重赤字会导致物价上涨，影响经济全局的稳定；过多的财政节余会使消费启动不足，进而影响再生产的发展。在保证收支平衡的基础上，略有节余，特别是严格控制财政赤字，是我国财政工作的一项重大而艰巨的任务。

（二）开源节流原则

从根本上来说，财政收入取决于国民经济发展的规模和增长速度。但是，除了通过发展生产逐步提高财政收入在国民经济总产值中比例的方法外，也有其他的办法可以增加财政收入。这些方法包括：

（1）通过增加发行货币的办法解决资金的需要，但是这种办法往往会带来通货膨胀的后果。

（2）通过提高税率来加大财政收入，这种方法只能使纳税人的负担增加，也会影响到社会的再生产。

（3）举借债务，但是无论是通过向国内发行国库券的办法举借内债，还是通过举借外债的方式，都会造成今后一定的财政困难。

由于上述三种方法都带有很大的负面效果，因此，在采用时应当特别谨慎。

（三）区别对待、合理负担原则

税收是国家财政主要的来源之一，税负是否合理，对生产的发展有着重大的影响。经济活动主体在经济竞争的过程中，应当承受公平的税收负担。税负不平等会造成经济活动主体竞争条件的不公平，由于不能站在同一起跑线上，日后的竞争也就不可能实现公平。

（四）统筹兼顾、全面安排原则

为了使国家的产业政策得到切实有效的贯彻实施，在国家财政预算的时候，就应当进行统筹考虑并兼顾各方面的利益，从而作出全面合理的安排。

（五）节约资金、有效配置原则

我国的经济发展起点较低，国家财政收入也不多，如何在尽量节约资金的前提下，对资金进行合理的使用，是财政有效配置的要求。因此，反对铺张浪费，反对贪污盗窃，杜绝国有资产流失，将有限的人力、物力、财力用在关键的方面，是我们当家理财必须坚持的。

（六）统一领导、分级管理原则

财政涉及整个国家的收入和开支，也影响到国民经济的发展。因此，必须由国家统一领导。由于社会发展各地有所不同，在全国统一领导的前提下，也要尊重各地、各部门的实际情况，各个级别实行自主管理。只有这样，才能在宏观上把得住、在微观上搞得活。

三、财政预算与财政决算

（一）财政预算

财政预算是指国家预算，是按照法定程序编制、核定在一定时期内国家集中掌握的一部分财政收入和支出的预先方案。

1. 预算立法

为了强化财政预算的分配和监督职能，健全国家对预算工作的管理，加强国家宏观经济调控，保障社会主义市场经济的健康发展，第八届全国人民代表大会第二次会议于1994年3月22日通过了《中华人民共和国预算法》（以下简称《预算法》，后经2014年、2018年两次修改）。

2. 预算管理体制

我国实行按照人民政府行政级别预算级次的“一级政权，一级财政”的原则确立预算管理制度。全国共分五级：中央预算；省、自治区、直辖市预算；设区的市、自治州预算；县、自治县，不设区的市、市辖区预算；乡、民族乡、镇预算。国家总预算由中央预算和地方预算构成。

各级人民政府所属部门或者列入预算的各单位，在依法的前提下应当编制本单位的预算、决算草案；按照国家规定上缴预算收入，安排预算支出；接受国家有关部门的监督。

3. 预算编制、审查和批准

国家预算是法律性的文件，必须依法编制。预算按照量入为出、收支平衡的原则编制，不列赤字。预算年度采用日历年制，应当参考上一年度预算执行情况和本年度收支预测进行编制。先由国务院下达关于编制下一年度预算草案的指示，各地、各部门按照国务院要求，在规定的时间内，结合自己的实际情况编制预算草案，逐级汇总上报。

各级预算由相应的各级人民代表大会审查和批准。各地方的预算通过后，应当报上级政府和同级人大常委会备案。

4. 预算执行和调整

预算通过后必须严格执行，预算收入必须足额征收和上缴；预算开支不得随意扩大。动用预算预备费的，应由本级人民政府的财政部门提出，报本级人民政府批准。

非经法定程序，不得改变预算。必要时，可由政府编制预算调整方案，提请本级人大常委会审查批准，之后报上一级人民政府备案。

（二）财政决算

财政决算是对年度财政预算收支情况的会计总结活动。通过决算活动可以反映出预算是否正确以及能否得到有效的执行，也为编制下一年度的预算提供经验和依据。

《预算法》第8章专章规定了决算。预算年度终了，各级政府、各部门、各单位都必须依法按照国务院规定的时间和财政部门的部署，合法、准确、完整、及时地编制决算草案。编制的决算草案经本级人民代表大会及其常务委员会批准后，财政部门应当向本级各部门批复决算，政府必须将决算报送上一级人民政府备案。

（三）监督及违法责任

国家对预算和决算的监督分为权力机关（立法机关的人大）的监督、行政机关的监督、政府专门部门（财政和审计部门、监察部门）的监督。凡是违反财政制度和《预算法》的，根据不同行为依据有关法律规定予以处罚：对于擅自变更预算的，对直接责任人给予行政处罚；对于擅自动用国库款项的，除了责令退还款项外，还要追究直接责任人的行政责任；对于隐匿预算收入或者非法列支预算外支出的，除责令改正外，还应当追究直接责任人的行政责任。对于以上严重违法并触犯刑律的行为人，依法追究其刑事责任。

四、国债的监管

国债，全称国家公债，是指国家为实现其职能而以国家信用担保所举借的债务。举借国债是国家筹集财政收入、冲抵财政赤字和进行宏观经济调控的手段之一。国债是一种国家的债务，它以国家信用作为担保，因此它与一般的企业债券相比较，更具有保障性，而且其流动性、变现力更强。

我国对国债实行规模管理和结构（数量、期限、利率等）管理。

五、政府采购

（一）政府采购的概念

政府采购（Government Procurement 或 Government Purchasing）又称公共采购，是指政府为了维持行政运作、实现公共目的，依照法定程序和要求，以购买者的身份购进货物、工程或者接受服务的行为。政府采购支出属于国家购买支出，购买支出与转移支付相对应。转移支付又称补助支出、无偿支出，是指政府为了解决财政失衡而通过一定形式和途径转移财政资金，用以补充公共物品而提供的一种无偿支出活动。

政府采购主要是通过两种方式实现的：一是通过招标的方式确定交易对象，二是通过谈判确定采购。无论是通过何种方式实现，均需要支出。

在市场经济中，政府机构庞大、人员众多，所需要的设备、设施和服务也相当广泛，因此政府成为最大的消费者，政府的支出也占了国家财政很大的一部分，通常在 GDP 中占 10%以上。

（二）政府采购立法

政府采购不仅影响到国内经济关系，而且在国际上也已经引起了广泛的关注。1966 年欧共体在欧共体条约中就对政府采购作出了专门的规定，1992 年颁布了《关于协调授予公共服务合同的程序指令》，1993 年颁布了《关于协调授予公共供应品合同的指令》和《公用事业指令》，1994 年颁布了《关于货物、工程及服务采购的示范法》等。1979 年在《关税与贸易总协定》“东京回合”谈判中，签订了《政府采购协议》。

我国 1999 年颁布《政府采购管理暂行办法》，2002 年通过了《中华人民共和国政府采购法》（2014 年做了修正）。

（三）政府采购支出的管理

对于政府采购支出的管理，主要是通过合同签订形式的招投标制度、财务转账跟踪制度、质量监督制度、事后审计制度、适当地向社会公开制度、人大综合审议制度等相互配合进行的。

政府采购主要涉及以下几个方面的问题：

(1) 政府采购模式的选择或者确定。这涉及政府采购是通过主管机关统一的集中采购模式，还是授权分散的采购模式的选择。

(2) 政府采购的主体确定。这涉及采购的主管机关、受益机关、中介机构、供应商或者承包商等主体之间的地位和权益。

(3) 政府采购的资金来源。政府采购的资金一般是政府的财政拨款。

(4) 政府采购过程的监管。

(5) 政府采购的公开。

第二节 金融法律制度

一、金融及金融法概述

(一) 金融及金融体制

金融狭义上是指货币资金的融通，广义上是指与货币流通和信用有关的一切经济活动。

金融体制是指金融机构的设置和职能确定、金融活动制度的有机构成。金融体制在整个国家经济管理和运行当中具有十分重要的地位，直接影响到国家宏观经济调控。

金融体系中，以中央银行为主导，各种金融机构相互分工配合、自主经营。1948 年 12 月 1 日成立时的中国人民银行，既具有对金融管理的职能，同时又开展工商信贷业务。1983 年实行金融体制改革，中国人民银行专门行使中央银行的职能，分出了中国工商银行专门从事商业信贷活动。此后，相继成立了其他的国有商业银行，如中国银行、中国人民农业银行（现称中国农业银行）、中国人民建设银行（现称中国建设银行）。

(二) 金融立法

金融法是调整金融活动和金融管理的法律规范的总称，主要包括银行法、货币法、票据法、证券法、期货法、保险法、融资租赁法等。

我国已经制定的金融方面的法律法规主要有：2003 年 12 月 27 日全国人大修订的《中华人民共和国中国人民银行法》(1995 年通过，2003 年修正)，《中华人民共和国商业银行法》(1995 年通过，2003 年、2015 年修正）和《中华人民共和国票据法》(1995 年通过，2004 年修正)，《中华人民共和国保险法》(1995 年通过，2002 年、2009 年、2014 年修正)，《中华人民共和国证券法》(1998 年通过，2004 年、2005 年、2013 年、2014 年、2019 年分别作了修正或修订）等；国务院于 1998 年 7 月 13 日发布的《非法金融机构和非法金融业务活动取缔办法》，1999 年 2 月 22 日发布的《金融违法行为处罚办法》、1999 年颁布的《期货交易管理暂行条例》、2000 年颁布的《金融资产管理公司条例》、2002 年颁布的《中华人民共和国外资金融机构管理条例》等。这些法律法规的颁布施行对维护金融秩序、化解金融风险起到了积极的作用。

二、金融管理制度

（一）金融运行与国家经济安全

经济全球化发展趋势下，科学技术的突飞猛进和国际游资的加速流动，刺激了世界经济的变化，形成了许多难以预测的风险和冲击。

金融危机不但使财政收入减少、消费市场恶化、生产下降，也导致了社会不稳定因素的增长，激化过去积累的社会矛盾。因此，一个国家没有经济和金融的稳定、健康的发展，就不可能有安全可言。① 我国在亚洲金融风暴中没有受到大的冲击，其原因之一就是我们加强了金融法制建设、做好了有关的防范措施，并且没有急于在条件不成熟的时候过早地与国际金融接轨，实行金融自由化。由于“金融危机的背后隐藏着深刻的经济危机，经济危机又可能进一步诱发政治危机和社会危机”，因此“要从根本上防范金融危机，必须对症下药，从公法与私法（民商法）两个层面上构建防范金融危机的法律机制”。②

（二）中央银行宏观调控制度

国际上最早出现的资本主义国家银行是 1668 年由私人银行改组而成的瑞典国家银行，它在 1897 年具有独占发行货币权后才成为现代意义上的中央银行。而在 1844 年就具有独占货币发行权的英国英格兰银行被学术界公认为世界上最早的中央银行。我国的中央银行是中国人民银行。中央银行一般充当政府银行、发行银行、银行的银行角色。中央银行代表国家主管金融业务，是国家发行货币的唯一机关，并且成为商业银行的最后贷款人。

根据《人民银行法》的规定，中国人民银行具有依法制定和执行货币政策；发行人民币，管理人民币的流通；按照规定审批、监督管理金融机构等职能。

《人民银行法》第 1 条明确提出：建立和完善中央银行宏观调控体系。第 3 条规定：货币政策目标是保持货币币值的稳定，并以此促进经济增长。可见，中央银行是通过货币政策来实现对国民经济宏观调控的。在实现货币政策方面，主要通过以下几个方面起到调控作用：要求金融机构按照规定的比例交存存款准备金；确定中央银行基准利率；为在中国人民银行开立账户的金融机构办理再贴现；向商业银行提供贷款；在公开市场上买卖国债和其他政府债券及外汇；国务院确定的其他货币政策工具。

（三）现金管理制度

1. 现金的概念

现金是指实现购买力或法定清偿力的通货。现金包括纸币、金属铸币、信用货币、活期存款及可转让存单等。

2. 现金管理法规

为了加强对现金的管理，保证货币发行权的集中统一，保持物价稳定、集聚资金支持经济发展，促进单位加强财务管理，维护财经纪律，我国于 1988 年 10 月 1 日起实施由国务院颁布的《现金管理暂行条例》（2011 年修订）。

---

① 曹建明．在中南海和大会堂讲法制（1994 年 12 月—1999 年 4 月）[M]．北京：商务印书馆，1999：159.

② 刘俊海．金融危机的法律防范 [J]．中国法学，1999（2）：100.

3. 开户管理

凡是在金融机构开设账户的单位，必须依据国家规定收支和使用现金，接受开户银行的监督；国家鼓励单位和个人通过转账的方式进行结算，减少使用现金；开户单位应当建立健全逐笔记载现金支付的账目；开户单位不得在多个银行开设现金账户；单位应当将现金收入于当日送存开户银行；单位不得“坐收坐支”（单位的现金收入不入账并从收入中直接支付）。另外，不得保留账外公款、设立“小钱柜”，也不得公款私存；不得为他人套取现金；不得拒收银行汇票、本票；不得变相发行货币和以票券代替人民币在市场上流通使用。

4. 现金结算

银行、单位和个人办理结算都必须遵守下列结算原则：恪守信用，履约付款；谁的钱进谁的账，由谁支付；银行不垫款。

5. 个人储蓄

对于个人存款，我国一直鼓励储蓄，实行“存款自愿、取款自由，为储户保密”的原则。为了维护金融秩序、保障储户的利益、加强对现金的管理，我国现在实行了存款实名制度。国务院制定的《储蓄管理条例》颁布于1992年，2011年修正。

（四）外汇管理制度

1. 外汇的概念及法规

外汇是指以外币表示的可以用作国际清偿的支付手段和资产。外汇包括：外国货币，包括纸币、铸币；外币支付凭证，包括票据、银行存款凭证、邮政储蓄凭证等；外币有价证券，包括政府债券、公司债券、股票等；特别提款权和其他外汇资产。

1996年1月国务院颁布的《中华人民共和国外汇管理条例》（1997年、2008年修订）是我国外汇管理的行政法规，境内机构、个人、驻华机构、来华人员的外汇收支或经营活动均适用该条例，但保税区、边境贸易和边民互市的外汇管理办法由国务院外汇管理部门另行制定。

2. 外汇管理机构

我国的外汇管理机构为国家外汇管理局及其分局、支局。

3. 外汇管理的内容

外汇管理是一个国家或者地区为保持国际收支平衡，而对外汇收支或涉及外汇经营等活动实行相应限制的管理活动。我国对外汇的管理，主要体现在国内货币与外汇兑换、买卖外汇、本国货币及外汇进出境的管制等方面。

国家实行国际收支统计申报制度，凡有国际收支活动的单位、组织和个人，必须如实进行国际收支统计申报。在中华人民共和国境内，禁止外币流通，不得以外币计价结算。

国家对国际收支中经常发生的交易项目（如贸易收支、劳务收支等）不予限制。个人需要购买外汇的，依照规定办理手续；个人携带外汇进出境超过一定额度的，应向海关申报。对于因资本输出和输入而产生的资产与负债增减项目的投资、贷款等，应当及时调回境内或者经过批准后汇出。金融机构经营外汇业务的，必须经过外汇管理机关批准，领取经营外汇业务许可证，并按照国家规定交存外汇存款准备金，遵守外汇资产负债比例管理规定，建立呆账准备金。

4. 违反外汇管理的法律责任

（1）逃汇。逃汇是指境内机构或个人逃避外汇管理，将外汇私自存放于境外，不按规定将外汇卖给指定银行，或者违法将外汇携带出境或汇出境等行为。对逃汇的行为，由外汇管理机关责令限期调回外汇，处逃汇金额30%以下的罚款；情节严重的，处逃汇金额30%以上等值以下的罚款；构成犯罪的，依法追究刑事责任。

（2）套汇。套汇是指境内机构或个人以各种方式私自用人民币或实物以欺骗手段套取外汇或外汇收益的行为。对套汇的行为，由外汇管理机关责令对非法套汇资金予以回兑，处非法套汇金额30%以下的罚款；情节严重的，处非法套汇金额30%以上等值以下的罚款；构成犯罪的，依法追究刑事责任。

（3）违法经营外汇业务。有擅自对外借款、在境外发行债券或者提供对外担保等违反外债管理行为的，由外汇管理机关给予警告，处违法金额30%以下的罚款；未经批准擅自经营结汇、售汇业务的，由外汇管理机关责令改正，有违法所得的，没收违法所得，违法所得50万元以上的，并处违法所得1倍以上5倍以下的罚款；没有违法所得或者违法所得不足50万元的，处50万元以上200万元以下的罚款；情节严重的，由有关主管部门责令停业整顿或者吊销业务许可证；构成犯罪的，依法追究刑事责任。

第三节　税收法律制度

一、税收法概述

（一）税收的概念及特征

税收是国家按照法律预先规定的标准，强制、无偿地向纳税人收取财政收入的一种经济活动。税收具有三个明显的特征：强制性、无偿性、固定性。我国的税收制度奉行的是“取之于民，用之于民”的指导思想。

（二）税收法及其构成要素

税收法是指调整税收关系的法律规范的总称。税收法不仅包括实体性（税目、税率等）规范，还包含大量的程序性（征税）规范，其构成的主要要素为：

（1）征税对象。它是指对什么实行征税。

（2）纳税人。它是指负有纳税义务的单位和个人。

（3）税目。它是指税收法中对征税对象分类规定的具体征税品种或者项目，是征税对象的具体化。

（4）税率。它是指税额与征税对象之间的比例，即计算税额的尺度。我国现在的税率共分四种：一是比例税率，即对于相同项目，无论数额大小，一律按照确定的同一比例进行征税；二是超额累进税率，即将征税对象按照数额划分若干个等级，在不同的等级阶段分别实行不同的差别税率，最后将各阶段应纳税款相加计收；三是超率累进税率，即把征税对象按比例多少划分为若干等级，对超过某一级别的部分按照高一级缴税率计算征收，通过累进计算征收；四是定额税率，即按照征税对象的每一计算单位，直接规定一个固定的税额。

（5）纳税环节，即税收法针对征税对象的流转过程规定的产生具体纳税义务的阶段。

（6）纳税期限，即税收法规定对纳税人缴纳税款的具体时间限制。

（7）税收减免，即国家为实施某些鼓励政策，给予特定的征税对象所采取的减少或者免征税收的特殊待遇。

（8）违章处理，即当纳税人违反税收法时所给予的处分。

（三）税收法律关系

税收法律关系是国家与纳税人依照税收法，以征税为内容而产生的权利义务关系。税收法律关系由以下三个要素构成：

（1）主体，包括征税主体（代表国家的税务机关）、纳税主体（纳税义务人）。

（2）客体，是主体之间的权利义务所共同指向的对象（纳税关系）。

（3）内容，即不同的主体之间相对应的权利和义务。

（四）现行税收种类

我国经过了几次税收制度改革，现在实行的税种有 5 大类 18 种。

1. 流转税

流转税是对生产的流转过程而确定征收的税种，包括：增值税、土地增值税、消费税、海关税（简称关税）。

2. 所得税

所得税是针对纳税主体之所得而开征的税种，包括：国内企业所得税、外商投资企业和外国企业所得税、个人所得税。

3. 财产税

财产税是针对取得财产而征收的税种，包括：房地产税、契税。

4. 特定行为税

特定行为税是针对特定行为而开征的税种，包括：固定资产投资方向调节税（目的在于引导投资）、筵席税①、屠宰税、车船使用税、印花税、城市维护建设税。

5. 资源税

资源税是针对资源开发利用而开征的税种，包括：资源税、城镇土地使用税、耕地占用税。

二、税收法中的实体制度

（一）流转税收制度

流转税收制度是以流转额为征税对象而建立的一种税收规程、行动准则等形成的体系。纳税的对象是商品流转中商品销售收入额和经济活动所取得的劳务或者业务收入额。这里重点介绍增值税和消费税。

1. 增值税

（1）增值税的概念及依据。增值税是对商品生产、流通、劳务服务中各环节的新增价值或商品附加值征收的一种税。1993 年 12 月 13 日国务院发布的《中华人民共和国增值税暂行条例》（2008 年、2017 年修订）和 1993 年 12 月 25 日财政部发布的《中华人民共和

① 根据《中华人民共和国筵席税暂行条例》，筵席税自 1988 年开征，一直以来效果不佳，自 2002 年 1 月 1 日开始全国各地取消了该税种。

国增值税暂行条例实施细则》（2011 年修订）是增值税方面的主要法规。

（2）纳税人。凡是在我国境内（大陆范围，下同）销售、进口货物或者提供加工、修理、修配劳务以及应税服务的单位和个人，为增值税纳税义务人。

（3）税率。

为实施更大规模减税，深化增值税改革，2019 年 4 月 1 日起，将制造业等行业现行 16%的税率降至 13%，将交通运输业、建筑业等行业现行 10%的税率降至 9%；保持 6%一档的税率不变。

（4）计税依据。对于不同的纳税人计税方法不同。对于小规模纳税人的计税方法，实行实际含税销售额乘以税率的直接方法，其计算公式为：

应纳税款＝含税销售额×税率

而对于一般纳税人，计算方法则不同，实行进项税款抵扣制度。其计算公式为：

应纳税额＝销项税额－进项税额

销项税额＝销售额×适用税率

进项税额＝购进额×适用税率

2. 消费税

（1）消费税的概念及依据。消费税是对规定的消费品和消费行为所征收的一种税。其法律依据是 1993 年 12 月 13 日国务院通过的《中华人民共和国消费税暂行条例》（2008 年修订）及同月 25 日财政部制定的《中华人民共和国消费税暂行条例实施细则》（2008 年修订）。

（2）纳税人。消费税的纳税人是单位和个人，但是由于消费税不涉及全部的消费品，只是规定的消费品和消费行为，因此纳税人是特定的。另外，消费税只是在消费品从生产到消费的某一个环节中征收，而不是在消费品的各个生产、销售环节中都征收。

（3）税目和税率。消费税的税目有 11 个，包括：烟（甲类烟、乙类烟、雪茄烟、烟丝）；酒（粮食酒、薯类白酒、黄酒、啤酒、其他酒）及酒精；化妆品；护肤护发品；贵重首饰及珠宝玉石（金银、珠宝首饰及珠宝玉石）；鞭炮、焰火；汽油；柴油；汽车轮胎；摩托车；小汽车（小轿车、越野车、小客车）。高尔夫球以及球具；高档手表；游艇；木制一次性筷子；实木地板等。税率最高的为 45%（烟类），最低的为 3%。

（4）计税依据。对于液体的酒类、汽油和柴油实行定额从量计征；对于其他的则实行从价比例税率。

公式一：

应纳税额＝应税消费品的销售量×单位税率（从量计征）

公式二：

应纳税额＝应税消费品的销售额×适用税率（从价计征）

（二）所得税收制度

1. 所得税的概念及依据

所得税是以应纳税人的所得额为征税对象的各个税种的总称。

关于所得税的主要立法有：2007 年 3 月 16 日第十届全国人民代表大会第五次会议通过的《中华人民共和国企业所得税法》（2017 年、2018 年修正），1980 年 9 月 10 日第五届全国人大第三次会议通过的《中华人民共和国个人所得税法》（1993 年至 2018 年先后进行了七次修正），财政部和国家税务总局 2000 年 9 月颁布的《关于个人独资企业和合伙企业投资者征收个人所得税的规定》。

2. 征税范围

由于所得税分为企业所得税和个人所得税两种，因而征税范围也有所区别。企业所得税的征税范围是：企业生产、经营所得和其他所得。个人所得税的征税范围是：任何个人在中国境内的所得；在中国境内有住所或虽无住所但是在中国境内居住满 1 年的个人，从中国境外的所得。

3. 纳税人

纳税人为在中国境内有所得或在中国有住所地而在境外有所得，应依法缴纳所得税者。

4. 税率

一般的企业其所得税适用比例税率为 25%。① 个人所得税的税率有两种：一是超额累进税率（3%～45%），适用于工资、薪金所得，其中个体工商户收入的税率为 5%～35%；二是比例税率（20%），适用于稿酬、劳务、特许使用费、利息、股息、红利所得、财产租赁所得、财产转让所得、偶然所得和其他所得等。

个人所得依法可以免税的主要有：国家及省级以上政府、军以上单位、外国组织及国际组织颁发的奖金；国家统一规定发给的补贴、津贴；福利费、抚恤金、救济金；保险赔付；军人转业费、复员费；国家规定发给干部、职工的安家费及离退休人员的工资、生活补助费；享受免税待遇的外国使、领馆的外交代表及有关人员的所得；国家参加签订的协议、公约中规定免税的所得；法律法规规定的其他所得。

5. 计税依据

企业所得税以每一纳税年度的收入总额（包括生产经营收入、财产转让收入、利息收入、租赁收入、特许权使用收入、股息收入、其他收入等），减去准予扣除项目支出（包括纳税人生产经营的成本、费用和损失）后的余额，为应纳税所得额。以应纳税所得额乘以税率，则为应缴纳税款。其计算公式为：

应纳税额＝应纳税所得额×税率

应纳税所得额＝收入总额－准予扣除项目

居民个人的综合所得，以每一纳税年度的收入额减除费用 6 万元以及专项扣除、专项附加扣除和依法确定的其他扣除后的余额，为应纳税所得额。

根据《个人所得税自行纳税申报办法（试行）》的规定，从 2006 年起，有以下五种情形之一者，均须到当地税务部门进行个人税务申报：年所得 12 万元以上的；从中国境内两处或两处以上取得工资、薪金所得的；从中国境外取得所得的；取得应税所得，没有扣缴义务人的；国务院规定的其他情形。凡在一年内全部收入超过 12 万元的纳税人，在纳税年度终了后 3 个月内，向主管税务机关办理纳税申报；未按照规定期限办理纳税申报和报送纳税资料的，可以处 1 万元以下的罚款。如果因此造成不缴或者少缴税款，除了由税务机关追缴其不缴或者少缴的税款、滞纳金，并处不缴或者少缴的税款 50%以上 5 倍以下的罚款。

---

① 《中华人民共和国企业所得税法》于 2007 年 3 月 16 日第十届全国人民代表大会第五次会议通过，实施后的内、外资企业所得税税率统一为 25%。实现“两税合一”，可以有效地遏制“假外资企业”的现象，使内、外资企业在一个税负平台上展开公平的竞争。

（三）资源税收制度

1. 资源税的概念和依据

资源税是对在我国境内从事资源开发、使用的单位和个人，就各地资源和开发、销售条件差别所形成的级差收入而征收的一种税。

2019 年 8 月 26 日第十三届全国人民代表大会常务委员会第十二次会议通过的《中华人民共和国资源税法》（以下简称《资源税法》，2020 年 9 月 1 日起施行）是有关资源税方面的主要法规。

2. 纳税人和征税范围

纳税人是在中华人民共和国领域和中华人民共和国管辖的其他海域开发应税资源的单位和个人。征税范围包括《资源税法》所附《资源税税目税率表》中所列内容。

3. 税目

资源税的税目有 5 大类：能源矿产、金属矿产、非金属矿产、水气矿产、盐。

4. 计税依据

资源税按照《税目税率表》实行从价计征或者从量计征。

另外，国家还规定了特定情况下的免税。

（四）财产税收制度

1. 财产税的概念和依据

财产税是以法定财产为对象，根据财产占有或转移的事实而征收的各种税种的总称。

1988 年 9 月 27 日国务院颁布的《中华人民共和国城镇土地使用税暂行条例》（2006 年、2011 年、2013 年修订），1993 年 12 月 13 日国务院颁布的《中华人民共和国土地增值税暂行条例》是有关财产税方面的主要法规。

2. 土地增值税的纳税人和征税对象

土地增值税的纳税人是有偿转让中华人民共和国国有土地使用权及地上建筑物和其他附着物产权的单位和个人。征税对象是转让土地、房产及其他土地附着物财产所取得的增值额。

3. 土地增值税的税率

土地增值税实行四级超额累进税率制。其税率为 30%～60%。

4. 土地增值税的计税依据

按照有关规定，增值额未超过扣除项目金额 50%的部分，乘以税率 30%计算土地增值税；超过 50%而尚未达到 100%的部分，乘以税率 40%计算；超过 100%而尚未达到 200%的部分，乘以税率 50%计算；超过 200%以上的部分，乘以税率 60%计算。

各部分计算税额相加，为应纳税总额。

（五）行为税收制度

行为税又称特定行为税、特定目的行为税，是指以某些特定的行为作为征税对象的税种的总称。1988 年颁布的《中华人民共和国印花税暂行条例》（2011 年修订）、1991 年颁布的《中华人民共和国固定资产投资方向调节税暂行条例》（2011 年修订，2012 年废止）是有关行为税方面的主要法规。另外还有《屠宰税暂行条例》《车船使用税暂行条例》《城市维护建设税暂行条例》等。

行为税制度是通过对特定行为加以课税，来规范、引导、控制和管理社会经济行为和消费规模，以实现国家的宏观经济调控目的。

三、税收法中的程序制度

税收法中既有大量关于实体权利、义务的规定，还有大量程序性的规定，构成了一个比较完善的程序制度，税收征管部门和纳税义务人均须遵守。

（一）税务登记制度

税务登记是纳税人向税务机关办理书面登记的法定程序。第七届全国人民代表大会常务委员会第二十七次会议于 1992 年 9 月 4 日通过了《中华人民共和国税收征收管理法》（以下简称《税收征收管理法》，2015 年修正）。《中华人民共和国税收征收管理法实施细则》，自 2002 年 10 月 15 日起施行。

经济活动主体在领取营业执照之日起 30 日内应当向税务机关申请税务登记、领取税务登记证并可购买发票；如有发生变更或者歇业、停业、破产等情形的，应当依法在情况发生后的 30 日之内办理变更或者注销税务登记，交回税务登记证及未使用的发票。

（二）税款征收制度

税务机关根据法律规定，结合纳税人的生产经营情况，对其纳税事项进行书面的纳税鉴定，以确定其纳税项目。纳税人在发生纳税事项而应当缴纳税款前，应当主动向税务机关申报，提交纳税申请书、财务会计报表和其他有关的纳税资料，税务机关依法确定纳税人应缴纳税款后，依法计征税款，并将税款足额入库。

对于应当缴纳税款而不主动申报缴纳的，税务机关应当向其发出责令限期申报、缴纳的通知。对于扣缴义务人应扣未扣、应收而不收税款的，由税务机关向纳税人追缴税款，对扣缴义务人处应扣未扣、应收未收税款 50%以上 3 倍以下的罚款。对于违反《税收征收管理法》的规定，有偷税、逃税、抗税等违法行为者，税收管理机关有权对其发出限期补缴税款决定书，或对其银行存款或者商品、货物采取保全措施，必要时可以由县级以上税务局局长批准从其金融机构的账户中直接扣缴税款或者决定拍卖其财产抵缴税款。对于欠缴税款而又未提供担保的，税务机关可以通知边境管理机关阻止其出境。

（三）税务检查制度

税务机关对纳税人的经营活动进行监督检查，主要是对其账务、票证的管理工作进行监督。税务机关派员对纳税人进行检查时，应当出示证件并对其资料保密。纳税人应当据实报告并提供原始、真实的有关资料，并为检查人员提供方便。在检查中发现有违法情况的，税务机关可依法对有关材料进行记录、录音、照相、录像和复制。税务机关可依法派员到车站、码头、机场、邮政企业检查纳税人托运和邮寄的应纳税商品、货物或者其他财产的有关单据、凭证和资料。经过县级以上税务局局长的批准，凭全国统一印制的检查存款账户许可证明，税务机关可以核查从事生产、经营的纳税人的储蓄存款。

四、违法责任

对于违反《税收征收管理法》的纳税人，税务机关可依法对其处罚，包括责令其限期缴纳税款、加收滞纳金、处以行政处罚；对于严重违法如虚开增值税发票、偷税、骗税、抗税等行为触犯刑律构成犯罪的，应当及时移交司法机关处理。而税务机关工作人员徇私（贪赃）枉法，或在执行职务时有其他严重违法行为，造成单位或公民财产损失、人身伤害的，除依法给予赔偿外，还必须追究有关责任人相应的责任。

第四节　价格法律制度

一、价格与价格法概述

（一）价格

1. 价格的概念和分类

价格是商品价值的货币表现。

价格主要有市场调节价、政府指导价和政府定价三种。市场调节价是通过市场竞争形成并由经营者自主制定的价格。政府指导价是由政府价格主管部门或者其他有关部门，按照定价权限和范围规定基准价及其浮动幅度，指导经营者制定的价格。政府定价是政府价格主管部门或者其他有关部门按照价格法的规定，依其定价权限和范围制定的价格。对于政府定价，经营者必须执行；对于政府指导价，经营者应当在不超出其幅度范围内自己具体确定；而对于市场调节价，经营者则可以根据市场和实际情况自主决定。

2. 价格的作用

价格反映一定的生产关系，价格信号的正常显现和传递作用是市场经济得以健康运转的最基本条件。在市场经济正常的情况下，当出现供应不足时，价格上涨；当供大于求时，价格下降。同时，价格也直接引导着产业的结构和布局，具体表现为：当价格上涨时，向该类别商品的投资和生产就会增加；当价格下降时，向该类别商品的投资和生产就可能相对减少。这就是价格规律所起的作用。但是，在市场经济发展不成熟的时候，由于竞争的不正当性，经营者往往会采取降低价格的竞争手段争夺市场。因此，不真实的价格显现，可能会导致投资的盲目和生产规模的不适当。

价格问题不仅涉及千家万户，也直接影响着国民经济的稳定和发展。因此，利用价格杠杆对经济实行宏观调控，是国家管理经济常用的手段之一。

（二）价格法

价格法是调整价格关系和价格管理关系的法律规范的总称。

新中国成立以来，国家长期采用行政手段对价格实行集中控制和管理。改革开放以后，对价格问题才开始通过立法的手段建立相应的法律制度加以规范。1982 年国务院颁布了《物价管理暂行条例》，肯定了价格的“双轨制”（计划价格与市场价格两条轨道同时运行的制度）；1987 年，国务院在总结实践经验的基础上制定了《中华人民共和国价格管理暂行条例》，国家计划委员会于 1995 年 1 月 25 日颁布了《制止牟取暴利的暂行规定》。1997 年 12 月 29 日，第八届全国人民代表大会常务委员会第二十九次会议通过了《中华人民共和国价格法》（以下简称《价格法》），该法于 1998 年 5 月 1 日起施行。国家发展改革委员会于 1999 年 8 月 1 日发布的《价格违法行为行政处罚规定》、1999 年 8 月 3 日发布的《关于制止低价倾销行为的规定》等，是为了更好贯彻实施《价格法》的配套规章。

二、定价行为的国家规制

(一)政府定价行为的规制

1. 政府定价行为的概念

政府定价行为是指政府根据法律规定，对特定范围的商品和服务予以确定价格的行为。政府定价通常表现在两个方面：一是政府直接定价；二是政府确定指导价。

2. 政府定价的范围

对于政府定价行为，《价格法》给予授权并作了相应的限制，以下5类商品和服务的价格，在必要时可以实行政府指导价或者由政府直接定价：

(1)与国民经济发展和人民生活关系重大的极少数商品价格。

(2)资源稀缺的少数商品价格。

(3)自然垄断经营的商品价格。

(4)重要的公用事业价格。

(5)重要的公益性服务价格。

3. 政府定价的依据

政府定价和政府指导价的依据主要是《价格法》，在具体操作上主要是依据定价目录。中央定价目录由国务院价格主管部门制定、修改，报国务院批准后公布；地方定价目录由省、自治区、直辖市人民政府价格主管部门按照中央定价目录规定的定价权限和具体适用范围制定，经本级人民政府审核同意，报国务院价格主管部门审定后公布。省级以下人民政府不得制定目录，但是可以根据省级人民政府的授权，按照地方定价目录规定的定价权限和具体适用范围制定在本地区执行的政府指导价、政府定价。

4. 政府指导价和政府定价的基本要求及程序

政府指导价和政府定价的基本要求及程序体现在以下三个主要制度之中：

(1)调查制度。政府价格主管部门和其他有关部门制定政府指导价，应开展价格、成本调查，听取经营者、消费者等有关方面的意见。

(2)听证会制度。凡是制定关系到群众切身利益的公益事业价格、公益性服务价格、自然垄断经营的商品价格等政府指导价、政府定价，应当建立听证会制度，由价格主管部门主持，征求消费者、经营者和社会各方面的意见，论证其必要性和可行性。

(3)公布和调整制度。政府指导价、政府定价经过批准后，应当向社会公布并接受社会的监督，价格主管部门和有关部门及时了解社会各方面的反馈意见。

5. 价格听证

为了进一步规范政府定价行为，国家发展计划委员会于2001年12月16日颁布了《政府制定价格行为规则(试行)》，该规则于2002年2月1日开始实施；自2006年5月1日起《政府制定价格行为规则》正式施行，原试行规则同时废止；《政府制定价格行为规则》经国家发展和改革委员会主任办公会讨论重新发布，自2018年1月1日起施行。2001年国家发展计划委员会公布了《政府价格决策听证暂行办法》，经过一段时间的试行，2008年修订后为《政府制定价格听证办法》并于同年12月1日开始实施；2018年12月13日，根据《中共中央国务院关于推进价格机制改革的若干意见》(中发〔2015〕28号)有关要求，国家发展改革委在系统梳理总结价格听证实践经验、深入开展调查研究、广泛征求各方意见的基础上，对2008年版《政府制定价格听证办法》进行了全面修订，自2019年1月10日起施行。该办法由总则、听证的组织、听证的程序、法律责任、附则共5章37条构成，体现了公开、公正、客观、效率原则，明确规定了参加听证会的代表采取自愿报名、单位推荐、委托有关社会团体选拔等方式产生，政府应当向社会公布定价的最终结果。

（二）经营者定价行为的规制

除了适用政府定价和政府指导价外，经营者根据成本和市场运行的实际情况，有权实行市场调节价，自己制定价格。但是，经营者在自行定价中应当遵循公平、合法和诚实信用的原则，并且应当努力改进服务、提高质量和降低价格。经营者应当建立适合自己的价格管理制度，并应明码标价，注明商品的产地、生产者、规格、等级、计价单位、服务项目、收费标准等基本情况。行业组织应当遵守价格法律、法规，加强价格自律，接受政府价格主管部门的工作指导。

三、非法价格的国家禁止

根据《价格法》第3条的规定，大多数商品和服务价格实行市场调节价，极少数商品和服务价格实行政府指导价或者政府定价。价格必须合法、合理，且经营者的价格表示必须真实，禁止经营者的不正当价格行为。《价格法》第14条明确规定了禁止经营者的下列8类不正当价格行为：操纵市场价格行为；倾销；捏造、散布涨价信息，哄抬价格，推动商品价格过高上涨；虚假表示诱骗消费者交易；实行价格歧视；抬高或压低等级收购、销售商品或者提供服务，以变相提价或者压价；非法牟取暴利；其他违法的价格行为。

（一）对价格垄断行为的禁止

价格垄断行为是指经营者通过相互串通或者滥用市场支配地位，操纵市场调节价，扰乱正常的生产经营秩序，损害其他经营者或者消费者合法权益，或者危害社会公共利益的行为。价格垄断行为由政府价格主管部门依法认定。

国家发改委2010年12月29日公布的《反价格垄断规定》明确禁止经营者之间通过协议、决议或者协调等串通方式实行下列价格垄断行为：统一确定、维持或变更价格；通过限制产量或者供应量，操纵价格；在招投标或者拍卖活动中操纵价格；其他操纵价格的行为。此外还明确规定：经营者不得凭借市场支配地位，在向经销商提供商品时强制限定其转售价格；违反法律、法规的规定牟取暴利；以排挤、损害竞争对手为目的，以低于成本的价格倾销，或者采取回扣、补贴、赠送等手段变相降价，使商品实际售价低于商品自身成本；在提供相同商品或者服务时，对条件相同的交易对象在交易价格上实行差别待遇。对于有价格垄断行为的，由政府价格主管部门依据《价格法》第40条和《价格违法行为行政处罚规定》第4条实施处罚。

（二）对价格欺诈行为的禁止

国家计委发布并从2002年1月1日开始实施的《禁止价格欺诈行为的规定》列举了13种价格欺诈行为：

（1）标价签、价目表等所标示商品的品名、产地、规格、等级、质地、计价单位、价格等或者服务的项目、收费标准等有关内容与实际不符，并以此为手段诱骗消费者或者其他经营者购买的。

(2) 对同一商品或者服务，在同一交易场所同时使用两种标价签或者价目表，以低价招徕顾客并以高价进行结算的。

(3) 使用欺骗性或误导性的语言、文字、图片、计量单位等标价，诱导他人与其交易的。

(4) 标示的市场最低价、出厂价、批发价、特价、极品价等价格表示无依据或者无从比较的。

(5) 降价销售所标示的折扣商品或者服务，其折扣幅度与实际不符的。

(6) 销售处理商品时，不标示处理品和处理品价格的。

(7) 采取价外馈赠方式销售商品和提供服务时，不如实标示馈赠物品的品名、数量或者馈赠物品为假劣商品的。

(8) 收购、销售商品和提供服务带有价格附加条件时，不标示或者含糊标示附加条件的。

(9) 虚构原价，虚构降价原因，虚假优惠折价，谎称降价或者将要提价，诱骗他人购买的。

(10) 收购、销售商品和提供服务前有价格承诺，不履行或者不完全履行的。

(11) 谎称收购、销售价格高于或者低于其他经营者的收购、销售价格，诱骗消费者或经营者与其进行交易的。

(12) 采取掺杂、掺假，以假充真，以次充好，短缺数量等手段，使数量或者质量与价格不符的。

(13) 对实行市场调节价的商品和服务价格，谎称为政府定价或者政府指导价的。

(三) 对暴利行为的禁止

1. 暴利的界定

暴利是指经营者在国家明文规定的商品及服务的合理价格幅度外牟取超额利润的非法行为。暴利不仅是对消费者权益的一种侵犯，也对市场秩序造成了严重的损害。

2. 反暴利的依据和原则

价格公平合理，是《价格法》总体指导思想的要求。正常的价格由成本、利润构成。国家允许经营者根据合理利润确定价格，同时也禁止暴利的价格行为。1995 年 1 月 11 日国务院批转国家计委的《制止牟取暴利的暂行规定》、2000 年 10 月 31 日国家发改委发布的《关于商品和服务实行明码标价的规定》以及《价格法》、各地方政府制定的反暴利法规，都是反暴利的法律依据。反暴利应当遵循价格公开、价格公平、诚实信用、维护社会竞争秩序等原则开展。

3. 暴利的构成

由于市场的地区性和进货渠道、经营者的管理水平、信息及具体的经营条件等的区别，同一商品或服务的价格构成不一，因此消费者在购买某一商品或者接受同类服务时所接触到的价格不同，本属于正常现象。在同一地区、同一时期、同一档次、同种商品或者服务的市场平均价格的合理幅度内超出 10%～50%，被认为是正常的，超出 50%则可能被认定为暴利。

4. 暴利的责任

政府价格管理机关对暴利行为予以取缔。对经营者的暴利价格行为所造成的后果，可以勒令经营者退还正常价格以外的收费；情节严重的，可以责令其停业整顿直至由工商行政管理部门吊销其营业执照。对于在经营过程中造成消费者人身或者财产侵害的，应当由经营者给予赔偿，触犯刑律的直接责任人还应当承担刑事责任。

四、价格总水平的调控和监督检查

（一）价格总水平的调控

价格总水平是指在一定时期内所有商品和服务价格的平均水平。价格总水平反映着总供给和总需求的关系，也反映出国民经济的基本状况。国家根据国民经济发展的需要和社会承受能力确定市场价格总水平调控目标，列入国民经济和社会发展计划予以实现。

为了实现价格总水平的调控，国家一般通过以下的途径来进行。

1. 重要商品储备制度和价格调节基金

为了稳定价格，国家可以建立重要商品储备制度，设立价格调节基金，调控价格和稳定市场。建立重要商品（如粮、棉、食油、肉、蛋等）的国家级储备和地方性储备，就可以通过吞吐库存来调控市场价格。重要商品储备制度，是指政府为了稳定、平抑重要商品市场价格水平而建立商品调节性库存，并通过吞吐库存来调节市场价格的管理制度。价格调节基金，是政府为了稳定、平抑市场价格，用于吞吐商品、平衡供求关系或者补贴特定经营者的专项基金。我国目前已经建立的专项基金主要有：粮食价格调节基金、副食品价格调节基金、农业生产资料调节基金。价格调节基金主要来源于政府财政和向社会征收。

2. 政府价格监测制度

政府对重要的商品、服务价格的变动进行监测。价格监测制度，是政府对重要商品、服务市场价格检查监督和对市场价格变动的信息反馈、分析、预测的制度。国家计委于1994年发布了《城市基本生活必需品和服务收费价格监测办法》，1996年又发布了《关于修订〈城市居民基本生活必需品和服务项目价格监测办法〉的通知》《部分重要商品生产区价格监测办法》，对重要商品及服务类别（如粮食、棉花、生猪、煤炭等）的监测作出了规定。

3. 重要农产品价格保护制度

重要农产品价格保护制度是政府为了保护农产品生产者的权益，在粮食等重要农产品的市场购买价格过低时，在收购中实行的最低保护价格制度。农产品的收购价格问题一直困扰着政府和农户，农民增产不增收甚至增产亏损的现象十分普遍。政府必须对重要农产品价格实施保护，才能保障农民的收入和促进农业生产，保障社会供给。

4. 特殊情况下的价格干预制度

由《价格法》第30条和第31条规定可见，特殊情况下的价格干预制度分为两种：干预措施和紧急措施。

（1）干预措施。干预措施包括了以下四种情形。1）限定差价率或者利润率。通过对差价或者利润率幅度的控制来限定价格的上涨。2）规定限价。采取最高限价或者最低限价来调节价格的高低。3）提价申报。经营者在提价时必须向政府价格主管部门申报，只有在获得批准的情况下才能提价。4）调价备案。经营者仍有自主定价的权利，但是备案时政府有权要求经营者进行调整，在备案后没有异议的视为政府同意。

（2）紧急措施。价格的紧急措施主要有两种：1）临时集中定价权限措施。当市场价格总水平出现剧烈波动等异常状态时，国务院可以在全国范围或部分区域内将定价目录规定的政府有关部门的定价权集中，统一收归国务院或上一级人民政府。2）冻结价格措施。市场价格出现特定情况时，由国务院决定价格固定在一个数值以下，不得提高或者随意变动，但价格冻结期间一般仍可降低价格。

（二）价格监督检查

价格监督检查，主要是指价格主管部门在行政执法过程中对价格活动的监察、督导、检测、查验的过程。价格的监督检查是保证价格法律、法规、政策正确贯彻实施的重要手段，也是价格主管机关的日常性工作。

在价格监督检查过程中，价格主管机关可以行使以下职权：

（1）询问当事人，了解有关情况。

（2）查询、复制与违法价格行为有关的账簿、单据、凭证、文件等有关资料。

（3）检查与违法价格行为有关的财务，必要时可以责令当事人暂停相关营业。

（4）在证据可能灭失或者以后难以取得的情况下，可依法先行登记保存。

价格主管机关在依法进行监督检查过程中，负有相应的保密义务。

除了价格主管机关依法进行的价格监督检查工作外，社会各界也可以对政府价格行为、经营者价格行为进行合法的监督。我国建立起了相应的新闻报道制度、社会各界举报制度等。

五、价格违法行为的责任

（一）经营者的法律责任

根据《价格违法行为行政处罚规定》（国家发展计划委员会于 1999 年 8 月 1 日发布并实施，2006 年、2010 年两次修改）的规定，经营者不执行政府指导价、政府定价的，责令改正，没收违法所得，并处违法所得 5 倍以下的罚款；没有违法所得的，处 5 万元以上 50 万元以下的罚款，情节较重的处 50 万元以上 200 万元以下的罚款；情节严重的，责令停业整顿。经营者不执行法定的价格干预措施、紧急措施的，责令改正，没收违法所得，并处违法所得 5 倍以下的罚款；没有违法所得的，处 10 万元以上 100 万元以下的罚款，情节较重的处 100 万元以上 500 万元以下的罚款；情节严重的，责令停业整顿。经营者因价格违法行为导致消费者或其他经营者多付价款的，应当退还多收的部分，造成损害的还应赔偿。经营者违反标价规定的，没收违法所得，可并处 5 000 元以下罚款。

拒绝提供价格监督检查所需资料或者提供虚假资料的，责令改正，给予警告；逾期不改正的，可以处 10 万元以下的罚款，对直接负责的主管人员和其他直接责任人员给予纪律处分。

（二）政府部门的法律责任

行政部门违反价格法规定，越权定价或者不执行价格干预措施、紧急措施的，责令其改正并可通报批评，对直接责任人可依法给予行政处分。

（三）价格管理工作人员的法律责任

价格管理工作人员在执法中有违法行为的，依法追究其行政责任；情节严重构成犯罪的，依法追究其刑事责任。

第五节 保险法律制度

一、保险及保险立法

（一）保险的概念和种类

1. 保险的概念

保险有商业保险和社会保险两种，本节中所指的保险为狭义的保险，即商业保险。

保险是指投保人根据合同约定，向保险人支付保险费，保险人对于合同约定的可能发生的事故因其发生所造成的财产损失承担赔偿保险金责任，或者被保险人死亡、伤残、疾病又或达到合同约定的年龄、期限时，承担给付保险金责任的商业行为。保险是一种合同行为，人们通常将之纳入商法的范畴加以考察。商业保险区别于社会保险。

保险制度是建立在“我为人人，人人为我”这一社会互助基础上的，其原理就是将少数人不幸的意外损失分散于社会大众，从而实现社会的安定。

2. 保险的种类

保险的分类很多，常见的分类有以下几种：

（1）根据保险标的不同，保险可划分为财产保险与人身保险。财产保险，是指以财产及其相关利益为保险标的，为填补被保险人因灾害事故所受实际损失之保险。财产保险包括财产损失保险、责任保险、信用保险、保证保险、农业保险等。人身保险，是指以人的寿命和身体为保险标的之保险。人身保险包括人寿保险、健康保险、伤害保险、老年保险、残疾保险、生育保险、失业保险、教育保险等。

（2）根据承担保险责任次序的不同，保险可划分为原保险与再保险。原保险又称第一次保险，是指保险人对被保险人因保险事故所致损害承担直接原始的赔付责任的保险。再保险又称分保险，是指将原始保险的责任再行投保的保险。

（3）根据保险成立方式的不同，保险可划分为强制保险与自愿保险。强制保险又称法定保险，是指依据法律直接规定投保人必须投保，保险人必须接受投保的保险。如机动车辆的交通责任强制保险。自愿保险，是指通过自愿方式签订保险合同实现的保险。

（二）保险立法

保险法是调整保险关系的法律规范的总称。

早在1435年，由于海上交通运输繁忙，西班牙巴塞罗那就颁布了法规，对海上保险作出了规定。此后，不少国家和地区为了发展海上运输，也纷纷制定了有关海上保险的法规。

1992年11月7日，第七届全国人民代表大会常务委员会第二十八次会议通过了《中华人民共和国海商法》（以下简称《海商法》），在第12章对“海上保险合同”作出了规定。1995年6月30日，第八届全国人民代表大会常务委员会第十四次会议通过了《中华人民共和国保险法》（以下简称《保险法》，该法于1995年10月1日开始施行，后经2002年、2014年、2015年修正）。

二、保险合同

（一）保险合同的当事人

保险合同的当事人包括：

（1）保险人。保险人又称承保人，是在保险合同中承担赔偿或给付保险金责任的保险公司。

（2）投保人。投保人又称要保人，是在保险合同中负有支付保险费义务的人。

（3）被保险人。它是指在保险合同中其财产或人身受保险合同保障，享有保险金请求权的人。

（4）受益人。它是指在保险合同中指定享有保险金请求权的人。受益人只存在于人身保险合同中。

（二）保险合同的形式

根据《保险法》的规定，保险合同为要式合同，当事人必须以书面形式签订。《保险法》第13条规定：“投保人提出保险要求，经保险人同意承保，保险合同成立。保险人应当及时向投保人签发保险单或者其他保险凭证。保险单或者其他保险凭证应当载明当事人双方约定的合同内容。当事人也可以约定采用其他书面形式载明合同内容。依法成立的保险合同，自成立时生效。投保人和保险人可以对合同的效力约定附条件或者附期限。”

投保单又称为保书，是保险人印制统一格式的提供给投保人申请保险的一种单证，投保人填写完毕，由保险人盖章作出承诺后，保险合同即告成立。

保险单又称保险证券，是指保险合同成立后，保险人向投保人签发的书面凭证。保险单证明保险合同的成立，确认保险合同的内容，作为双方履行保险合同的依据，也具有证券的作用。

（三）保险合同的原则

由于保险合同属于射幸合同，如果投保人或者保险人存在欺诈或者隐瞒，将会导致判断失误和上当受骗而损害对方的利益。保险合同是最大诚信合同。因此，保险合同当事人必须遵守最大诚信原则。

在保险活动中，投保人遵守最大诚信原则主要体现在如实告知和履行保证上；保险人遵守该原则主要体现在弃权与禁止抗辩上。① 所谓的弃权，是指保险人当对方履行合同出现瑕疵或者存在过错，保险人有权解除合同或者行使抗辩权时，未行使抗辩权仍无条件继续履行合同，则视为其已经放弃抗辩权或者解除权，保险合同继续有效。禁止抗辩又称禁止反言，是指保险人作出某种表示而不得在保险事故出现后反悔。

三、对保险业的监管

（一）监管机构

《保险法》第9条规定：“国务院保险监督管理机构依法对保险业实施监督管理。国务院保险监督管理机构根据履行职责的需要可设立派出机构。”

---

① 覃有土．商法学［M］．北京：高等教育出版社，2004：429.

（二）监管内容

1. 保险市场准入的监管

保险公司的设立，除具备一般的股份有限公司应具备的条件外，《保险法》还在资金方面（净资产不低于2亿元）、人员方面（具有专业知识的人员及高级管理人员）、审批程序方面（金融监督管理部门的特批）、保证金方面（提取注册资本20%并不得动用）、破产方面（须经特殊批准）、清偿（保险金在工资及养老保险后优先偿付）等方面作出了特殊的规定。

2. 保险业务监管

（1）在保险经营规则方面作出了严格的限定。如对经营范围、责任准备金制度、保险保障基金、自留保险费、具体的保险活动规则等作出了详细的规定。

（2）对险种、基本保险条款和保险费率的监管。保险的险种、基本保险条款、保费率，由保险监督管理部门制定。保险监督管理机构有权检查保险公司的业务状况、财务状况及资金运用状况，有权要求保险公司在规定的期限内提供有关的书面报告和资料。保险公司依法接受监督检查。《保险法》第142条规定："在整顿过程中，被整顿保险公司的原有业务继续进行。但是，保险监督管理机构可以责令整顿公司停止部分原有业务、停止接受新业务，调整资金运用。"

在保险公司严重违法损害社会公共利益，可能严重危及或者已经危及保险公司的偿付能力的，金融监督管理部门可以对该保险公司实行接管。这一措施与国家对银行的监督管理措施相同。

3. 保险市场退出监管

保险公司的责任期间长、责任巨大，因此，法律要求保险公司必须具有高度的稳定性。《保险法》规定：经营有人寿保险业务的保险公司，除分立、合并外，不得解散。如果经营有人寿保险业务的保险公司破产，不能同其他保险公司达成转让协议的，由保险监督管理机构指定经营有人寿保险业务的保险公司接受。

4. 日常的检查、整顿与接管

保险公司一切的活动受保险监督管理部门的监督管理。监督管理机关有权对保险公司的业务状况、财务状况及资金运用状况进行检查，对因经营管理不善或存在其他问题的保险公司，可实行整顿；当保险公司违反《保险法》规定，损害社会公共利益、可能严重危及保险公司的偿付能力时，可以对之实行接管，但接管最长的期限不超过2年，接管期满保险公司仍未能恢复正常经营能力且资产不足以清偿到期债务的，可依法申请人民法院宣告其破产。

第六节　证券法律制度

一、证券及证券立法

（一）证券

证券是用于表明各类财产所有权和债权的凭证之统称。证券作为设定民事权益的法律文书，是证明证券持有人有权按照证券所记载的内容享有相应权益的凭证。

证券可分为商品证券（提货单、购货单、运货单等代表对商品享有请求权的收据）和价值证券（对一定数额的货币享有请求权的货币证券、代表一定资本所有权益与一定收益分配请求权的资本证券）两大类。证券法中所调整的证券只是价值证券中的资本证券。资本证券一般包括：股票、债券、证券投资基金券及国家通过法定形式认定的其他证券。

（二）证券立法

证券法是调整证券发行、交易、管理、监督而产生的社会关系的法律规范之总称。

1998 年 12 月 29 日第九届全国人民代表大会常务委员会第六次会议通过了《中华人民共和国证券法》(以下简称《证券法》，2004 年、2005 年、2013 年、2014 年、2019 年分别作了修改)，对证券法的基本原则、证券发行、证券交易、上市公司收购、证券交易所、证券公司、证券登记结算机构、证券交易服务机构、证券业协会、证券监督管理机构、法律责任等作出了规定，它为规范我国的证券市场和加强对证券业的监督管理提供了法律依据。

二、证券发行

（一）证券发行的形式

1. 公开发行与非公开发行

以发行对象为标准划分，证券发行可分为公开发行和非公开发行。公开发行，又称为证券的公募，是指向不特定的社会公众无差别对待地发行证券。非公开发行，又称为私募，是指只向特定投资者发行证券。

2. 首次发行与再次发行

以发行的时间为标准划分，证券发行可分为首次发行和再次发行。首次发行，是指发行人第一次发行证券。再次发行，是指同一发行人在首次发行证券后，根据其资金需要再发行同种证券。

3. 设立发行与增资发行

以发行的目的为标准划分，证券发行可分为设立发行和增资发行。这种划分方式仅适用于股份有限公司发行股票。设立发行，是指以股份有限公司成立为目的而在公司注册登记后发行股票的方式。增资发行，是指股份有限公司设立后，出于增加公司注册资本的目的而再次发行股票的方式。

4. 直接发行与间接发行

以发行的渠道为标准划分，证券发行可分为直接发行和间接发行。直接发行，是指发行人自己发行证券的方式。间接发行，是指发行人通过订立承销协议，委托证券承销商以代销或者包销的方式发行证券的方式。

5. 平价发行、溢价发行、折价发行

以发行的价格为标准划分，证券发行可分为平价发行、溢价发行和折价发行。平价发行，是指以证券票面额的价格发行证券的方式。溢价发行，是指以高出证券票面额的发行价格发行证券的方式。折价发行，是指以低于证券面额的发行价格发行证券的方式。根据《证券法》的规定，我国禁止折价发行证券。

（二）证券发行的审核

1. 审核机关

证券发行的审核机关为国务院证券监督管理机构和国务院授权的部门（财政部、中国

人民银行等）。

2. 审核程序

申请人应将法律规定的文件提交国务院授权部门。中国证券监督管理委员会及国务院授权的部门，应当严格依照法定条件和程序审批和核准股票及公司债券的发行申请，并自受理发行申请人合格的发行申请之日起3个月内作出是否核准或者审批的决定。核准和审批期间，参与核准和审批发行申请的人员，不得与发行申请人有利害关系；不得接受发行申请人的馈赠；不得持有发行申请人的股票和公司债券；不得私下与发行申请人接触。证券发行前，应公告公开发行募集文件，并将该文件置备于指定场所供公众查阅。发行证券的信息依法公开前，严禁知情人公开或者泄露相关信息。

三、证券上市

证券上市是指证券的上市交易。

证券上市必须由证券申请人依法提出申请，并经过证券监督管理部门或者国务院授权的管理机构批准。证券上市必须向证券交易所提交上市申请，经过审核同意后，双方签署上市协议，由证券交易所根据国务院授权部门的决定安排上市交易，并发布上市公告。证券上市必须依法公开披露相关信息，其公告的信息必须真实、准确、完整，不得有虚假记载、误导性陈述或者重大遗漏。在证券交易中，禁止以下违法交易行为：内幕交易、操纵市场、信息误导、欺诈。

四、证券交易及证券交易市场

（一）证券交易

证券交易又称证券买卖，是指已经发行的证券在不同的证券交易者之间再次交易的行为。依法公开发行的股票、公司债券及其他证券，必须在依法设立的证券交易所上市交易或在国务院批准的其他证券交易场所转让。

（二）证券交易市场

证券交易市场又称证券交易二级市场，是进行证券交易而形成的市场，它由客户、证券公司、证券交易服务机构以及证券交易场所构成。

1. 证券公司

证券公司是指依照《公司法》和《证券法》规定经批准设立，从事证券经营业务的有限责任公司或者股份有限公司。其业务范围为：证券经纪、证券自营、证券承销、经国务院证券监督管理机构核定的其他证券业务。

2. 证券交易服务机构

证券交易服务机构是指在证券交易中专门从事证券投资咨询、证券资信评估、证券发行与交易业务的机构。它包括证券投资咨询机构、证券资信评估机构、证券登记结算机构。

3. 证券交易所

证券交易所是指提供证券集中竞价交易场所而不以营利为目的的法人。证券交易所是证券交易活动的中心。证券交易所为组织公平的集中竞价交易提供保障，其本身不参与证券买卖活动，只依法办理证券暂停上市、恢复上市或终止上市等事务，对证券交易行为实行实时的监控，发现异常情况及时向证券监督管理机构报告。

五、国家对证券业的监管

国务院证券监督管理机构是指中国证券监督管理委员会，它依法对全国证券市场实行集中统一监督管理，维护证券市场秩序，保证证券市场合法运行。

我国对于证券的管理，可以分成以下四个管理阶段：

（1）1981 年至 1985 年，此阶段由财政部负责管理，被管理的证券形式只是国库券。

（2）1986 年至 1992 年 10 月，此阶段由中国人民银行主管，证券的范围已经逐步扩大到了债券和股票。1990 年在中国人民银行内设立了由八个部委共同参加的国务院股票审批办公室；1992 年 6 月经过批准成立了国务院证券管理办公室。

（3）1992 年 10 月至 1998 年 8 月，此阶段为国务院证券委员会主管，1992 年 10 月设立了国务院证券委员会及其执行机构——中国证券监督管理委员会。

（4）1998 年 8 月后的中国证券监督管理委员会统一管理阶段。1998 年 8 月，在国务院机构改革和金融体制改革期间，原国务院证券委员会的职能以及其他机构在证券监督管理方面的职能全部划归中国证券监督管理委员会，由其统一行使，从而确立了我国高度集中统一的证券监督管理体制。

由于《证券法》是一部管理法，因此《证券法》当中强制性（“必须”）的规范较多，而且禁止性的条款占了相当大的比重，许多地方使用了“不得”“禁止”等字样。

第七节 票据法律制度

一、票据与票据立法

（一）票据及其特征

广义上的票据是指具有流通性质、以支付一定金额为内容的有价证券。狭义上的票据，仅指由民事主体签发，约定无条件付款，以受领金钱为内容的有价证券，包括汇票、本票、支票。

票据作为一种信用工具，是在商品交换过程中随着商业信用的运用而逐渐发展起来的。

票据具有以下特征：

（1）设权性。票据行为创设了票据权利，票据的基础关系之权利义务不影响票据本身的权利义务关系。

（2）权券一体性。票据反映了权利和权利凭证的一体，有权必有证，有证必有权。

（3）无因性。签发、转让票据的原因无效或者被撤销，并不影响票据的效力。只要票据的外观符合法律要求，就应认定票据有效并认定票据持有人的权利。

（4）要式性与文义性。为加速票据的流转以及票据交易的安全，票据必须符合票据格式的要求，并以票据记载的文义确定票据的效力。

（5）流通性。票据可以流通转让。由于票据的特殊性，票据具有汇兑功能、交付功能、信用功能、融资功能和抵消功能。

（二）票据立法

法国于1673年颁布的《陆上商事条例》中就有关于票据的规定。英国于1882年颁布了《票据法》，1957年对之进行修改后颁布了《支票法》。德国于1871年制定了《票据法》，1908年制定了《支票法》。德国的票据法明确了票据以信用及流通为主要功能，票据关系与票据基础关系分离。欧洲大部分国家仿效德国的票据法进行本国票据立法。

1930年国际联盟在日内瓦召开统一票据法会议，签署了《汇票本票统一公约》《解决汇票本票法律冲突公约》《汇票本票印花税公约》，1931年又签署了《统一支票法公约》《解决支票法律冲突公约》《支票印花税公约》。1988年，联合国第四十三次大会通过了《国际汇票本票公约》（未生效）。

随着我国经济发展对票据需求的增加，1995年5月10日第八届全国人民代表大会常务委员会第十三次会议通过了《中华人民共和国票据法》（以下简称《票据法》，2004年8月28日第十届全国人民代表大会常务委员会第十一次会议修正），对票据管理、票据行为作出了规定。

二、票据权利

（一）票据权利的种类

我国《票据法》规定，票据权利是指持票人向票据债务人请求支付票据金额的权利。票据权利包括付款请求权和追索权。

（1）付款请求权。付款请求权又称第一次请求权，是指持票人对票据主债务人（如汇票的承兑人、本票的发票人、支票的保付人等）行使请求其支付票据金额的权利。

（2）追索权。追索权又称票据的第二次请求权，是指因持票人在第一次请求权没有或者无法实现的情况下，对票据的其他付款义务人（如汇票、支票的发票人，汇票、本票的保证人，票据的背书人等）行使请求偿还票款的权利。

（二）票据抗辩

票据抗辩是票据债务人可以对票据权利人的权利主张提出对抗，从而拒绝履行票据债务的情形。如本票的受款人向发票人请求付款时，发票人主张付款日未到而拒绝其请求的行为就是一种票据抗辩。票据抗辩分为对物抗辩和对人抗辩。对物抗辩如票据无效、背书不连续、有涂改等；对人抗辩如票据交付前被盗或遗失，可对盗窃人或拾得人抗辩等。

（三）票据时效

票据时效是指持票人可以有效地行使票据权利的期间。根据《票据法》第17条的规定，我国票据时效的期间分为三种：2年的期间、6个月的期间、3个月的期间。这三种期间，分别适用于不同的票据权利。

（1）2年的期间。汇票的持票人对出票人、承兑人的权利自票据到期日起2年；见票即付的汇票、本票自出票日起2年。

（2）6个月的期间。持票人对支票出票人的权利自出票日起6个月；持票人对前手的追索权，自被拒绝承兑或被拒付之日起6个月。

(3) 3个月的期间。持票人对前手的再追索权，自清偿日或者被提起诉讼之日起3个月。

三、票据行为

票据行为是指票据关系当事人之间以发生、变更或终止票据关系为目的而进行的法律行为。票据行为是票据上权利义务关系成立的基础行为，包括了出票、背书、承兑、保证四种。

(一) 出票

出票是指出票人签发票据并将之交付给收款人的行为。出票行为必须依据票据法的要求在票据上记载法定记载事项，并将票据交付给收款人。

(二) 背书

背书是指持票人在票据背面或者粘贴单上记载相关事项并签章，转让票据权利的行为。票据的流通是通过背书来完成的，背书必须符合《票据法》规定。

(三) 承兑

承兑是指票据付款人承诺在票据到期日支付票据金额的行为。承兑仅限于商业汇票。承兑人有权选择承兑或拒绝承兑，只有在付款人承兑后才负有绝对付款的义务。

(四) 保证

保证是指票据债务人以外的第三人，为保证特定票据债务人履行票据债务而作出负担同一内容票据债务的附属行为。保证仅适用于汇票和本票。保证具有独立性，除因汇票记载事项欠缺而无效外，不因被保证的债务无效而使保证无效。保证人与被保证人对持票人承担连带责任。

四、汇票

(一) 汇票及其种类

汇票是由出票人签发，委托付款人在见票时或者在指定日期无条件支付确定的金额给收款人或持票人的票据。

汇票属于委付票据，其当事人包括：出票人、付款人、收款人。

汇票有以下几种分类方式：

(1) 以付款人划分，可分为银行汇票、商业汇票（又可分为商业承兑汇票、银行承兑汇票）。

(2) 以付款期限长短划分，可分为即期汇票、远期汇票。

(3) 以记载收款人的方式划分，可分为记名式汇票、无记名式汇票。

(4) 以签发地点划分，可分为国内汇票、国际汇票。

(5) 以银行对付款的要求划分，可分为跟单汇票、原票。

(二) 汇票的记载事项

汇票必须符合法定格式，其格式要求了汇票所需记载的事项。

1. 绝对记载事项

依照票据法的规定，必须有的记载事项，若欠缺记载则该票据无效。汇票的绝对记载事项包括：表明“汇票”的字样、无条件支付的委托、确定的金额、付款人名称、收款人名称、出票日期、出票人签章。

2. 相对记载事项

票据上本应记载的事项，如果未记载也不影响汇票本身的效力，包括：付款日期、付款地、出票地。

3. 非法定记载事项

法律规定以外的记载事项，如签发票据的原因或用途，交易合同项下的号码等。对于非法定记载事项，是否记载，应根据双方的交易或者实际需要确定；无论是否有该记载，都不影响票据上的效力。

（三）汇票的承兑与付款

1. 承兑

汇票付款人承诺在汇票到期日支付汇票金额的承兑行为，对于定日付款和出票后定期付款的汇票，持票人必须在出票日起 1 个月内，向付款人提示承兑（见票即付的汇票无须承兑）。付款人承兑汇票的，必须在汇票正面记载“承兑”字样和兑现日期并签章，承兑的票据退回持票人的，即产生承兑效力。

2. 付款

（1）付款提示。持票人持票或者将票据邮寄至付款人处或承兑人处出示票据，请求付款的行为，是付款提示。付款人一经持票人提示，应予以付款，在付款人拒绝付款时，持票人可向前手行使追索权。持票人如未在法定期限内提示付款的，则丧失对其前手的追索权。

（2）支付票款。持票人向付款人或承兑人进行付款提示后，付款人仅限于对票据的形式审查，审查合格的应无条件立即支付。

五、本票

（一）本票及其特征

本票又称期票，是出票人签发，承诺自己在见票时无条件支付确定的金额给收款人或者持票人的票据。

本票与汇票有一些相同的特点：以货币表示、金额确定、无条件支付、付款期限可以确定为某确定日期、收款人可以是持票人。但是两者也有区别，具体体现在以下方面：汇票是支付的命令；本票是支付的承诺。汇票通常有三个当事人：出票人、受票人、收款人；本票只有两个当事人：出票人和收款人。在汇票承兑前出票人对汇票负主要责任，承兑后由承兑人负主要责任；本票自始至终由出票人承担责任。远期汇票需要承兑；本票无须承兑。汇票可以一式开具多份；本票只能开立单份。出票人本人可能成为汇票的收款人；本票不能以出票人为收款人。对于即期汇票不做提示时，出票人可以解除责任；即期本票不做提示，出票人也不能解除责任。

（二）本票的记载事项

本票的绝对记载事项包括：表明“本票”的字样、无条件支付的承诺、确定的金额、收款人名称、出票日期、出票人签章。本票的相对记载事项包括：付款地、出票地。

（三）本票的付款

本票自出票日起，付款期限最长不超过 2 个月。银行本票为见票即付的票据，在期限内收款人或持票人可随时向出票人请求付款。

六、支票

（一）支票及其特征

支票是出票人签发，委托办理支票存款业务的金融机构在见票时无条件支付确定的金额给收款人或持票人的票据。

开立支票存款账户和领用支票，应当有可靠的资信，并存入一定的资金。支票必须以银行为付款人，而且必须是见票即付。支票仅作为支付工具，不具有汇票和本票作为信贷工具的功能。

支票的特征为：

（1）付款人只能是金融机构。

（2）出票人与付款人之间必须有一定的资金关系。

（3）见票即付，无须承兑。

（二）支票的分类

支票可分为现金支票、转账支票、普通支票三种。

现金支票又称为非划线支票，是指用于支取现金的支票。非划线支票可以经出票人、收款人、背书人在支票上加划横线使之转变成为划线支票。非划线支票为现金支付支票，如果将划线支票转变成为非划线支票，则需要出票人签名授权方可改变。

转账支票，又称为划线支票，是指只能用于转账而不能提取现金的支票。划线支票在支票的表面上划有两条平行线，它要求付款银行将票面金额付给真正的收款人，通常要通过银行转账。

普通支票，是指既可用于提取现金，又可用于转账的支票。

（三）支票的记载事项

支票的绝对记载事项包括：表明“支票”的字样、无条件支付的委托、确定的金额、付款人名称、出票日期、出票人签章。支票的相对记载事项包括：付款地、出票地。

（四）支票的付款

支票的持票人应在出票之日起10日内提示付款，付款人在对支票进行审查后没有发现不符合规定之处时，应向持票人付款。银行作为指定的付款人，发现有下列情况之一，可以退票：出票人签名不符、支票开发不符合规定、支票日期在提示日后、支票逾期提示、大小写金额不符、托收款项尚未收到、支票已经止付、需收款人背书、存款不足、主要项目涂改。付款人不付款，出票人应对持票人承担票据责任。

七、法律责任

依据《票据法》第102条的规定，有下列票据欺诈行为之一的，依法追究刑事责任：

（1）伪造、变造票据的。

（2）故意使用伪造、变造的票据的。

（3）签发空头支票或者故意签发与其预留的本名签名式样或者印鉴不符的支票，骗取财物的。

(4) 签发无可靠资金来源的汇票、本票，骗取资金的。

(5) 汇票、本票的出票人在出票时作虚假记载，骗取财物的。

(6) 冒用他人的票据，或者故意使用过期或者作废的票据，骗取财物的。

(7) 付款人同出票人、持票人恶意串通，实施前六项所列行为之一的。

由中国人民银行 1997 年发布的《票据管理实施办法》（2010 年修正）第 31 条规定："签发空头支票或签发与其预留的签章不符的支票，不以骗取钱财为目的的，由中国人民银行处以票面金额 5%但不低于 1 000 元的罚款，持票人有权要求出票人赔偿支票金额 2%的赔偿金。"如果签发空头支票以骗取他人财物的，则依照《刑法》相关规定以及最高人民法院和最高人民检察院 2011 年颁布的《关于办理诈骗刑事案件具体应用法律若干问题的解释》依法处理。

本章小结

国家财政是一个国家乃至整个社会得以运作的前提，财政状况直接影响到国民经济和社会发展。社会主义计划经济时期有财政计划，在社会主义市场经济时期也必须有财政计划。国家筹集、管理、运用资金，对税收的征收和管理以及整个社会的金融要"活而不乱"，特别是市场经济中的价格合理、金融有序等，都必须由国家出面运用宏观经济调控的方法进行规制，营商活动主体应服从国家的管理。国家财政金融的混乱，必将引起整个社会的动荡。只有在国家财政金融秩序良好的状态下，营商活动主体才有稳定发展的基础。

练习题

1. 名词解释

财政　　财政法　　融资租赁　　政府采购　　超额累进税率　　暴利　　证券交易所　　支票

2. 思考题

(1) 财政法的基本原则有哪些？

(2) 金融管理制度有哪几个方面？

(3) 税收法中的实体制度主要有哪些？

(4) 请列出一般纳税人增值税纳税的计算公式。

(5) 非法价格交易行为主要有哪些？

(6) 如何理解保险合同的最大诚信原则？

(7) 支票的记载事项包括哪些？

3. 案例分析题

某日用品商店将货品摆放于货柜上并逐一标价，但是生意却不甚理想。其经理某日突发奇想，撤走货架并将全部货品胡乱地堆放在地上，在门口张贴了"最后一天吐血大甩卖""不计成本"等标语。谁料，从此生意兴隆。这样的经营方式一直延续了半年。

问题：该日用品商店在经营方面存在哪些价格违法行为？

第八章

会计与审计法律制度

【本章引言】

在现代社会，会计对经济活动的描述成为投资者了解企业情况的重要途径，也成为债权人考察债务人经营状况以及监督者监管市场主体的重要依据。会计与审计制度是现代经济社会不可或缺的一项重要制度。

【本章学习目标】

通过本章的学习，你应该能够：

- 掌握会计核算的基本要求；
- 掌握会计原始凭证的要求；
- 了解会计人员的从业要求；
- 了解审计的阶段；
- 理解审计法的基本原则。

第一节　会计法律制度

一、会计与会计立法

（一）会计

会计是指以货币计量为基本形式，运用专门的方法对经济活动进行核算和监督的一种管理活动。会计行为包括了会计核算行为、会计监督行为和会计管理行为。

早在中国的商朝，会计已成为官府中的一项专门工作，西周时期已有“司会”的专门官职，到了秦朝则有“计相”作为主管会计工作的官吏。

（二）会计立法

会计法是调整市场经济活动中会计关系的法律规范的总称。

1985 年 1 月 21 日第六届全国人民代表大会常务委员会第九次会议通过了《中华人民

共和国会计法》（以下简称《会计法》，1993 年、1999 年、2017 年分别作了修正或修订）。此外，还有《中华人民共和国注册会计师法》（1993 年通过）、1990 年国务院颁发的《总会计师条例》（2011 年修订）、1996 年财政部颁发的《事业单位财务规则》、2006 年财政部制定的《企业会计准则》（2014 年修订）和《企业财务通则》等，此后还颁布了《事业单位会计准则（试行）》《会计电算化管理办法》《会计电算化工作规范》《小企业会计制度》等，构成了中国会计的完整规范体系。

会计法的适用范围为：在中国境内的国家机关、社会团体、公司、企业、事业单位及其他组织。

（三）会计法的基本原则

（1）合法性原则。各单位的会计工作均必须依照《会计法》的规定开展。

（2）统一领导、分级管理原则。国务院财政部门主管全国的会计工作，县级以上地方各级人民政府财政管理部门管理本辖区内的会计工作。

（3）法制统一原则。国家实行统一的会计制度，各单位的会计工作必须遵守《会计法》及相关法律法规的规定。

二、会计机构与会计人员

（一）会计机构

会计机构是指依法办理会计事项，进行会计核算，实行会计监督的专门机构。《会计法》规定，各单位应当根据会计业务需要设置会计机构，或在有关机构中设置会计人员并指定会计主管人员；不具备设置条件的，应委托合法的会计中介机构代理记账。因此，在我国，会计机构有两种：一是独立设立的会计机构；二是在有关机构中设置专门的会计人员，并指定主管人员。代理记账属于一种辅助形式，并非一种机构设置形式。

（二）会计人员

会计人员是指专门从事会计业务工作的人员。

1. 一般会计工作人员

一般会计工作人员应当具备从事会计工作所需要的专业能力。会计人员应当遵守职业道德，自觉提高业务素质。因违法违纪情节严重，但尚不构成犯罪的会计人员，5 年内不得从事会计工作。因提供虚假会计报告、做假账、贪污、挪用公款等与会计职务有关的违法行为被依法追究刑事责任的人员，不得再从事会计工作。会计机构内部应建立稽核制度，出纳人员不得兼任稽核、会计档案保管和收入、支出、费用、债权、债务账目的登记工作。会计人员的调动或者离职，必须与接管人员办理交接手续，一般会计人员的交接手续由会计机构负责人监交。

2. 会计机构负责人或会计主管

担任会计机构的负责人、会计主管工作的人员，应当具备会计师以上专业技术资格或具有从事会计工作 3 年以上的经历。会计机构负责人办理交接手续时，由单位负责人监交，必要时主管单位可派人会同监交。

3. 总会计师

总会计师是单位行政领导成员，负责组织领导本单位的财务管理、成本管理、预算管理、会计核算和会计监督等方面的工作，参与本单位的重要经济问题分析及决策。国有大、中型企业和国有资产占控股地位或主导地位的大、中型企业，必须设置总会计师。总会计师的任职资格、任免程序、职责权限范围，根据《总会计师条例》的规定执行。

4. 注册会计师

注册会计师是依法取得注册会计师资格证书并加入某一会计师事务所，接受委托从事审计和会计咨询、会计服务的执业人员。国家实行注册会计师全国统一考试制度，参加注册会计师考试合格并从事审计业务工作2年以上的，可向省级注册会计师协会申请注册，加入某一会计师事务所。会计师事务所的设立，其最低注册资金为30万元，并必须有不少于5名注册会计师的专职从业人员。注册会计师接受业务，除法律有专门规定外，不受行政区域、行业的限制。

三、会计核算

(一) 会计核算的基本要求

1. 会计核算的前提

会计核算是指利用货币形式对各单位的经济活动和财务收支进行确认、计量、记录，并编制财务会计报告的管理工作。开展会计核算工作，必须明确以下前提：

(1) 会计主体。会计为之服务的特定单位为会计主体。凡是具有经济活动与财务收支的单位，都要进行会计核算活动，都是《会计法》规定的会计主体。

(2) 持续经营。它是指会计主体能够按照既定的经营方式不断地进行经济活动和财务收支的情形。

(3) 会计期间。会计期间通常分为年度、季度和月度。会计年度从每年的1月1日起至12月31日止。

(4) 货币计量。在会计核算中，以货币为统一的计量单位，并以人民币为记账本位币。

2. 会计核算的资料

各单位必须根据实际发生的经济业务进行会计核算，填制会计凭证，登记会计账簿，编制财务会计报告。

(1) 会计凭证。

它是指记录经济业务的发生和完成情况，明确经济责任，作为记账依据的书面证明材料。会计凭证包括原始凭证和记账凭证。

1) 原始凭证又称“单据”，是指经济业务事项发生或者完成时填写的，用于记录经济业务、明确经济责任并作为记账依据的书面凭证，是会计核算最基本的资料。

原始凭证记载的各项内容不得涂改；有错误的应由出具单位重开或者更正，并在更正处加盖出具单位印章；金额有错误的应由出具单位重开，不得在原始凭证上更正。

会计机构和会计人员对不真实、不合法的原始凭证，有权不予接受，并向单位负责人报告；对记载不准确、不完整的原始凭证予以退回，并要求按照会计制度规定更正或者补充。

2) 记账凭证是指由会计人员根据审核无误的原始凭证，运用会计的专门方法加以归类、整理，用来作为登记会计账簿依据的会计凭证。它包括收款凭证、付款凭证、转账凭证。

会计机构和会计人员必须严格依照会计法律法规规定，对原始凭证进行审核，对于符合规定的，据此编制记账凭证。记账凭证必须符合以下要求：记账凭证必须连续编号；经济业务事项记录明确；会计科目运用准确；填写内容齐全；记账凭证的摘要简明扼要；附件数量完整；发生错误按规定的方法更正。

（2）会计账簿。

会计账簿是指以会计凭证为依据，由具有相应格式并相互联系的连续编号账页所组成，对单位的全部经济业务全面、分类、系统、顺时地登记和反映的簿册。它包括日记账、明细账、总账和其他辅助性账簿。

会计账簿必须以会计凭证为依据，不得缺页或者隔页、跳行。会计账簿以黑色或者蓝色钢笔登记，不得使用铅笔或者圆珠笔，红笔只能在更正错账时使用。会计账簿中的错误需要更正时，应按会计制度规定的方法更正，并应在更正处加盖会计人员和负责人的印章。

各单位不得违反国家统一的会计制度私设会计账簿，并且应定期核对会计资料，确保会计账簿与凭证、账簿与物品、账簿与账簿、账簿与报表之间相符。

（3）会计报表。

它是指反映单位财务状况和经营成果的书面文件，由会计报表、会计报表附注、财务情况说明书构成。编制会计报表时，应做到数据真实、依据合法、内容完整、计算准确、编报及时。

财务会计报告由单位负责人、主管负责人、会计机构负责人和总会计师签名并盖章。依法必须经过注册会计师审计的，审计报告应与财务报告一并提供。

（4）会计资料的保管。

单位应建立会计档案，保存会计凭证、会计账簿、会计财务报告等会计资料。

对于涉外业务和重要业务的会计资料，保管期限为永久；其他的会计资料为定期保管，一般为 3 年、5 年、10 年和 25 年，保管期限从年度终了后第一天开始计算。

会计资料的销毁，必须由会计资料的管理部门提出销毁意见，会同会计机构共同鉴定、审查，并编制销毁清册，共同派员监督销毁过程。

（二）会计核算的基本内容

1. 需要进行核算的业务

下列经济业务必须进行会计核算：

（1）款项和有价证券的收付。

（2）财物的收发、增减和使用。

（3）债权、债务的发生和结算。

（4）资本、基金的增减。

（5）收入、支出、费用、成本的计算。

（6）财务成果的计算和处理。

（7）需要办理会计手续及核算的其他事项。

2. 禁止行为

会计核算必须据实进行，不得有下列行为：

（1）随意改变资产、负债、所有者权益的确认标准或计算方法，虚列、不列、多列、少列费用或成本。

（2）虚列或隐瞒收入，推迟或提前确认收入。

（3）随意改变费用、成本的确认标准或计量方法，虚列、不列、多列、少列费用或成本。

（4）随意调整利润的计算或分配办法，编制虚假的利润或隐瞒利润。

（5）违反国家会计制度的其他行为。

四、会计监督

（一）单位内部的会计监督

各单位必须建立健全本单位内部的会计监督制度，具体应做到以下几点：明确会计人员的分工及职责，实行账、物、钱管理的分离，相互制约和监督；明确重要经济事务决策、执行的相互监督及制约程序；明确财产的清查范围、期限及组织程序；明确定期进行内部审计的办法及程序。会计人员有权拒绝办理或依法纠正违法会计事项，发现错误或者违法行为时应依法纠正。

（二）管理部门对单位的会计工作的监督

国家财政、税务、审计、银行、证券监管、保险监管、海关等相关管理部门可依法对各单位的相关会计业务进行监督。各单位在接受相关管理部门监督时，必须依法如实、按时提供会计资料，不得拒绝、隐瞒、谎报。

（三）社会监督

任何单位或者个人，对违反国家会计制度的违法行为均有权检举揭发。受委托的会计师事务所提供审计服务时，应督促委托单位提供真实、全面的会计资料，以保证会计师事务所能够出具客观、公正、全面的会计审计报告。

五、法律责任

（一）会计人员的违法责任

会计人员违反《会计法》的规定，根据行为性质可以处以责令限期改正、罚款、给予行政处分、5 年内不得从事会计工作等；构成犯罪的，依法追究其刑事责任。

（二）单位负责人的违法责任

单位负责人授意、指使、强令会计机构、会计人员及其他人员进行违法行为，构成犯罪的，依法追究其刑事责任；不构成刑事犯罪的，可处以罚款；属于国家工作人员的，依法给予降级、撤职、开除等行政处分。单位负责人对依法履行职责、抵制违反《会计法》规定行为的会计人员以降级、撤职、调离工作岗位、解聘或者开除等方式实施打击报复，构成犯罪的，依法追究其刑事责任；不构成犯罪的，由其所在单位或者有关主管机关给予行政处分。对于受打击报复的会计工作人员应恢复其名誉和原有职务、级别。

（三）监督管理部门工作人员的责任

监督管理部门工作人员在实施监督管理过程中滥用职权、玩忽职守、徇私舞弊或者泄露国家秘密、商业秘密，构成犯罪的，依法追究其刑事责任；不构成犯罪的，依法给予行政处分。

第二节　审计法律制度

一、审计与审计立法

（一）审计

审计是指审计机关依法独立开展检查被审计单位的会计凭证、会计账簿、会计报表以及其他财政收支、财务收支有关资料和资产，监督财政收支、财务收支真实、合法和允当性的活动。

国务院各部门、各地方人民政府及其各部门、国有金融机构和企业、事业单位的财政开支，以及其他依法应当接受审计的财政收支、财务收支活动，都必须接受审计监督。

审计作为专业性经济监督行为，除对被审计单位会计活动予以评价外，还具有经济评价和经济鉴证的职能，其特征为：审计的对象是反映经济活动的会计资料；审计主体是独立于被审计单位的无直接利益关系的第三方；审计的目的在于确认有关会计资料反映的真实性、准确性、允当性；审计的结果（审计结论、审计报告）应向有关方面报告。

依照审计的不同主体，审计可分为国家审计、民间审计、单位内部审计。

（二）审计立法

审计法是调整审计关系的法律规范的总称。

为了加强国家审计监督，维护国家财经秩序，1988 年 11 月 30 日国务院颁布了《中华人民共和国审计条例》，1994 年 8 月 31 日第八届全国人民代表大会常务委员会第九次会议通过了《中华人民共和国审计法》（以下简称《审计法》，2006 年修正）。此外，还有关于审计的行政规章及部门规章，如《审计法实施条例》《中国人民解放军审计条例》等。《审计法》确立了以下的基本原则：依法审计原则、独立审计原则、客观公正原则、权威性原则、强制性原则、保密原则。

二、审计机构与审计人员

（一）审计机构及其职责

1. 国家审计机关

根据《中华人民共和国宪法》和《审计法》的规定，国务院和县级以上地方人民政府设立审计机关，依照法律规定独立行使审计监督权。

国务院设立审计署，在国务院总理的领导下主管全国的审计工作。审计长是审计署的行政首长。全国的审计工作实行统一领导、分级管理。各地审计机关在行政首长和上级审计机关的领导下，负责本行政区域内的审计工作，对本级人民政府和上一级审计机关负责并报告工作。根据审计工作需要，审计机关可在其审计管辖范围内派出审计特派员。

国家审计机关的审计范围包括：同级政府预算执行情况；本级各部门和下级政府预算的执行情况和决算，以及预算外资金的管理和使用情况；中央银行的财务收支，国家金融机构的资产、负债、损益；国家事业组织的财务收支；国有企业的资产、负债；国有资产占控股地位或主导地位的企业；国家建设项目预算的执行情况和决算；政府部门管理的社会团体受政府委托管理的社会保障基金、环境保护资金、社会捐赠资金及有关基金、资金的财务收支；国际组织和外国政府援助、贷款项目的财务收支；其他法律、行政法规规定应当由审计机关进行审计的事项。

2. 内部审计机构

国家机关、金融机构、企业、事业组织、社会团体以及其他单位，应当建立健全内部审计制度。法律规定必须设立审计机构的，必须设立内部审计机构；其他单位可根据实际需要设立内部审计机构；有审计需要而不具备设立内部审计机构条件和人员编制的国家机关，可授权本单位内设机构履行内部审计职责。内部审计机构对本单位及所属单位的以下情况进行审计：财政收支、财务收支及其有关经济活动；预算资金的管理和使用情况；领导人的任期经济责任；固定资产投资项目；经济管理和效益情况。

（二）审计人员

审计人员是指在审计机关中专门从事审计工作的人员。审计人员应当具备以下条件：熟悉有关的法律、法规和政策；掌握会计、审计及其他相关专业知识；有一定的会计、审计或其他相关专业工作经历；具有调查研究、综合分析和文字表达能力。

2003 年，中国内部审计协会发布了《内部审计人员岗位资格证书实施办法》及《内部审计人员后续教育实施办法》。根据《内部审计人员岗位资格证书实施办法》的规定，内部审计人员岗位资格证书是从事内部审计工作的专、兼职人员应具备的任职资格证明，除符合规定条件人员可直接申报发给资格证书外，其他人员须参加中国内部审计协会统一组织的资格考试，考试合格后发给中国内部审计协会统一印制的证书。对已取得省（行业）级内部审计（师）协（学）会颁发的内部审计资格证书，在符合有关条件的情况下可进行一次性确认，换发中国内部审计协会统一印制的资格证书。证书两年年检一次，对不符合年检规定的人员将予以注销或吊销资格证书。《内部审计人员后续教育实施办法》规定：取得内部审计人员岗位资格证书的人员应当参加后续教育；后续教育采取学时累计法，每两年为一个周期，时间不得少于 80 学时（第一年不得少于 30 学时）。

三、审计程序

（一）审计准备阶段

在审计准备阶段应做好以下工作：确定审计任务；组成审计小组（3 人以上）；制订审计项目的审计方案；向被审计单位送达审计通知书（实施审计 3 日前）。

（二）审计实施阶段

审计实施阶段是涉及项目的落实阶段，也是审计工作的核心环节，该阶段应做好以下工作：了解被审计单位的实际情况；根据收集到的资料对被审计的项目实施检查；对被审计的项目进行综合评价。

（三）审计报告阶段

以审计报告的形式作出审计结论和决定时，应做好以下工作：编写审计报告；向审计机关提出审计报告前，应征求被审计单位的意见；审计机关在接到审计报告后，应组织专门机构或人员对审计报告的内容进行复核，作出审计结论和决定，通知被审计单位和有关单位执行。

（四）审计复审阶段

审计复审阶段为非必经阶段。被审计单位对审计机关作出的审计结论和决定不服的，可在收到审计结论和决定之日起 15 日内向上一级审计机关申请复审。上一级审计机关在收到复审申请之日起 30 日内作出复审结论和决定。

四、审计责任

（一）被审计单位和相关人员的违法责任

被审计机关拒绝或拖延提供与审计事项有关的资料的，或者提供的资料不真实、不完整的，或者拒绝、阻碍检查的，由审计机关责令其改正，可以通报批评，给予警告；拒不改正的，可处以罚款并向有关部门提出给予有关责任人员行政纪律处分的建议；构成刑事犯罪的，依法追究其刑事责任。

被审计单位转移、隐匿、篡改、毁弃相关资料的，审计机关有权予以制止，责令其交出、改正或采取措施予以补救，并可依法采取取证措施或者封存其相关账册资料。

被审计单位有违反预算或财务收支规定行为的，审计机关在法定职权范围内可责令其改正，责令限期退还违法所得，或采取其他纠正措施，并给予警告，通报批评。

对于负有直接责任的单位主管人员和其他责任人员，审计机关认为应当给予行政处分或纪律处分的，向有关部门、单位提出处分建议。报复陷害审计人员的，依法给予处分；构成犯罪的，依法追究刑事责任。

（二）审计人员的违法责任

审计人员滥用职权、徇私舞弊、玩忽职守或者泄露所知悉的国家秘密、商业秘密的，依法给予处分；构成犯罪的，依法追究刑事责任。

（三）内部审计人员的违法责任

内部审计机构工作人员应忠于职守、坚持原则、客观公正、廉洁奉公、保守秘密，不得滥用职权、徇私舞弊、玩忽职守、泄露秘密。内部审计人员的违法行为，应根据其行为及情节依法处理。

（四）社会审计机构的法律责任

社会审计机构在执行审计职务过程中，不应出具审计报告而出具审计报告的，或出具的审计报告中有违规行为的，省级以上人民政府的财政部门可给予警告、没收其违法所得，并可处违法所得 1 倍以上 5 倍以下的罚款；情节严重的，可责令停业或撤销。因违法给委托人造成经济损失的，依法承担赔偿责任。

本章小结

单位内部的会计资料反映了该单位的财务经济状况，如果会计活动不合法、不真实，不仅影响投资者的权益，严重的还会影响社会的经济秩序。在社会审计机构的配合下，一些企业通过做假账来牟取非法利益。因此，经济活动主体依法开展会计活动，不仅有赖于单位领导对会计工作的正确认识和支持，还离不开会计工作人员的依法办事。无论是国家审计部门的审计，还是社会审计机构的审计，审计活动都不能脱离依法、真实这一基本前提。

练习题

1. 名词解释

会计　总会计师　原始凭证　审计　审计法　审计人员

2. 思考题

（1）我国《会计法》对会计人员有什么要求？

（2）在会计核算活动中，对原始凭证有什么要求？

（3）会计核算的禁止行为主要有哪些？

（4）国家审计机关的审计范围包括哪些？

（5）参加中级审计专业技术资格考试者必须具备哪些条件？

（6）审计工作开展前有哪些准备工作？

3. 案例分析题

案例一

某房地产公司有5名会计人员，其中两名于2019年7月大学本科毕业，未参加会计从业资格考试。2016年“十一黄金周”楼盘销售期间，由于多个楼盘同时开盘而人手不够，5名会计人员分别同时兼任各楼盘项目的出纳。某楼盘销售期间，有100万元的款项根据企业法定代表人的指示，由收款人直接汇入其私人开设在当地农业银行的账户，且收取的部分销售款以收据的形式开给了购房者。为了应付税务等部门的检查，该公司的法定代表人让财务负责人设立了内部和外部两套账，外部账是为应付税务等机关检查时使用的，大部分的收支情况没有在此账册中记载；内部账则是真实记录财务收支状况的。

问题：该房地产公司在财务制度方面存在什么问题？

提示：会计工作的制度要求。

案例二

2019年8月中旬，某市审计局审计组在对该市的某镇实施2014年度财政决算审计时发现，镇政府从预算内、预算外账户拨出589万元，专项用于兑付历史遗留下来的群众集资款。在这589万元中，一笔276万元直接汇入镇融资办，另一笔313万元则汇入镇电镀厂账户。当审计组派员到电镀厂找会计核查时，传达室值班人员告诉审计人员，厂长、会计出差，出纳家中有事好几天未上班。审计人员只好到了镇融资办，融资办工作人员解释道，融资办的出纳和会计就是电镀厂的会计。该融资办主任以“出差”“招商引资”“住院手术”为借口躲起来“造账”。最后，审计部门从其提供的假账上发现了其兑付集资款项账实不符、资金收入延压进账时间、提取资金不在账面反映、拆出资金不见分文利息、电镀厂无偿占用集资款、重复支付集资款10万元等问题。

问题：依照《审计法》，该事件中相关人员的行为有什么违法之处？应承担什么责任？

第九章
对外经济促进与管制法律制度

【本章引言】

一个国家的经济可以分成国内经济与对外经济。在经济全球化趋势下，对外经济直接影响到国内经济和社会的发展，特别是经济发达的资本主义国家往往企图通过贸易与政治挂钩的方式来谋求经济和政治的霸权地位。加入世界贸易组织后，我国的经济不仅有了进一步发展的机遇，同时也会遇到各种形式和各个方面的挑战。在加强国内经济建设的同时，国家必须运用宏观经济调控的手段，加强对外贸易的促进与管制，以确保国家经济安全和促进经济健康、可持续发展。

【本章学习目标】

通过本章的学习，你应该能够：

- 掌握对外贸易法的基本原则；
- 掌握对外贸易经营者的权利；
- 掌握商品检验的要求；
- 了解经济全球化对中国经济发展的影响；
- 了解海关对货物监管的措施；
- 理解涉外投资的国家管制。

第一节　对外贸易法律制度

一、对外贸易与对外贸易立法

（一）对外贸易

1. 对外贸易的概念

对外贸易是指以一国的对外贸易经营主体为一方，同世界上其他国家或地区进行商品货物、技术、服务贸易交换的一种活动。

2. 我国近年的对外贸易发展

近年来，开放型经济得到了迅速的发展，已经初步形成了全方位、多层次、宽领域的对外开放格局。对外交流不断增多，我国与国际经济的关系日益密切，在国际经济舞台上的地位不断提升。

3. 中国的对外贸易制度改革

随着社会主义市场经济体制改革的不断推进和加入世界贸易组织的需要，1999 年以来，我国在以下几个方面继续深化对外经济贸易体制的改革：

(1) 建立“审批从宽、管理从严”的管理新机制。

(2) 积极推进进出口商品管理向科学化、公开化方向发展。

(3) 制定新的政策措施，加大引进外资的力度。

(4) 整顿对外承包工程和对外劳务合作的经营秩序；深化援外方式改革，加强项目管理。

(5) 完善外贸宏观调控和管理体系，实现主要运用关税、利率、汇率等经济手段及符合国际经济通行规则的政策措施来调节对外贸易。

(6) 政企分开，转换国有外经贸企业的经营机制。

(7) 强化进出口商会等外贸中介组织的职能，发挥中介组织在政府与企业之间的桥梁和纽带作用，加强外经贸信息网络建设。

(二) 我国的对外贸易立法

对外贸易法是指调整在对外贸易活动中形成的对外贸易管理、合作关系的法律规范的总称。

为了促进国际货物销售，将国际货物销售达成统一的协调和纳入统一的管制之中，联合国国际贸易法委员会于 1980 年制定了《联合国国际货物销售合同公约》(以下简称《国际货物销售合同公约》)。该公约是迄今为止有关国际货物买卖最为重要的一项国际公约。我国政府于 1986 年 12 月 11 日核准该公约。

为了使我国的对外贸易与相关国际公约相衔接，我国于 1999 年 3 月 15 日第九届全国人民代表大会第二次会议通过了《中华人民共和国合同法》(以下简称《合同法》)，第八届全国人民代表大会常务委员会第七次会议于 1994 年 5 月 12 日通过了《中华人民共和国对外贸易法》(2004 年修订)，2001 年 10 月 31 日国务院通过了《中华人民共和国货物进出口管理条例》。

(三) 我国对外贸易法的基本原则

1. 统一外贸制度原则

国家实行统一的对外贸易制度，鼓励发展对外贸易，维护公平、自由的对外贸易秩序。国务院对外贸易主管部门依法主管全国对外贸易工作。

统一对外贸易表现在以下几个方面：

(1) 统一对外贸易方面的谈判。

(2) 统一综合考虑加入有关的国际组织或者签订有关的国际公约。

(3) 统一由国家制定对外贸易方面的法律、法规、政策、规章并在全国范围内统一实施。

(4) 统一确定外贸主体资格。

（5）统一把握对外贸易的整体发展。

（6）统一确定关税。

（7）统一协调有关对外贸易纷争的政府解决。

2. 依法维护公平、自由的对外贸易秩序原则

国家在对外贸易管理中，鼓励发展对外贸易，发挥地方和对外贸易经营者的积极性，禁止对外贸易活动中的垄断、倾销、不正当补贴等行为，创造公平竞争的环境，促进对外贸易的自由和有序发展，使企业的发展建立在经济效益与社会效益共同提高的基础上。

3. 平等互利原则

互相尊重国家主权和领土完整、互不侵犯、互不干涉内政、平等互利、和平共处是我国倡导的处理不同社会制度国家的相互关系的重要原则。[①] 在对外贸易方面，我们也应在此基础上讲求平等、互利。依照平等互利的原则，促进和发展同其他国家和地区的贸易关系，缔结或者参加关税同盟协定、自由贸易区协定等区域经济贸易协定，参加区域经济组织。我国在对外贸易方面根据所缔结或者参加的国际条约、协定，给予其他缔约方、参加方最惠国待遇、国民待遇等，或者根据互惠、对等原则给予对方最惠国待遇、国民待遇等。

4. 互惠对等原则

根据“平等主体之间无管辖权”的国际法基本原则，国家之间的贸易应在互惠对等的基础上开展，任何国家或者地区在贸易方面对我国采取歧视性的禁止、限制或者其他类似措施的，我国可以根据实际情况对该国家或者该地区采取相应的措施。

5. 适度保护和适度干预原则

对外贸易讲究自由竞争，同时也要有一定程度的国家干预。我国过去实行对外贸易经营者许可制的管制方法，即使是在加入世界贸易组织以后，也不可能所有的经济活动主体都可以毫无条件地被允许从事对外贸易活动。对民族工业的适度保护、对服务业的适度放开等，都有一个程序、范围和时间的问题。当然，任何的干预和管制都必须是适度的。

二、对外贸易主体

（一）对外贸易主体资格

对外贸易主体又称对外贸易经营者，是指依法办理工商登记或者其他执业手续，依照法律、行政法规的规定从事对外贸易经营活动的法人、其他组织或者个人。

从事货物进出口或者技术进出口的对外贸易经营者，应当向国务院对外贸易主管部门或者其委托的机构办理备案登记；但是，法律、行政法规和国务院对外贸易主管部门规定不需要备案登记的除外。

（二）对外贸易主体的权利与义务

1. 对外贸易经营者的权利

根据《对外贸易法》的规定，对外贸易经营者享有以下主要权利：

（1）外贸经营自主权。获得对外贸易权的经营主体，有权依法开展自主的对外贸易经营活动，不受任何单位和个人的非法干预，在依法自主经营的前提下，自负盈亏。

① 这五项原则简称“和平共处五项基本原则”，由周恩来代表中国政府在 1955 年 4 月万隆“亚非会议”上提出。

（2）用汇权。对外贸易经营者在对外贸易活动中享有使用外汇的权利，可以根据中国人民银行发布的《结汇、售汇及付汇管理暂行规定》（1994 年颁布，后被 1996 年颁发的《结汇、售汇及付汇管理规定》取代）等有关规定，到指定的银行办理用汇手续。

（3）外贸代理权。对外贸易经营者可依法在国内接受没有对外经营许可的组织或个人的委托，按照委托合同的约定代理其对外贸易活动。但是，自营的对外贸易经营者不得非法从事外贸代理活动。

（4）反倾销、反补贴保障措施的请求权。当出现倾销、补贴而影响到对外贸易经营者或者其已经受到严重威胁时，对外贸易经营主体可依法请求政府采取措施予以消除。

（5）平等取得进出口单证权。在仍然存在配额、许可证管制的情况下，对外贸易经营者有权要求有关主管部门给予平等对待，发给必要的配额、许可证、原产地证明等单证、文件资料。

（6）享受平等优惠权。当政府向有关企业发放进出口信贷、给予出口退税等优惠时，对外贸易经营者可依法享有平等的优惠权利。

（7）依法成立和参加商会权。对外贸易经营者可依法成立进出口商会，参加并接受进出口商会对其业务的协调指导和咨询服务。

2. 对外贸易经营者的义务

对外贸易经营者在享有权利的同时，也负有以下义务：依法经营；依法结汇；向有关部门提交与其外贸经营活动有关的文件及资料；信守合同、保证质量、完善售后服务等义务。

在对外贸易活动中，不得有下列行为：伪造、变造进出口货物原产地标记，伪造、变造或者买卖进出口货物原产地证书、进出口许可证、进出口配额证明或者其他进出口证明文件；骗取出口退税；走私；逃避法律、行政法规规定的认证、检验、检疫；违反法律、行政法规规定的其他行为。对外贸易经营者违反法律规定，危害对外贸易秩序的，国务院对外贸易主管部门可以向社会公告，并由主管部门依法追究其相应的法律责任。

三、对外贸易活动的国家管制

（一）货物进出口管制

1. 禁止、限制进出口的规定

国家准许货物与技术的自由进出口。但是，法律、行政法规另有规定的除外。国家基于下列原因，可以限制或者禁止有关货物、技术的进口或者出口。

（1）为维护国家安全、社会公共利益或者公共道德，需要限制或者禁止进口或者出口的。

（2）为保护人的健康或者安全，保护动物、植物的生命或者健康，保护环境，需要限制或者禁止进口或者出口的。

（3）为实施与黄金或者白银进出口有关的措施，需要限制或者禁止进口或者出口的。

（4）国内供应短缺或者为有效保护可能用竭的自然资源，需要限制或者禁止出口的。

（5）输往国家或者地区的市场容量有限，需要限制出口的。

（6）出口经营秩序出现严重混乱，需要限制出口的。

（7）为建立或者加快建立国内特定产业，需要限制进口的。

（8）对任何形式的农业、牧业、渔业产品有必要限制进口的。

（9）为保障国家国际金融地位和国际收支平衡，需要限制进口的。

（10）依照法律、行政法规的规定，其他需要限制或者禁止进口或者出口的。

（11）根据我国缔结或者参加的国际条约、协定的规定，其他需要限制或者禁止进口或者出口的。

2. 配额及许可证的规定

配额是指政府在一定时期内，对某些敏感性商品的进出口实行数量控制或者金额方面的限制。许可证是指批准货物进出口的官方凭证。

国家对限制进口或者出口的货物，实行配额、许可证等方式管理；对限制进口或者出口的技术，实行许可证管理。实行配额、许可证管理的货物、技术，应当按照规定经国务院对外贸易主管部门或者经其会同国务院其他有关部门许可，方可进口或者出口。对于限制进出口的商品，即使有对外贸易经营权而没有获得许可证的，也不准进口或者出口。对于实行许可证管制的商品，由国家主管部门列出限制进出口商品的清单，并向社会公布。

实行配额和许可制度，是国家除了对外贸经营主体资格设定以外比较严厉的一种对外贸易管制制度。国家对部分进出口货物可以实行关税配额管理。进出口货物配额、关税配额，由国务院对外贸易主管部门或者国务院其他有关部门在各自的职责范围内，按照公开、公平、公正和效益的原则进行分配。

3. 自由进出口的规定

非禁止、非限制进出口的货物和技术，国家准许自由进出口。实行自动许可的进出口货物，收货人、发货人应向国务院对外贸易主管部门或者其委托的机构提出自动许可申请，然后办理海关报关手续，经过海关审核予以放行；进出口属于自由进出口的技术，应当向国务院对外贸易主管部门或者其委托的机构办理合同备案登记。

（二）外贸资格管制及外贸代理制度

外贸代理是指具有外贸经营权的公司、企业根据无外贸经营权的企业、事业单位或者个人的委托，提供有关对外贸易方面的服务（代理进出口业务），代理人向委托人收取佣金，盈亏则由委托人负责的一种间接进出口的商务代理活动。

1991 年 8 月 29 日，对外经济贸易部发布了《关于对外贸易代理制的暂行规定》（2008 年被废止），明确了外贸代理当事人之间的权利义务。1994 年 7 月 1 日实施的《对外贸易法》肯定了外贸代理的形式，没有对外贸易经营许可的组织或者个人，可以在国内委托对外贸易经营者在其经营范围内代为办理对外贸易业务。1999 年 10 月 1 日开始实施的《合同法》规定了“行纪合同”，按照《合同法》第 414 条的规定，行纪合同是行纪人以自己的名义为委托人从事贸易活动，委托人支付报酬的合同。

在我国的外贸管制制度下，外贸代理有其存在的社会现实基础，但是自运行中也存在一些问题。我国的外贸代理难以纳入某种典型的代理种类，大多只能根据代理合同所约定的内容加以判断和处理。因此，进一步规范外贸代理制度，将外贸代理纳入合同法中的行纪合同种类加以规范，是对外贸易发展的必然要求。

（三）反倾销制度

1. 倾销的界定

倾销是指一国将其产品以低于正常价格的方式挤入另一国市场，并对该国工业造成实质性损害或者实质性损害威胁的销售行为。

2. 反倾销立法

由于倾销行为扰乱了正常的市场竞争秩序，而且对进口国的工业造成实质损害，世界上各国特别是商品进口大国几乎都有反倾销的制度。1997 年 3 月 25 日，国务院颁布了《中华人民共和国反倾销和反补贴条例》，该条例在《中华人民共和国反倾销条例》（2001 年公布，2004 年修改）和《中华人民共和国反补贴条例》（2001 年公布，2004 年修改）2002 年 1 月 1 日施行之日被废除。《对外贸易法》对反倾销也作出了规定。

3. 反倾销的主要制度

根据世界各国的通常做法，反倾销一般由以下三个方面的制度构成：

（1）倾销条件的认定制度。这方面制度的核心在于对倾销构成的界定，包括对价格的认定和对造成损害认定的规定。倾销是一种低价销售行为。低于“正常价值”的判断一般有三个比较价格：出口国可比价格、进口国可比价格、第三国替代比较价格。由于不同国家市场的价格构成不同，因此采取哪一个国家市场的价格进行比较是问题的关键所在。倾销对进口国工业所造成的损害，则包括已经造成了实质损害，或者虽然尚未造成实质损害但存在实质性损害的威胁的情形。

（2）反倾销调处的程序制度。我国的经营者可以根据实际情况，向商务部提出反倾销的书面申请；商务部应当自收到申请人提交的申请书及有关证据之日起 60 天内，对申请是否由国内产业或者代表国内产业提出、申请书内容及所附具的证据等进行审查，决定立案或不立案，并公告通知各利害关系方。经过调查、初步裁定、最终裁定后，被指控方仍不服的，可以要求行政复议。

（3）惩罚制度。在正式认定构成倾销后，一般是通过征收反倾销税、要求倾销者按照正常价格销售、由倾销者作出不再倾销的保证，或者是直接禁止倾销者出口等措施予以惩罚。

我国出口的商品屡受外国反倾销的指控，但外国商家在中国进行倾销的行为也存在，自 1997 年颁布《中华人民共和国反倾销和反补贴条例》至今，我国已对多宗国外产品反倾销案件立案调查并已作出最终裁定，这初步改善了国内相关企业的经营环境，一些产业因此走出困境。

参考案例 9-1

以吉林纸业股份有限公司、广州造纸有限公司、湖南省岳阳林纸集团有限公司、福建省南纸股份有限公司、东营华泰纸业有限公司、晨鸣纸业等 12 家企业为代表的中国新闻纸产业于 1997 年向当时的外经贸部提出对加拿大、韩国、美国等国家出口到中国的新闻纸反倾销调查申请。2004 年 6 月 30 日，商务部发布 2004 年第 30 号公告，决定对进口到国内原产于加拿大、韩国、美国的新闻纸继续征收反倾销税，实施期限为 5 年。我国新闻纸产业在中国的首例反倾销措施案中取得了胜利。

分析：反倾销措施是世界贸易组织认定和许可的贸易保护措施，它具有形式合法、易于实施的特点，能够有效地把外国产品排斥在国门之外。反倾销措施已经成为发达国家（地区）频频使用的工具。过去，我们听到关于反倾销的消息时，中国的生产企业往往是受指控的对象。在我国加入世界贸易组织后，进口关税降低以及市场准入放宽的情况下，外国产品长驱直入，对中国市场也会产生严重的冲击。中国企业为了维护市场竞争秩序和自身的权益，也应善于运用反倾销制度来予以对抗。

资料来源：王军光．中国打赢新闻纸反倾销案官司［EB/OL］．（2004-07-02）［2019-05-21］．http：//finance. sina. com. cn/roll/20040702/0615846075. shtml.

（四）反补贴制度

1. 补贴的界定

补贴是指出口国（地区）政府或者其任何公共机构提供的，并为接受者带来利益的财政资助以及任何形式的收入或者价格支持。给予本国出口企业各种财政补贴或者优惠，这本属于一个国家的内部事务，但是由于补贴会形成竞争者之间的不公平，给其他贸易方利益造成扭曲或者损害，因此，在《关税与贸易总协定》里就有了反补贴的规定。

出口国（地区）政府的财政资助包括以下几种方式：

（1）以拨款、贷款、资本注入等形式直接提供资金，或者以贷款担保等形式潜在地转让资金或者债务。

（2）放弃或者不收缴应收收入。

（3）提供除一般基础设施以外的货物、服务，或者由出口国（地区）政府购买货物。

（4）通过向筹资机构付款，或者委托、指令私营机构履行上述职能。

2. 反补贴立法

早在1997年3月25日，国务院就发布了《中华人民共和国反倾销和反补贴条例》，《对外贸易法》和2001年10月31日由国务院第46次常务会议通过的《反补贴条例》对反倾销都作出了规定。

3. 反补贴的主要制度

（1）反补贴调查。国内产业或者代表国内产业的自然人、法人或者有关组织（以下统称申请人），可以依照《反补贴条例》的规定向商务部提出反补贴调查的书面申请。

（2）补贴的认定。补贴必须具有专向性，具有下列情形之一的补贴，可认定为具有专向性：由出口国（地区）政府明确确定的某些企业、产业获得的补贴；由出口国（地区）法律、法规明确规定的某些企业、产业获得的补贴；指定区域内的企业、产业获得的补贴；以出口实绩为条件获得的补贴，包括《反补贴条例》所附出口补贴清单列举的各项补贴；以使用本国（地区）产品替代进口产品为条件获得的补贴。

（3）反补贴制裁涉及的相关措施。

1）临时措施。初裁决定确定补贴成立，并由此对国内产业造成损害的，可以采取临时反补贴措施。临时反补贴措施采取以现金保证金或者保函作为担保的征收临时反补贴税的形式。

2）承诺。在反补贴调查期间，出口国（地区）政府提出取消、限制补贴或者其他有关措施的承诺，或者出口经营者提出修改价格的承诺的，商务部应当根据实际情况予以考虑并决定是否中止或者终止调查。

3）反补贴税。在为完成磋商的努力没有取得效果的情况下，终裁决定确定补贴成立，并由此对国内产业造成损害的，可以征收反补贴税。

（五）保障措施

1. 保障措施的界定

保障措施是指进口产品数量增加，并对生产同类产品或者直接竞争产品的国内产业造成严重损害或者构成严重损害威胁的，为保护国内产业，依照法律规定而采取的特殊保护措施。

保障措施是在贸易自由化条件下，对本国经济实施保护的最后手段。但是，必须是在“紧急情况”出现后，才能够暂时停止承担实施有关协定关于该类全部或者部分产品进口的义务。具体可以通过暂时撤销、修改其关税减让义务来实施。

2. 保障措施的立法

《中华人民共和国保障措施条例》(以下简称《保障措施条例》) 于 2001 年 10 月 31 日由国务院第 46 次常务会议通过，2004 年进行了修订。《保障措施条例》旨在促进对外贸易健康发展。凡进口产品数量增加，并对生产同类产品或者直接竞争产品的国内产业造成严重损害或者严重损害威胁的，有关部门将依照条例规定进行调查，采取保障措施。

3. 保障措施调查

与国内产业有关的自然人、法人或者其他组织，因进口产品数量增加受到严重损害或者严重损害威胁的，可依法向商务部提出采取保障措施的书面申请。商务部应当及时对申请人的申请进行审查，决定立案调查或者不立案调查。

进口产品数量增加是指进口产品数量与国内生产相比绝对增加或者相对增加。在确定进口产品数量增加对国内产业造成损害时，应当审查下列相关因素：

(1) 进口产品的绝对和相对增长率与增长量。

(2) 增加的进口产品在国内市场中所占的份额。

(3) 进口产品对国内产业的影响，包括对国内产业在产量、销售水平、市场份额、生产率、设备利用率、利润与亏损、就业等方面的影响。

(4) 造成国内产业损害的其他因素。

4. 保障措施的实施

(1) 临时保障措施。有明确证据表明进口产品数量增加，在不采取临时保障措施将对国内产业造成难以补救的损害的紧急情况下，可以作出初裁决定，采取提高关税的形式实施临时保障措施。临时保障措施自决定公告规定实施之日起不超过 200 天。

(2) 保障措施。终裁决定确定进口产品数量增加，并由此对国内产业造成损害的，可以采取保障措施。保障措施可以采取提高关税、数量限制等形式。

当产品进口数量有效减少后，保障措施应当立即停止；保障措施的实施期限一般不超过 4 年；一项保障措施的实施期限及其延长期限，最长不超过 10 年。

任何国家(地区) 对我国的出口产品采取歧视性保障措施的，我国可以根据实际情况对该国家(地区) 采取相应的措施。

四、世界贸易组织与中国的对外经济贸易

(一) 世界贸易组织的前身与现状

1. 《关税与贸易总协定》

1947 年 10 月，联合国贸易和就业会议在古巴的哈瓦那举行，会议审议通过了《国际贸易组织宪章》并送交各国批准。在各国的审批期间，美、英、法、中等 32 个国家举行多边关税谈判，达成了 123 项关税减让的双边协定，这个关税与贸易政策融合在一起的单独的协议就是《关税与贸易总协定》(General Agreement on Tariffs and Trade，GATT)。

GATT 是关于缔约国之间在国际贸易关系中共同遵守的法律原则的一项多边协定，又是一个非正式的国际贸易组织。同时，它也是成员国之间进行多边贸易谈判和解决贸易争端的场所。其基本目标是通过实施无条件的多边最惠国待遇，促使贸易自由化，以充分利用世界资源和扩大商品生产与交换。

2. 世界贸易组织

因 GATT 存在一些缺陷：争端解决机制没有强制性；例外条款过多；适用范围太小

等。1993年11月在乌拉圭回合谈判结束前形成了正式的《建立多边贸易组织协定》，根据美国的动议改名为“世界贸易组织”（WTO），采取整体无保留例外的接受形式，由124个参加方政府代表签字。1995年1月1日，世界贸易组织正式成立。至2019年5月，WTO的成员方为164个，成员贸易总额达到了全球的98%。我国于2001年12月11日正式加入了世界贸易组织。

世界贸易组织作为一个专门性的国际组织，其任务是：促进WTO协定和多边贸易协定的执行、管理和运作；为各成员的多边贸易谈判提供场所；对争端解决进行管理；对贸易政策的评审机制进行管理；与其他国际组织进行合作。WTO主要的法律原则有9个：非歧视原则；互惠原则；最惠国待遇原则；国民待遇原则；关税减让原则；市场准入原则；一般取消数量限制原则；公平贸易原则；透明度原则。

（二）我国加入世界贸易组织获得的机遇

我国加入世界贸易组织获得的机遇，可以从我国加入世界贸易组织后享受到的权利方面进行分析。在WTO框架下的各项多边协定中，我国可享受到以下的一些权利，这也同时给我国带来了一些发展机遇。

1. 非歧视待遇

非歧视待遇即各成员（包括成员国家和地区，下同）享有平等的待遇而不受其他成员歧视性（差别性）对待的一种权利。这一原则为我国争取公平的国际贸易环境提供了法律依据和保障。长期以来，由于我国在GATT和WTO之外，与某些贸易伙伴在经济交往过程中发生争议时，往往受到诸如美国等国家的歧视性（差别性）对待，影响了正常的经济交往，也使我们丧失了很多对外经济发展的机会。

2. 公平解决争端机制

在WTO中，成员之间享有通过多边争端解决机制解决双边贸易争端的权利。当我国与成员之间发生贸易争端的时候，WTO为争端的解决提供了一个适当的解决机制，杜绝了单方面可以采取强制措施的途径。因此，过去我们受到某些国家单方面的所谓“反倾销”或者因“知识产权保护不力”的贸易制裁，将会得到缓解。

3. 永久最惠国待遇

成员之间相互享有最惠国待遇，这是WTO为成员之间所共同设定的规则或者原则。因此，我们可以不需要顾虑某一国家采取通过国会“年审”的办法制约中国享有最惠国待遇的问题，可以专心大力发展对外贸易。

4. 在国际贸易组织中享有制定规则的权利

WTO是一个国际组织，其有关的协定是由成员相互讨论和认可的。因此，我国享有参与制定全球经济贸易规则的法律资格，可以通过参与规则的制定来维护我国应有的实体权利和程序权利，有利于我国的经济活动融入国际经济主流。

5. 政策审议权利

WTO里有关于经济政策的审议制度，这为我国建立和完善社会主义市场经济，特别是对完善社会主义市场经济法律制度具有促进作用。

我国加入世界贸易组织，也迫使我们加快调整产业结构，改善我国的宏观经济调控手段，完善政府管理经济的职能，促进民族工业的成熟与发展，同时也为实现台湾地区的“一国两制”提供了客观的条件。

（三）我国加入世界贸易组织后受到的挑战

我国加入世界贸易组织后受到的挑战，可以从我国加入世界贸易组织后要承担的义务方面加以分析。在世界贸易组织框架下的各项多边协定中，我国须承担以下义务，因此会带来了一些不容忽视的冲击。

1. 关税降低义务

加入 WTO 后，我国的平均关税要降低到 17%。降低关税是我们加入 WTO 首先要面临的问题。长期以来，我国以关税限制了大量的外国商品的进入，从而促进和保护了民族工业的发展。在关税降低的倾向之下，我国将丧失过去所具有的关税保护优势。

2. 消除非关税壁垒的义务

除了关税逐年降低以外，其他的非关税壁垒也要逐渐被打破。我国长期以来实行的配额、许可制度和政府补贴也将被逐渐取消。因此，特定条件下具有优势的民族工业将面临失去特有的保护和优势，必须无条件地加入世界范围内的公平竞争。一场世界范围内的资源优化配置竞争场面也必将在中国市场中出现。我国的企业必须尽快地成熟起来，才能够适应世界范围内的竞争。

3. 开放市场（市场准入）义务

无论是金融行业还是电信行业或者是其他的服务行业，市场准入一直作为一道“门槛”阻隔了外国竞争主体进入我国市场，加入 WTO 后，市场准入将得到解决，对于现有的垄断经营者而言，外国竞争主体的进入无疑是一个严重的冲击。今后，比服务品种、比质量高低、比价格是否合理等，将是竞争主体争夺消费者的主要方式和手段。

4. 加强对知识产权保护的义务

知识产权保护是知识经济时代的必然要求。我国由于经济和社会发展的阶段不同，不少方面尚处于起步的阶段，技术相对落后、自主知识产权相对较少。在开放、平等、自由、竞争的条件下，我们的知识产权将会得到其他成员的尊重和保护，但是相比之下，我们将承受更多的保护他人知识产权的义务。这不仅是对我国经济活动主体加强技术创新的挑战，也是对我国政府完善知识产权法制建设和加强行政执法的更高要求。

5. 市场统一、制度接轨义务

加入 WTO 就意味着我国国内的市场要与世界市场相连，甚至在某些方面统一，特别是在对外经济制度的构建方面要透明，建立一个公平的制度。我国从 20 世纪 90 年代初就开始对有关市场经济的一些主要法律进行不同程度的修改，逐渐与国际公约所确定的最低标准接近或者统一，但是还有一些制度方面的问题需要逐步改进。市场经济法制的建设不仅涉及政治制度和国体，还涉及文化传统以及人们心理、执法环境、人员素质等多方面的因素，要在短时间里实现与国际经济规则接轨是相当困难的。

6. 国家宏观经济调控义务

我国的“入世”，首先是政府的“入世”。这从“返关”的谈判到“入世”的多年谈判中就可以看出，政府将作为一个主体承担相应的义务。在诸多问题上，政府要改变过去计划经济时代的职能，简单的政企分开、放权已经不能适应加入 WTO 的客观要求。国家要从根本上改变政府的职能，实现适度的经济干预，给予民族工业应有的促进和保护将是今后政府所面临的问题。

五、服务贸易及知识产权保护

（一）服务贸易

1. 服务贸易的界定

服务贸易是指以服务为客体的贸易。

作为 WTO 三大支柱（《货物贸易协定》《服务贸易总协定》和《与贸易有关的知识产权协定》）之一的《服务贸易总协定》对服务贸易作出了规定。该协定将服务贸易分为四个方面：跨境交付、境外消费、商业存在、自然人流动。

《服务贸易总协定》将服务贸易分为 12 个部门：专业性服务，通信服务，建筑服务，分售服务，教育服务，环境服务，金融服务，健康及社会服务，旅游及相关服务，文化、娱乐及体育服务，交通运输服务，其他服务。

2. 服务贸易的状况

服务贸易是产业进步的标志，是服务产业国际化的体现，已经成为一个独立的产业。自 20 世纪中后期至今，国际服务贸易的规模不断扩大。服务业是服务贸易的基础。我国是一个农业大国，一直致力于实现工业化的目标，服务业相对落后。

3. 服务贸易的市场准入

加入 WTO 意味着我国的服务业将融入国际服务市场并成为其一部分。由于 WTO 有其自身的游戏规则，我国电信业、金融业等服务业的发展也面临着遵从新规则、掌握新规则、利用新规则的挑战。例如，我国入世文件中规定电信服务的文件包括《信息技术协议》《服务贸易总协定》，其中《服务贸易总协定》中有《电信的附件》和《基础电信协议》，另外相关的还有《知识产权协议》和《补贴与反补贴措施协议》。

为了贯彻对外开放方针，紧紧围绕加入世贸组织所作的承诺和银行业监管工作的实际需要，2001 年 12 月 29 日国务院颁布了《中华人民共和国外资金融机构管理条例》（2006 年 12 月 11 日被废除），2006 年 11 月 8 日国务院颁布了《中华人民共和国外资银行管理条例》（2006 年 12 月 11 日起施行，2014 年和 2019 年修改）。该条例由总则、设立与登记、业务范围、监督管理、终止与清算、法律责任、附则共 7 章构成。该条例适用于在中国境内设立的外商独资银行、中外合资银行、外国银行分行和外国银行代表处。

《中华人民共和国外资银行管理条例》总体上呈现了“四体现一衔接”：一是体现了我国加入世贸组织的承诺；二是体现了改革开放以来对外资金融机构的监管经验的总结，逐步体现审慎监管的原则；三是体现了银行监管的国际惯例；四是体现了本国货币与外币合并监管的原则。为了体现国民待遇的承诺原则，在遵守承诺和不违背国际银行审慎监管原则的前提下，使外资银行与中资银行的监管政策相衔接。

信息产业部及各省通信管理局于 2001 年 12 月 11 日正式开始受理外资投资电信业务，从此打破了电信行业的中国国内企业垄断经营的局面。此外，国务院于 2001 年 12 月 5 日颁布了《电影管理条例》《音像管理条例》《出版管理条例》，2001 年 12 月 22 日颁布了《外国律师事务所驻华机构管理条例》，中国人民银行于 2001 年 12 月 22 日发布了《关于外资金融机构市场准入有关问题的公告》，这些条例和公告，均按照有关国际公约的规定，逐步放宽了我国对市场准入的限制，体现了实施国民待遇的原则。

然而，放宽市场准入的限制并非绝对。国家基于下列原因，可以限制或者禁止有关的国际服务贸易：

（1）为维护国家安全、社会公共利益或者公共道德，需要限制或者禁止的。

（2）为保护人的健康或者安全，保护动物、植物的生命或者健康，保护环境，需要限制或者禁止的。

（3）为建立或者加快建立国内特定服务产业，需要限制的。

（4）为保障国家外汇收支平衡，需要限制的。

（5）依照法律、行政法规的规定，其他需要限制或者禁止的。

（6）根据我国缔结或者参加的国际条约、协定的规定，其他需要限制或者禁止的。

国家对与军事有关的国际服务贸易，以及与裂变、聚变物质或者衍生此类物质的物质有关的国际服务贸易，可以采取任何必要的措施，维护国家安全。在战时或者为维护国际和平与安全，国家在国际服务贸易方面可以采取任何必要的措施。

（二）知识产权保护

与知识产权有关的国际贸易已经日益受到各国的重视。2003 年 11 月 26 日，国务院第 395 号令公布了《中华人民共和国知识产权海关保护条例》（2010 年修改），自 2004 年 3 月 1 日起实施（1995 年 7 月 5 日国务院发布的《中华人民共和国知识产权海关保护条例》被废止）。2000 年 7 月 8 日，九届人大常委会第十六次会议通过的重新修订的《中华人民共和国海关法》中增加了有关知识产权海关保护的相关条款。

其他国家或者地区在知识产权保护方面未给予我国的法人、其他组织或者个人国民待遇，或者不能对来源于我国的货物、技术或者服务提供充分有效的知识产权保护的，国务院对外贸易主管部门可以依照有关法律、行政法规的规定，并根据我国缔结或者参加的国际条约、协定，对与该国家（地区）的贸易采取必要的措施。

第二节　海关及商品检验法律制度

一、海关法律制度

（一）海关及海关立法

海关是设立在口岸的国家管理边境事务的机关，因过去多设于沿海口岸而得名。设立在海上边境的关口称为海关，设立在陆地边境的关口称为陆关，现在统称为海关。1949 年 10 月我国成立了中华人民共和国海关总署，统管全国的海关事务。

海关法是指调整海关管理过程中产生的社会关系的法律规范的总称。海关法是监督管理进出境运输工具、货物、物品、征收关税及其他税费，查缉走私和编制海关统计的法律依据。

第六届全国人民代表大会常务委员会第十九次会议于 1987 年 1 月 22 日通过了《中华人民共和国海关法》（以下简称《海关法》，至 2017 年该法共修改了 5 次）。海关总署还依照《海关法》制定了《中华人民共和国海关法行政执法处罚实施细则》（1987 年 7 月 1 日海关总署发布，1993 年 2 月 17 日国务院批准修订，1993 年 4 月 1 日海关总署重新发布），对海关管理予以规范。

（二）关税制度

关税是海关代表国家按照税收法律对进出境货物、物品所征收的一种流转税。关税是管理对外贸易的一个重要手段，关税的高低直接影响到进出口货物的种类和数量，也因此影响到国民经济生产部类的安排和生产。

1985 年 3 月，国务院颁布了《中华人民共和国进出口关税条例》（2011 年、2013 年、

2016年、2017年修改），海关总署于2014年编写了《海关进出口税则》，另外还有一些相关的行政法规。

尽管我国加入世界贸易组织后，关税总体水平已有所降低，但是关税仍然是国家财政的主要来源之一。加强关税管理是实现国家宏观经济调控必不可少的手段。

二、进出口商品检验制度

（一）进出口商品检验及其立法

进出口商品检验是指商品检验机构对进出口商品的数量、品质、包装、标记、产地、残损等进行查验分析和鉴定，并出具检验证明，确定其是否符合有关标准或合同约定的活动。

商品检验的目的是维护对外贸易有关各方当事人的权益、维护对外贸易秩序。国家质量监督检验检疫行政机构①主管全国进出口商品检验工作。1989年2月21日，第七届全国人民代表大会常务委员会第六次会议通过了《中华人民共和国进出口商品检验法》（以下简称《商检法》，该法至2018年经过了4次修改）。为了贯彻实施《商检法》，制定有《中华人民共和国进出口商品检验法实施条例》。

（二）进出口商品的检验

在我国，进出口商品的检验可分成法定检验和自行检验两种。

1. 法定检验

根据《商检法》的规定列入《商检机构实施检验的进出口商品种类表》的进出口商品，以及其他法律、行政法规规定须经商检机构检验的进出口商品，属于法定检验的范围，必须经过商检机构或其指定的检验机构的检验。凡是法定检验范围内的商品，未经检验的，不得出口，也不得进口、销售和使用。法定检验的进出口商品的收货人应当持合同、发票、装箱单、提单等必要的凭证和相关批准文件，向海关报关地的出入境检验检疫机构报检；海关放行后20日内，收货人应当依照规定，向出入境检验检疫机构申请检验。法定检验的进出口商品未经检验或者检验不合格的，不准销售，不准使用。

2. 自行检验

除了法定检验商品以外的商品，由当事人自行确定是否检验。我国实行法定检验与自行检验相结合的原则，对于法定检验范围的商品实行强制检验，而对于非法定检验范围的商品由当事人自行确定是否检验，但是商检机构有权对其进行抽查检验。

为了加强质量管理，商检机构有权派出检验人员参与监督出口商品出厂前的质量检查工作，对重要的进出口商品及其生产企业实行质量许可制度，并准许在认证合格的进出口商品上使用质量认证标志，或者在检验合格商品上加贴检验标志或者封识。

（三）产地证明

出入境检验检疫机构依照有关法律、行政法规的规定，签发出口货物普惠制原产地证明、区域性优惠原产地证明、专用原产地证明。办理原产地证明的申请人应当依法取得出

① 2018年3月，根据第十三届全国人民代表大会第一次会议批准的国务院机构改革方案，将国家质量监督检验检疫总局的职责整合，组建中华人民共和国国家市场监督管理总局；将国家质量监督检验检疫总局的出入境检验检疫管理职责和队伍划入海关总署；将国家质量监督检验检疫总局的原产地地理标志管理职责整合，重新组建中华人民共和国国家知识产权局；不再保留中华人民共和国国家质量监督检验检疫总局。

入境检验检疫机构的注册登记。出口货物的一般原产地证明的签发，依照有关法律、行政法规的规定执行。

第三节 涉外投资引导法律制度

一、对外商投资的引导

（一）利用外资状况

根据相关部门的统计，截至2018年底，中国已经累计使用外商直接投资超过2万亿美元。[①] 自1990年以来，我国吸引外资一直居发展中国家前列，近年来保持位于发展中国家首位。外商在我国的投资，为加快我国的经济建设步伐起到了一定的积极作用。同时，我国也积极发展到境外的投资。无论是改革开放的初期，还是在我国加入世界贸易组织之后的今天，或者是在我国经济腾飞的今后，利用外资和发展对境外的投资，都将是一种客观的现实和趋势。

（二）外商投资的传统形式及管制

外商在中国境内投资的传统形式主要是设立生产性企业，企业的形态主要有外商独资企业（又称外商投资企业）、中外合资经营企业、中外合作经营企业、“三来一补”[②] 企业。在企业的实质运作方面，我国鼓励采用先进技术、生产的产品出口的外商投资企业的设立；在行业上，我国鼓励外商在有关基础建设、环保、农业、渔业、牧业、高新技术行业的投资；在地区方面，我国鼓励外商向西部和内地投资。

对于外商在经济特区和经济开发区以传统的方式投资于传统行业方面，我国保留了过去所有的优惠政策，同时也按照国际条约改进了相应的法律法规的规定，如颁布了统一的《外商投资法》。根据《外商投资准入特别管理措施（负面清单）（2018年版）》，外资进入银行、证券、汽车制造、电网建设、铁路干线路网建设、连锁加油站建设等一系列限制将取消。

（三）外商投资的新领域及管制

经过多年的改革开放，对于外商的传统投资的引导和管制方面，我国已经形成了比较健全的制度。对于目前出现的一些外商投资的新领域、新形式，或者在经营中的转变，我们也在逐渐地加以规范。

1. 外商投资股份公司

外经贸部于2001年5月17日以“外经贸资字〔2001〕39号”发布了《关于外商投资股份公司有关问题的通知》，规定设立外商投资股份公司或现有的外商投资有限责任公司申请转为外商投资股份公司，须符合《关于设立外商投资股份有限公司若干问题的暂行规定》（外经贸部令1995年第1号）的要求并按规定程序报外经贸部（现为商务部，下

① 鲍一凡．中国累计使用外资已超2万亿美元［EB/OL］．（2019-01-22）［2019-05-22］．http://finance.sina.com.cn/china/gncj/2019-01-22/doc-ihrfqzka0065272.shtml.

② “三来一补”是来料加工、来件装配、来样定做和补偿贸易的统称。

同）审批；现有外商投资股份公司申请上市发行 A 股或 B 股，应获得外经贸部书面同意并应符合相应条件。上市前属于中外合资企业的 B 股公司，申请其非上市外资股上市流通，应按《关于境内上市外资股（B 股）公司非上市外资股上市流通问题的通知》的要求，在获得外经贸部书面同意意见后，向中国证监会报送非上市外资股上市流通的申请方案。外商投资性公司持有的非上市外资股暂不得转为流通股。

2. 外商投资中国境内上市公司

为了推动境内股票市场的健康发展，规范外商投资股份有限公司上市发行股票和外商投资企业进入股票市场的行为，2001 年 10 月 8 日，对外贸易经济合作部、中国证券监督管理委员会联合发布了《关于上市公司涉及外商投资有关问题的若干意见》，规定外商投资股份有限公司可以依法在境内和境外上市发行股票。

3. 外商投资音像制品分销企业

为了扩大对外文化交流和经济合作，加强对中外合作音像制品分销企业的管理，文化部和商务部根据《中华人民共和国中外合作经营企业法》《音像制品管理条例》等有关法律、法规，于 2004 年 2 月 9 日发布了《中外合作音像制品分销企业管理办法》（2001 年 12 月 10 日由文化部和对外贸易合作部发布的《中外合作音像制品分销企业管理办法》同时废止）。法律法规允许外国的企业和其他经济组织或者个人按照平等互利的原则，经中国政府有关部门批准，在中国境内与中国企业或者其他经济组织合作设立从事音像制品的批发、零售、出租业务的企业。文化部和商务部以及文化部、商务部授权的省级文化、商务主管部门负责中外合作音像制品分销企业的审批和监督管理。县级以上地方人民政府文化主管部门和商务主管部门依照各自的职责分工，负责本行政区域内中外合作音像制品分销企业的日常监督管理工作。

4. 外商投资企业的合并与分立

为适应我国对外开放新形势的需要，进一步完善外商在华投资的法律制度，规范外商投资企业与中国内资企业合并的行为，依据《中华人民共和国公司法》和有关外商投资企业的法律、行政法规和规章，对外贸易经济合作部、国家工商行政管理总局于 2001 年 11 月 22 日对《关于外商投资企业合并与分立的规定》作了修改，进一步明确了以下几个方面：

（1）不得借合并、分立进行假合作。在投资者按照公司合同、章程规定缴清出资、提供合作条件且实际开始生产、经营之前，公司之间不得合并或者分立。

（2）投资总额的保障。公司与中国内资企业合并后为外商投资企业，其投资总额为原公司的投资总额与中国内资企业财务审计报告所记载的企业资产总额之和，注册资本为原公司的注册资本额与中国内资企业的注册资本额之和。合并后的公司注册资本与投资总额比例，应当符合《关于中外合资经营企业注册资本与投资总额比例的暂行规定》。

（3）符合产业政策导向。外商投资企业的合并或者分立，应当符合中国利用外资的产业政策要求和《关于外商投资企业境内投资的暂行规定》。合并后的公司不得在禁止外商投资产业的企业中持有股权。

（4）延续管制。公司与中国内资企业合并的，存续或新设的公司还应根据有关外商投资企业的规定，到税务、海关、土地管理和外汇管理等机关办理相关的审核手续。

5. 中外合资、中外合作职业介绍机构

劳动和社会保障部、国家工商行政管理总局于 2001 年 10 月 9 日联合发布了《中外合资中外合作职业介绍机构设立管理暂行规定》。该规定自2001年12月1日开始施行，明确规定了：设立中外合资、中外合作职业介绍机构应当经省级人民政府劳动保障行政部门（以下简称省级劳动保障行政部门）和省级人民政府外经贸行政部门（以下简称省级外经贸行政部门）批准，并到企业住所地进行登记注册；不得设立外商独资职业介绍机构。

6. 外商投资创业投资企业

为鼓励外国公司、企业和其他经济组织或个人（以下简称外国投资者）来华从事创业投资，建立和完善我国的创业投资机制，经2002年10月31日对外贸易经济合作部第11次部务会议审议通过了《外商投资创业投资企业管理规定》。该管理规定允许外国投资者单独或与中国的公司、企业或其他经济组织在中国境内设立以创业投资为经营活动的外商投资企业。

7. 外商投资租赁业

为促进外商投资租赁业的健康发展，规范外商投资租赁业的经营行为，防范经营风险，商务部于2005年1月21日审议通过了《外商投资租赁业管理办法》（自2005年3月5日起施行，对外贸易经济合作部于2001年8月14日发布的《外商投资租赁公司审批管理暂行办法》同日废止）。该管理办法允许外国投资者在中国境内以中外合资、中外合作以及外商独资的形式设立从事租赁业务、融资租赁业务的外商投资企业，依法开展经营活动。

外商投资租赁公司可以经营下列业务：租赁业务；向国内外购买租赁财产；租赁财产的残值处理及维修；经审批部门批准的其他业务。

8. 外商投资商业企业

为进一步扩大对外开放，完善市场流通体系的建设，根据《中华人民共和国中外合资经营企业法》和《中华人民共和国中外合作经营企业法》等有关法律、法规，商务部制定了《外商投资商业领域管理办法》。该办法允许外国投资者在中国境内投资设立外商投资商业企业，从事经营活动。外商投资商业企业可以从事佣金代理、批发、零售、特许经营等经营活动。

9. BOT投资方式

BOT（Build-Operate-Transfer，建造-营运-移交）是指政府将项目建设经营的特许权授予私人投资者，项目由私人投资者建设，之后由投资者经营收取利润，经过一定时间后再移交给政府的一种投资方式。BOT方式作为一种新的投资方式，起源于土耳其（1984年），名称由土耳其政府前总理奥扎尔提出，是一种主要适用于外国的私营部门（多为国际私人财团）对东道国的能源、交通、通信、环境保护等基础设施进行投资的方式。

由于基础建设需要巨额的资金，而且投资回收期较长，发展中国家无论是在资金还是技术、管理等方面均有一定的困难，而基础建设不搞好又会直接影响整个社会的经济发展，不少项目成为影响经济发展的“瓶颈”。传统的投资方式显然难以解决各方面的矛盾。因此，发展中国家可以运用灵活的方式，将本来由国家建设的大型项目授权给外国投资者进行融资，建设好后给予外国投资者一定期限的经营权让其回收投资，之后政府再将之收回。这样，既能够解决资金、技术、管理等困难，又解决了基础建设项目在短期内需建成并投入使用的问题。

由于BOT是一种比较新的投资方式，我国尚无专门的立法加以规范，而且这种投资涉及融资、特许、建设、营运等方面的问题，社会关系比较复杂。因此，在项目的确定、项目可行性研究、招投标程序、融资管理、工程监理、特许权的授予、营运维护中的监管、移交手续及验收标准、政策优惠等方面均迫切需要建立相应的制度进一步加以规范。

二、对向境外投资的鼓励、引导与管制

引进外资和向境外投资，构成了涉外投资。我国在改革开放的初期积极引进外资，解决了国内资金紧缺的问题。改革开放后，我国的企业也逐步向境外投资，主要的方式为与境外经济组织合作生产、向境外提供劳务、向境外承包建设项目等。近年来，随着我国经济的快速增长，向境外投资出现了一些新形式，主要是境外带料加工装配和境外并购。

（一）境外带料加工装配

1999 年 2 月 14 日，国务院办公厅以通知的形式转发了经过国务院批准，由外经贸部、国家经贸委、财政部联合拟定的《关于鼓励企业开展境外带料加工装配业务意见》。

境外带料加工装配是指我国企业以现有的技术、设备投资为主，在境外以加工装配的形式，带动和扩大国内设备、技术、零配件、原材料出口的国际经贸合作方式。

特别是我国的轻工、纺织、家用电器等机械电子以及服装加工等具有比较优势的行业，到境外开展带料加工装配业务，是千方百计扩大出口的一项重要措施。

1. 指导思想和基本原则

在贯彻党中央、国务院关于积极扩大出口指示精神的同时，要有领导、有步骤地组织和支持一批有实力、有优势的国有企业走出去，到国外，主要是到非洲、中亚、中东、东欧、南美等地投资办厂，鼓励企业主要以现有设备和成熟技术，在有条件的国家或地区兴办我国带料加工装配项目，扩大出口和促进国内产业结构调整。鼓励企业开展境外带料加工装配业务，应坚持以市场为导向、以贸易为先导、以效益为中心的原则。

2. 工作重点和行业选择

以我国在设备、技术上有较强比较优势的轻工、纺织、家用电器等机械电子以及服装加工等行业为重点。在投资主体选择上，以实力强、管理科学、出口产品有信誉的国内生产企业为重点。在投资方式上，以企业现有设备及成熟技术和原材料、零部件等实物投入为主，从事散件组装及加工生产为重点。在地区选择上，应以政局稳定、投资环境较好，且与我国关系友好、双方有相当的经贸合作基础的国家和地区为重点。

3. 有关鼓励政策

经国家批准从事境外带料加工装配业务的企业，凭商务部颁发的《中国企业境外投资批准证书》或《中国企业境外机构批准证书》可享受以下政策优惠：

（1）资金优先解决政策。

（2）简化外汇管理手续。

（3）出口退税政策。

（4）金融服务和政策性保险鼓励政策。

（5）其他鼓励政策，如优先赋予其自营进出口权；优先安排出口许可证或者配额；简化对加工装配企业经营管理人员的外派审批手续等。

4. 项目审批程序

（1）投资额在 300 万美元以下的境外带料加工装配项目企业，申请者提交资料后，由省级商务主管部门征求我国驻投资项目所在国使领馆经商处、室意见后，按照委托核准的

权限，自受理之日起 15 个工作日内作出是否予以核准的决定。

(2) 中方投资额在 300 万美元以上的项目企业须报商务部核准，省级商务主管部门自受理之日起 5 个工作日内进行初审（提交初审意见、我驻外经济商务参赞处或室的意见、企业提交的全部申请材料），同意后上报商务部批准；对于符合条件的，由商务部批复并颁发《中国企业境外投资批准证书》或《中国企业境外机构批准证书》。①

5. 组织实施

由商务部牵头，会同国家有关部门共同组织实施。为适应开展境外带料加工装配业务的需要，商务部、财政部等部门制定境外带料加工装配项目人才培训计划，并负责组织实施。我国驻外经（商）参机构要做好有关市场调研工作，重点了解当地的投资环境、法律法规及适合我带料加工装配的商品及市场需求情况，加强对境外带料加工装配项目的现场指导；同时积极向驻在国宣传我国引进外资及通过开展“三来一补”促进经济发展的经验。政府管理部门要对本地区、本行业具有比较优势的企业和项目给予重点指导和支持。境外带料加工装配企业要研究和遵守所在国的有关法律，建立健全以财务管理为核心的各项管理制度，自主经营、自负盈亏、自我约束和自我发展，服从我驻当地经（商）参机构的指导和协调，确保投资效益，按时归还银行贷款。国内投资主体要切实加强对境外带料加工装配企业的管理，确保境外资产的保值增值。

（二）境外并购

境外并购是指我国的企业到境外收购企业并接手其经营的投资方式。进行境外并购，其动因主要有两个：一是我们对在境外投资设立企业的程序不熟悉，与其新办一个企业，倒不如收购一个。特别是我们要创立一个能够在境外挂牌上市的企业是相当困难的，无论是在时间上还是在投资方面，并购不失为一种好的办法。二是面临倒闭的企业经过长时期的发展，有了一定的规模和商业信誉，可以在此基础上注资，在我们控股的前提下使其恢复竞争力，重新得以发展。

（三）“一带一路”建设中的对外投资

改革开放包括了对内的改革和对外的开放；开放也不仅仅是指引进来，还要走出去。

“一带一路”(The Belt and Road，缩写 B&R) 是“丝绸之路经济带”和“21 世纪海上丝绸之路”的简称。它将充分依靠中国与有关国家既有的双多边机制，借助既有的、行之有效的区域合作平台，“一带一路”倡议旨在借用古代丝绸之路的历史符号，高举和平发展的旗帜，积极发展与沿线国家的经济合作伙伴关系，共同打造政治互信、经济融合、文化包容的利益共同体、命运共同体和责任共同体。

共建“一带一路”倡议提出以来，中国与“一带一路”沿线国家贸易规模持续扩大，2014 年到 2019 年贸易值累计超过 44 万亿元，年均增长达到 6.1%，中国已经成为沿线 25 个国家最大的贸易伙伴。②

随着中国对外投资的增加，对境外投资的风险控制和法律保障问题，将会摆上议事日程。

① 详见《境外投资开办企业核准系统》(http://jwtz.hzs.mofcom.gov.cn/fecp/fem/corp/fem.jsp)。

② 应悦．去年我国“一带一路”沿线国家进出口 9.27 万亿元 [N]．北京报，2020-01-14：(1).

本章小结

从改革开放初期到实行市场经济，从发展“三来一补”到外向型经济、经济的全球化，我国对外经济贸易与合作已经不再限于一个小的范围。随着关税的减让、市场准入门槛的降低，国内市场与国际市场相通，国内的制度也逐渐与国际相关公约的规定以及国际贸易惯例相接轨。因此，我们在开展对外营商活动时，应依照相关的法律法规维护自己的权益。

练习题

1. 名词解释

对外贸易　配额　许可证　外贸代理　倾销　补贴

保障措施　海关　进出口商品检验　BOT　境外并购

2. 思考题

（1）对外贸易法的基本原则有哪些？

（2）对外贸易经营者的主体资格有什么要求？

（3）外贸代理关系与传统的民事代理关系有什么不同？

（4）中国加入世界贸易组织有哪些机遇和挑战？

（5）海关可行使哪些职权？

（6）法定检验的进出口商品在进出口时应注意哪些问题？

（7）“一带一路”建设将会对我国对外投资产生什么影响？

3. 案例分析题

案例一

某年10月，国内某个体工商户从香港地区一家公司的负责人那里得知，该公司接了美国一家公司价值30万美元的圣诞彩灯订单并签订了购销合同。经过商谈，香港公司同意将该订单以28万美元的价格委托该个体工商户来做。而该个体工商户没有生产圣诞彩灯的机械设备和原材料，其联系到了一家工艺品生产厂家，该厂家同意以25万美元的价格生产。该个体工商户还与国内某外贸公司联系，得知其如果要委托外贸公司代理出口的话，外贸公司将收取3%的代理费。

问题：依照我国的外贸管理制度，该个体工商户应当如何操作？

提示：委托加工生产与外贸代理制度的基本内容。

案例二

某年9月，国内某化工进出口公司拟与美国一家化工公司签订合同，进口一批非国家强制商检的自由进口化工原料。

问题：在合同中应当如何约定商品检验条款？

第十章
劳动与社会保障法律制度

【本章引言】

劳动问题和社会保障问题几乎涉及每一个人。劳动力作为一种社会资源，其分布是否合理以及劳动就业率的高低直接影响到国家经济的发展。劳动和社会保障制度必须根据社会发展的整体状况作出相应的安排。劳动权是宪法赋予公民的一项基本权利，公民的劳动权要通过劳动就业来体现。根据国家劳动法律和劳动就业政策，完善相关的劳动管理制度，不仅是国家宏观经济调控的要求，也是经济和社会发展的客观要求。

【本章学习目标】

通过本章的学习，你应该能够：

- 掌握劳动合同制度；
- 掌握劳动纠纷的解决方式；
- 掌握社会保障法的基本原则；
- 了解我国劳动和社会保障的发展目标；
- 了解社会规划与劳动和社会保障规划；
- 理解当前我国劳动和社会保障所面临的问题。

第一节　劳动与社会保障概述

一、社会整体规划下的劳动与社会保障

劳动力资源是社会资源的主要组成部分，能否合理及有效地配置劳动力资源，将直接影响到社会经济的发展。社会保障是否充分，也将影响到产业结构调整乃至社会各方面改革的进一步深化。国民经济和社会整体的发展，也对促进社会就业、提高劳动者待遇、改善劳动环境、完善社会保障制度等均有积极的意义。

《中华人民共和国国民经济和社会发展第十二个五年规划纲要》明确提出了坚持把提高人民生活水平作为根本出发点，把扩大就业作为经济和社会发展的重要目标，实行有利

于扩大就业的经济政策和社会政策；同时，也提出了合理调节收入分配关系、加快健全社会保障制度的要求。《中华人民共和国国民经济和社会发展第十三个五年规划纲要》第十五篇题为“提高民生保障水平”，其中的第 62 章为“实施就业优先战略”，第 64 章为“改革完善社会保障制度”。可见，劳动合同社会保障是社会发展中的重要问题。

二、我国劳动与社会保障的成就及所面临的问题

（一）我国劳动与社会保障的成就

经过多年的努力，我国已经初步建立了适应社会主义市场经济的劳动与社会保障体系。具体表现在下述几个方面。

1. 就业局势基本稳定，就业结构趋向合理

从国家统一计划安排就业和劳动力分布，到市场经济的开放和竞争，我国目前已经基本上从全国大的范围内保持了就业局面的基本稳定，在第一、第二和第三产业的劳动力分布方面，第三产业的劳动就业人数逐渐增加。在所有制结构方面，国有和集体经济单位的就业人数有所下降；在劳动力流向方面，高新技术产业就业人员明显增加。这些变化，适应了知识经济时代和市场经济发展趋势的总体要求。

2. 劳动关系调整制度基本建立

在劳动合同制度普遍推行的前提下，集体协商签订劳动合同与个人签订劳动合同相结合，使劳动关系趋向于基本稳定的状态。劳动争议处理工作也迈上了规范化、法制化的轨道。

3. 工资分配制度不断完善，公民收入有所提高

自工资分配制度改革以来，在部分地区实行了工资指导线制度、劳动力市场工资指导价制度、最低工资制度、人工成本预测预警制度，使职工的总体工资水平有所提高，增加了公民的收入。

4. 各种保障制度初步建立

失业救济等各种社会保险制度也基本建立，特别是加强了劳动和社会保障的基础工作。

5. 劳动和社会保障法制建设取得积极进展

我国以《中华人民共和国劳动法》（以下简称《劳动法》，1994 年颁布，2009 年、2018 年修改）和《中华人民共和国社会保险法》（以下简称《社会保险法》，2010 年 10 月 28 日通过，2018 年修改）为基本法的有关劳动、社会保障的法律制度建设已经取得了一定的成效，基本上实现了在各个主要方面的“有法可依”。

（二）我国劳动与社会保障所面临的问题

1. 就业矛盾尖锐，结构性失业问题突出

我国人口多，就业压力大，在未来五年甚至更长一段时期内，劳动力供大于求的矛盾仍将存在，就业形势依然严峻。城镇每年新增劳动力、农村转移的剩余劳动力、结构性调整所产生的失业人员交汇在一起，使就业矛盾凸显。知识经济社会的要求和国家宏观经济调控中的产业结构调整，更使结构性失业问题突出。劳动者整体技能水平偏低，高技能人才严重缺乏，与加快经济增长方式转变、推进产业结构优化升级的要求不相适应。

2. 劳动力市场机制不够健全

我国劳动力市场已经形成，但是各地区劳动市场的割据现象仍然十分严重，全国统

一、开放、竞争、有序的劳动力市场体系尚未完全形成，户籍制度、社会统一保障制度等改革尚未能够紧步跟进和配套。

3. 劳动力整体素质与社会发展要求不相适应

我国的劳动力大部分属于体力操作性的层次，职业技能总体水平偏低，缺乏高级技术工人。因此，劳动力整体素质较低，影响了经济发展和科技进步，也影响到了社会经济结构的进一步调整。

4. 人口老龄化增加了社会的压力

进入 21 世纪，我国就面临着老龄化社会的问题，养老保险、医疗保险等社会保障基金承载着巨大的支付压力。

5. 社会保障资金缺口较大

社会保障制度不断完善的同时，必然要增加大幅度保障基金的投入。但是，一方面，我国的经济发展还相对比较落后，另一方面，需要获得社会保障的人员不断增多。因此，社会保障资金的缺口相当大。

6. 企业工资分配方式和分配关系不合理的问题依然存在

企业内部平均主义和部分垄断行业收入偏高的问题仍较突出，工资分配宏观调控体系和企业工资决定机制尚不完善。

7. 劳动关系趋向多元化和复杂化

随着城镇化、工业化和经济结构调整进程加快，以及经济成分多元化和就业形式多样化，劳动关系将更趋复杂化，利益关系协调的难度进一步加大。

三、我国的劳动与社会保障规划

为贯彻落实党的十八届五中全会和十二届全国人大四次会议精神，依据《中共中央关于制定国民经济和社会发展第十三个五年规划的建议》和《中华人民共和国国民经济和社会发展第十三个五年规划纲要》，人力资源社会保障部于 2016 年 7 月 6 日发布了《人力资源和社会保障事业发展“十三五”规划纲要》。

（一）指导思想

“十三五”期间，我国劳动保障事业要高举中国特色社会主义伟大旗帜，全面贯彻党的十八大和十八届三中、四中、五中全会精神，以邓小平理论、“三个代表”重要思想、科学发展观为指导，深入贯彻习近平总书记系列重要讲话精神，坚持“五位一体”总体布局和“四个全面”战略布局，牢固树立和贯彻落实创新、协调、绿色、开放、共享的发展理念，按照“坚守底线、突出重点、完善制度、引导预期”的思路，坚持民生为本、人才优先的工作主线，深入实施就业优先战略和人才优先发展战略，建立更加公平更可持续的社会保障制度，深化人事制度改革和工资收入分配制度改革，构建中国特色和谐劳动关系，提升基本公共服务能力和水平，推动人力资源和社会保障事业全面协调可持续发展，为实现全面建成小康社会目标提供支撑和保障。

（二）发展目标

“十三五”期间，劳动保障事业发展的主要目标是：实现比较充分和更高质量的就业；

建立更加公平更可持续的社会保障制度；建设高素质人才队伍；提高人事管理科学化水平；推动形成合理有序的工资收入分配格局；构建中国特色和谐劳动关系；提升公共服务能力和水平。

（三）保障措施

通过加强法治建设、强化财政保障、推动协调发展、促进对外交流、加强统计监测、加强科研支撑和宣传引导、抓好规划落实等方面落实劳动和社会保障规划。

四、我国的劳动与社会保障立法

为了使我国的劳动与社会保障规划得以实现，将劳动关系及社会保障建立在法律制度的层面上并加以稳定，我国先后制定了一系列的法律法规，这些法律法规构成了我国劳动与社会保障法律制度的基本框架。

（一）劳动就业和安全保障方面的主要立法

1994 年 7 月 5 日第八届全国人民代表大会常务委员会第八次会议通过、1995 年 1 月 1 日起实施的《中华人民共和国劳动法》（简称《劳动法》，2009 年、2018 年修正），作为规范劳动关系的基本法，为建立我国整体的劳动法律制度提供了基础。此外，与劳动关系有关的立法还有《中华人民共和国工会法》《中华人民共和国矿山安全法》《中华人民共和国矿山安全法实施条例》《中华人民共和国企业劳动争议处理条例》等一系列法律、法规的制定，也进一步完善了我国的劳动法制。

（二）社会保险和社会保障方面的主要立法

1. 社会保险立法

《保险法》《失业保险条例》《社会保险费征缴暂行条例》将我国保险活动纳入法制的轨道，同时也使失业保险费的征缴有法可依、有章可循。《社会保险法》是中华人民共和国成立以来第一部社会保险制度的综合性法律，与以前颁布实施的《劳动法》《公务员法》《劳动合同法》《就业促进法》《劳动争议调解仲裁法》一起，构成了我国人力资源社会保障法律体系完整的顶层架构，为人力资源社会保障依法行政提供了强有力的法律支持。

2. 社会保障立法

1986 年 4 月 12 日第六届全国人民代表大会第四次会议通过了《中华人民共和国义务教育法》（以下简称《义务教育法》，2006 年、2015 年、2018 年修改）；1990 年 12 月 28 日第七届全国人民代表大会常务委员会第十七次会议通过了《中华人民共和国残疾人保障法》（以下简称《残疾人保障法》，2008 年和 2018 年进行了修改）；1991 年 9 月 4 日第七届全国人民代表大会常务委员会第二十一次会议通过了《中华人民共和国未成年人保护法》（以下简称《未成年人保护法》，2006 年和 2012 年进行了修改）；1992 年 4 月 3 日第七届全国人民代表大会常务委员会第五次会议通过了《中华人民共和国妇女权益保障法》（以下简称《妇女权益保障法》，2005 年修正）；1996 年 8 月 29 日第八届全国人民代表大会常务委员会第二十一次会议通过了《中华人民共和国老年人权益保障法》（以下简称《老年人权益保障法》，2009 年、2012 年、2015 年、2018 年进行了修改）等立法，明确规定了残疾人、未成年人、妇女、老年人在劳动和社会保障方面应有的权益。

第二节 劳动法律制度

一、劳动就业政策与制度

（一）劳动就业的鼓励和促进政策

1. 就业服务体系

我国的就业服务体系包含以下四个方面的内容：

（1）职业介绍：包括求职登记、企业用工调查与登记、劳务市场信息收集、就业与用工的指导与咨询，以及就业预测预报。

（2）就业训练：主要是面对失业青年、妇女和残疾人等开展的就业前训练、失业职工转业训练等。

（3）失业保险：包括失业救济、失业医疗补助、失业职工管理以及对失业职工的再就业给予帮助。

（4）劳动就业服务：劳动就业服务企业在国家资金、税收和就业政策支持以及主办单位的扶持下，举办各类生产经营网点，直接安置失业人员。

2. 对不同群体实行的就业鼓励政策

（1）对城镇新增劳动力的引导政策。对于城镇新增劳动力，主要为其提供职业介绍、就业训练等项服务，引导其通过市场实现就业。

（2）对下岗工人的再就业帮助政策。对于下岗职工，主要通过建立再就业服务中心来保障其基本生活，指导和帮助他们实现再就业。同时，政府帮助下岗工人实行更加灵活的就业形式或者帮助其自谋职业，以缓解社会就业的压力。

（3）对农村剩余劳动力的鼓励政策。对农村剩余劳动力，一是在农业内部挖潜，在搞好种植业的同时，发展林业、畜牧业、水产业，向深度开发；二是发展乡镇企业和农村第三产业，就地、就近向非农产业转移；三是发展小城镇，吸纳农村剩余劳动力；四是引导一部分农村劳动力按需、有序、异地就业，以满足城市经济发展的需要。

（4）对妇女、残疾人的特殊保护政策。根据《宪法》《劳动法》《妇女权益保障法》《残疾人保障法》《企业职工生育保险试行办法》等法律、法规的规定，保障妇女劳动就业权利，促进妇女就业发展。对于残疾人，实行集中与分散相结合、鼓励自谋职业的方针，通过设立福利企业集中安置残疾人就业，政府给予税收减免等优惠政策，鼓励发展福利企业，以吸纳更多的残疾人就业。

（5）职业培训和就业培训政策。通过发展技工学校、就业训练中心、社会力量办学等多种途径进行职业培训。特别是在深化国有企业改革和实施再就业工程中，为帮助下岗职工转变就业观念、提高职业技能，尽快实现再就业，原劳动部制定了《“三年千万”再就业培训计划》①，充分动员了社会各方面力量，实行在政府指导和扶持下，个人自学、企业

① 《“三年千万”再就业培训计划》，是指从 1998 年至 2000 年的三年内组织 1 000 万下岗工人参加职业指导和职业培训的劳动就业促进计划。

组织和社会帮助相结合，大力开展多种形式的再就业培训。另外，国家还建立了劳动力预备制度，为社会提供适合的劳动者。

（二）劳动就业基本制度

1. 劳动就业准入制度

劳动和社会保障部（现人力资源和社会保障部）依据《中华人民共和国职业分类大典》[①] 确定了实行就业准入的相关职业目录。实施职业教育应当根据实际需要，同国家制定的职业分类和职业等级标准相适应，实行学历文凭、培训证书和职业资格证书制度。

2. 市场公平竞争制度

在市场经济条件下，劳动就业也要通过单位和劳动者的“双向选择”开展竞争，以促进人力资源的优化配置。因此，用人单位的招聘活动已经不仅仅是单位内部的事情，它涉及社会就业和社会资源的配置问题，国家必须在宏观方面予以总体把握。现在，公务员的录用已经全部实行了向社会公开招考的方式；经济活动组织也大多从劳动力市场上公开物色自己所需的员工。

3. 照顾特殊群体就业制度

对于残疾人、下岗职工、妇女等特殊的群体，在维护公平竞争的大前提下给予一定的特殊照顾，使之能够与平常人一样参与就业竞争，获得劳动就业机会。

4. 就业状况备案制度

失业人员获得就业职位时，应当及时办理停止领取失业救济金的手续；用人单位也应当依法在限定的期限内将录用人员的名单和有关资料（如劳动合同等）报就业主管机关备案。用人单位对于被辞退或者辞职劳动者的有关资料，也应当及时移交至劳动管理和社会保障部门。劳动就业备案制度可以使劳动监察部门及时监督检查用人单位是否按照国家规定给予劳动者应有的待遇，也便于对用人单位或者劳动者的违法、违约行为予以及时的纠正。

二、劳动就业市场管理

（一）劳动就业市场及其管理机关

劳动就业市场又称劳动力市场，是指劳动者寻求就业机会以及用人单位物色、录用员工而互换信息、进行洽谈的公共场所。以马克思的理论来分析，在社会主义社会里，劳动者不应当作为被交易的对象，因此也就不应该有出卖劳动力的市场。但是，客观地分析市场经济，如果将劳动力作为一种社会资源，其配置必然要通过一定的形式，不是计划“统分统配”的形式，就是市场竞争的形式。作为一个场所的市场，就必须接受国家法律的管制。

在我国，管理就业市场的机构主要有政府劳动行政部门和有关管理机关（如市场监督管理机关等）。

---

① 《中华人民共和国职业分类大典》依据《中华人民共和国劳动法》中的规定：“国家确定职业分类，对规定的职业制定职业技能标准，实行职业资格证书制度”编制。编制工作于 1995 年初启动，历时 4 年，1999 年初通过审定，1999 年 5 月正式颁布；2015 年 7 月 29 日，国家职业分类大典修订工作委员会召开全体会议审议、表决通过并颁布了新修订的 2015 版《中华人民共和国职业分类大典》。

(二) 劳动就业市场准入

1. 劳动就业市场的经营准入

劳动就业市场的经营准入，是指劳动中介、服务机构应当符合一定的条件，方可进入劳动就业市场开展业务的限制。

2. 招聘准入

招聘准入是指招聘（用人）单位应当符合一定的条件，方可进入劳动就业市场物色劳动者的限制。对招聘单位，目前的限制已经比较少了。只要是在其经营范围内，根据其自身经营需要，用人单位就可以依法在劳动就业市场上招聘相关的人员。

3. 应聘准入

应聘准入是指劳动者应当符合一定的条件，方可进入劳动就业市场寻找就业机会的限制。根据我国法律规定，除特种工艺行业（文艺、体育等）外，不得招用童工（未满 16 周岁），对未成年人（年满 16 周岁而未满 18 周岁）的劳动范围也有特殊限制性的规定。另外，对于有特殊职业资格证书要求的劳动就业市场，无职业资格证书者，一般也不得进入该劳动就业市场应聘。

(三) 对劳动就业市场行为的监控

国家通过劳动和社会保障主管部门、相关管理机关对劳动就业市场行为进行监控，主要表现在以下几个方面。

1. 广告管理

现代社会中，有关招聘的广告大量出现在报纸、杂志、电台、电视台等新闻媒介，有的还放入个人信箱、上网发布、张贴在城市路边的橱窗上，甚至张贴在城市的电线杆上等。凡是违反《广告法》或其他法律、法规而发布的，或者内容不真实的招聘广告，均属于违法广告，劳动行政部门和有关管理机关应对违法行为人依法处罚。

2. 招聘行为的管制

凡是假借招聘而侵犯他人智力成果（如盗窃商业秘密、偷盗专利技术、盗用管理方案等）的招聘行为，劳动行政部门和有关管理机关应责令其停止侵权行为，受害者可以通过行政的或者司法的程序要求赔偿；对于招聘尚未解除劳动合同的在职职工的行为，劳动行政部门和有关管理机关应当加以制止。

3. 对市场不正当经营的竞争行为的禁止

对于在市场中采取不正当竞争手段（诋毁他人商业信誉等）招揽顾客，或者非法收取介绍费等违法行为，劳动行政部门或市场管理机关应当依法及时取缔。

三、劳动合同管理制度

(一) 劳动关系

劳动关系是指用人单位（包括各类企业、事业等单位、个体工商户甚至个人）与劳动者在实际劳动过程中建立的雇佣与被雇佣的关系。劳动关系有广义和狭义之分。广义的劳动关系包括了生活在城市和农村的任何劳动者与任何性质的用人单位之间因从事劳动而结成的社会关系。狭义的劳动关系则是指依照国家劳动法律法规规范的劳动法律关系。劳动法律关系一方的劳动者必须加入某一个用人单位，成为该单位的一员，并参加单位的生产劳动，遵守单位内部的劳动规则；另一方的用人单位则必须按照劳动者的劳动数量和质量给付报酬，提供工作条件，并不断改进劳动者的物质文化生活水平。

本章中所涉及的劳动关系仅指狭义的劳动关系。

（二）劳动合同

劳动合同是指劳动者与用人单位确立劳动关系、明确双方权利和义务的协议。在我国，按照签订合同者的身份划分，劳动合同分为个人劳动合同、集体劳动合同两大类。建立劳动关系应当订立劳动合同。

1. 个人劳动合同

个人劳动合同是指劳动者个人与用人单位就劳动关系的确立、工作内容、权益维护等方面所达成的书面协议。

（1）个人劳动合同的内容。

个人劳动合同的主要内容包括：劳动合同期限、工作内容、劳动保护和劳动条件、劳动报酬、劳动纪律、劳动合同终止的条件、违反劳动合同的责任。

除上述的必备条款外，当事人可以协商约定保守商业秘密、竞业限制[①]、技术成果提成或者给予股票期权等其他的内容。

（2）对个人劳动合同的管理。

在劳动条件和劳动报酬等标准不低于集体合同规定的前提下，遵循平等自愿、协商一致的原则，用人单位应当与劳动者个人签订具体的劳动合同。合同内容可以由双方当事人共同拟订，也可以由用人单位根据实际情况拟订，但应当是符合法律规定的。

《劳动法》规定：建立劳动关系应当订立劳动合同。用人单位在明知劳动者与其在职单位劳动合同尚未解除的情况下，不得与劳动者签订劳动合同。否则，新用人单位应对该职工的违约承担连带责任。

（3）个人劳动合同的解除。

1）协商解除。劳动合同到期，双方不再续签合同，或者在劳动合同期间双方经过协商，可解除合同。

2）用人单位单方解除。劳动者有以下情形之一的，用人单位可以解除合同：在试用期间被证明劳动者不符合录用条件的；劳动者严重违反劳动纪律或者用人单位的规章制度的；严重失职，营私舞弊，对用人单位造成重大损失的；被依法追究刑事责任的。

3）劳动者单方解除。劳动者单方解除合同，应当提前 30 天以书面形式通知用人单位。属下列情形之一者，劳动者可以随时解除劳动合同：在试用期内的；用人单位以暴力、威胁或者非法限制人身自由的手段强迫劳动的；用人单位未按劳动合同约定支付劳动报酬或者提供劳动条件的。

2. 集体劳动合同

集体劳动合同是由企业职工经过集体协商与企业就改进劳动组织、改善劳动条件和生活条件等方面事项达成一致意见而形成的书面协议。

（1）集体劳动合同的内容。

集体劳动合同是以改进劳动组织、改善劳动条件和生活条件为主要内容的，由三部分条款构成：1）标准性条款。这是关于某个劳动关系内容的标准，如劳动报酬、劳动定额、

---

① 竞业限制是根据有关规定或通过劳动合同，对劳动者在职期间兼职或离职后就业领域的一种限定（不得从事与用人单位经营范围具有实质性竞争的工作）。

休息休假、劳动安全卫生标准等。2）目标性条款。这是关于合同应达到的具体目标和实现目标的措施，如劳动保护工程、生活福利及设施等。3）劳动关系运行规则条款。这是劳动关系得以正常运行所必需的。它包括劳动合同的签订、变更、解除、终止，员工辞退、辞职，合同期限等，还包括集体合同的期限、履行、续订、变更、解除、终止、争议解决等。

（2）集体劳动合同的管理。

合同草案应当提交职工代表大会或者全体职工讨论通过。集体合同由工会代表职工与企业签订；未建立工会的企业，由职工推举的代表与企业签订。

劳动行政部门对集体劳动合同实行备案管理制度。集体合同签订后应当报送劳动行政部门，劳动行政部门自收到集体合同文本之日起 15 日内未提出异议的，集体合同自行生效。

依法签订的集体合同对企业和企业全体职工具有约束力。职工个人与企业订立的劳动合同中劳动条件和劳动报酬等标准不得低于集体合同的规定。

四、劳动监察制度

（一）劳动监察及其范围

劳动监察是劳动行政部门监督有关组织和个人在劳动关系中贯彻实施有关劳动法律、法规，并对违法行为予以纠正和处罚的活动。《劳动法》第 85 条规定：“县级以上各级人民政府劳动行政部门依法对用人单位遵守劳动法律、法规的情况进行监督检查，对违反劳动法律、法规的行为有权制止，并责令改正。”

凡是属于劳动法所调整的社会关系，都可以纳入劳动监察的范围。当前，劳动监察的工作重点主要是集中在：预防和减少群发性、突发性劳动纠纷事件，确保劳动安全和劳动保障检查，督促劳动工资给付等。

（二）劳动监察的方式

围绕着劳动保障法律、法规和国家劳动政策的贯彻实施，以及维护劳动秩序的目的，劳动监察主要是通过对执法的督促和检查展开工作。具体有下述几种方式。

1. 常规的巡视检查

劳动行政部门根据实际需要，在各基层的劳动管理所设立劳动监察队，通过不间断的常规性巡视实施检查和查看，以便于及时纠正错误问题。

2. 举报专查

对于社会举报，如果涉及重大问题，或者举报所提供的材料比较可信的，劳动行政部门应经过一定程序立案，并派出专门劳动监察人员进行专项的调查、取证。

3. 劳动年检

劳动行政部门通过对用人单位劳动年检，对用人单位进行综合的监督检查。

4. 备案审查

用人单位应将其与劳动者签订的劳动合同报劳动行政部门备案，另外还应将有关的情况如奖惩制度、工资总额的确定依据、劳动用工计划等报劳动行政部门备案。通过备案制度，劳动行政部门可以掌握用人单位的基本情况，并将其与有关规定进行对比，及时发现问题并予以纠正。

5. 专项检查

各地劳动行政部门按照国家社会保障部门或者地方人民政府的统一部署，在特定时期对某些专门问题进行检查。通过专项检查，可以有效地预防和减少特大、重大恶性事件的发生，以保障劳动者的安全及维护社会秩序。

（三）劳动监察程序

为了规范劳动监察行为，保障劳动法律、法规的贯彻实施，1995 年 12 月 20 日，劳动部颁布实施了《劳动监察程序规定》，后被 2004 年《劳动保障监察条例》所取代。根据《劳动保障监察条例》的规定，对于违反劳动法律、法规的行为，应依法查处。

用人单位存在违反劳动保障法律的行为事实确凿，并有法定处罚（处理）依据的，劳动行政部门可以当场作出限期整改指令或依法当场作出行政处罚决定。劳动保障监察限期整改指令书、劳动保障行政处理决定书、劳动保障行政处罚决定书应当在宣告后当场交付当事人；当事人不在场的，劳动保障行政部门应当在 7 日内依照《中华人民共和国民事诉讼法》的有关规定，将劳动保障监察限期整改指令书、劳动保障行政处理决定书、劳动保障行政处罚决定书送达当事人。

当事人对劳动保障行政部门作出的行政处罚决定、责令支付劳动者工资报酬、赔偿金或者征缴社会保险费等行政处理决定逾期不履行的，劳动保障行政部门可以申请人民法院强制执行，或者依法强制执行。

五、劳动争议解决制度

（一）劳动争议概述

1. 劳动争议的概念

劳动争议又称劳资纠纷，是指劳动关系双方当事人因实现劳动权利和履行劳动义务而发生的纠纷。

劳动争议的当事人双方（包括自然人、法人和具有经营权的用人单位）即劳动法律关系中权利的享有者和义务的承担者。无论是否签订有书面的劳动合同，只要是属于劳动法所调整的劳动关系而产生的争议，均属于劳动争议。

2. 劳动争议的主要表现形式和原因

劳动争议的表现形式多样，主要有：工伤认定及工伤赔偿和补助纠纷；拖欠（克扣）工资纠纷；劳动合同关系纠纷（辞职、除名、续签合同等）；“跳槽”引起的培训费用承担或侵犯商业秘密的纠纷；用人单位侵犯劳动者权益的纠纷；劳动者竞业限制纠纷等。

3. 劳动争议解决的主要制度

1993 年 6 月 11 日，国务院第五次常务会议通过了《中华人民共和国企业劳动争议处理条例》（1993 年 8 月 1 日开始实施，2011 年 1 月 8 日被废止），该条例对劳动争议及其处理作出了规定。《中华人民共和国劳动争议调解仲裁法》（以下简称《劳动争议调解仲裁法》）由中华人民共和国第十届全国人民代表大会常务委员会第三十一次会议于 2007 年 12 月 29 日通过，自 2008 年 5 月 1 日起施行。

我国目前已经建立起了调解、仲裁、诉讼三种主要的解决劳动争议的制度。

（二）劳动争议的调处制度

劳动争议调处制度是我国特有的劳动争议解决制度，它吸收了民间调解纠纷的积极因素，可使矛盾得以化解。

1. 调解委员会及其组成

调解委员会是调解本企业劳动争议的组织。调解委员会的工作接受企业所在地方工会（或行业工会）和地方劳动争议仲裁委员会的指导。

调解委员会由下列三方人员组成：职工代表（由职工代表大会推举产生）；企业代表（由企业法定代表人指定，企业代表人数不得超过调解委员会成员总数的1/3）；企业工会代表（由企业工会委员会指定）。调解委员会主任由企业工会代表担任。调解委员会的办事机构设在企业工会。调解委员会委员名单应报送地方总工会和地方仲裁委员会备案。

2. 调解委员会调解工作的范围

调解委员会依法调解企业与职工之间发生的劳动争议，具体包括：因企业开除、除名、辞退职工和职工辞职、自动离职发生的争议；因执行国家有关工资、社会保险、福利、培训、劳动保护的规定发生的争议；因履行劳动合同发生的争议；法律、法规规定应当调解的其他劳动争议。

3. 调解委员会调解劳动争议应当遵循的原则

（1）当事人自愿申请，依据事实及时调解。

（2）对当事人在适用法律上一律平等。

（3）同当事人民主协商。

（4）尊重当事人申请仲裁和诉讼的权利。

4. 调解程序

（1）申请。当事人申请调解，应当自知道或应当知道其权利被侵害之日起30日内，以口头或书面形式向调解委员会提出申请，并填写《劳动争议调解申请书》。

（2）受理。调解委员会接到调解申请后，应征询对方当事人的意见，对方当事人不愿调解的，应做好记录，在3日内以书面形式通知申请人。调解委员会应在4日内作出受理或不受理申请的决定，对不受理的，应向申请人说明理由。

（3）调解。指派调解委员对争议事项进行全面调查核实；调解委员会主任主持召开有争议双方当事人参加的调解会议，应听取双方当事人对争议事实和理由的陈述，在查明事实、分清是非的基础上，依照有关劳动法律、法规，以及依照法律、法规制定的企业规章和劳动合同，公正调解；经调解达成协议的，制作调解协议书，调解不成的，应做记录，并在调解意见书上说明情况。

（4）调解时限及结果。调解委员会调解劳动争议，应当自当事人申请调解之日起30日内结束。到期未结束的，视为调解不成。达成调解协议的，双方应依照调解协议执行。

（三）劳动争议的仲裁制度

1. 劳动仲裁机构

劳动仲裁委员会设立在劳动管理机关内。劳动仲裁委员会由除了劳动行政主管部门的代表、工会的代表参加外，还必须有政府指定的经济综合管理部门的代表参加；如果仲裁委员会的组成不符合规定，由政府予以调整。仲裁委员会委员的确定或更换，须报同级人民政府批准。2017年5月8日人力资源和社会保障部颁布的《劳动人事争议仲裁组织规则》对劳动仲裁委员会仲裁员的聘任、管理、工作程序等作出了明确规定。

劳动争议仲裁实行一案一庭制。当事人对仲裁裁决不服的，可依法向劳动仲裁机构所在地的人民法院提起诉讼。

2. 劳动仲裁的当事人

劳动仲裁的当事人是劳动仲裁案件中的申请人和被申请人。

值得注意的是，企业在被吊销营业执照、解散、撤销或歇业后，职工当事人申请仲裁的，应当由其主管部门或开办单位或依法成立的清算组织作为被诉人参加仲裁活动。

3. 劳动仲裁的时效

劳动仲裁的时效是指可依法提出劳动仲裁解决纠纷的时间。《劳动争议调解仲裁法》第 27 条规定：“劳动争议申请仲裁的时效期间为一年。仲裁时效期间从当事人知道或者应当知道其权利被侵害之日起计算。”

4. 劳动仲裁前置

任何的劳动争议必须先进行劳动仲裁，对劳动仲裁的裁决不服的，方可向人民法院起诉的制度，为劳动仲裁前置制度。

由于劳动仲裁与一般的民商事仲裁分为两个轨道运行，民商事仲裁采取的是自愿约定、一裁终局等原则，而劳动仲裁则实行法定仲裁、仲裁前置的原则。法定仲裁、仲裁前置从本意上来讲，是为了充分保护劳动者的权益，但是在意思自治、程序效益方面却体现不够。

5. 劳动仲裁申请

当劳动争议发生后一年内，劳动争议一方可依法向企业所在地劳动仲裁机关提出劳动仲裁申请。劳动仲裁提起后，依法审查予以立案的，劳动仲裁委员会将依法组成仲裁庭审理。经书面通知无正当理由不到庭的，不影响案件的正常审理。

参考案例 10－1

某年 1 月，徐某因上海某快餐有限公司拒绝为其办理退工手续而向上海市松江区劳动争议仲裁委员会提出劳动仲裁申请，要求被申请人依法为其办理退工手续，出具退工证明。劳动仲裁委员会依法向被申请人发出了相关的书面通知，但被申请人单位未按规定参加仲裁活动。仲裁委员会根据《劳动争议仲裁委员会办案规则》进行缺席审理，最后裁决被申请人应于该裁决书生效之日起 3 日内为申诉人徐某办理退工手续，出具退工证明。裁决书通过公告方式向被申请人发出。

分析：劳动仲裁是劳动纠纷解决的一种方式，对程序及实体问题都有相关的规定。当事人应依法参加劳动仲裁活动，无正当理由不参加仲裁活动的，不影响案件的正常审理；当事人拒绝领取裁决书的，仲裁机构可通过公告的方式或者其他合法的方式发出裁决书。

（四）劳动争议的诉讼制度

劳动仲裁的当事人如果不服劳动仲裁委员会的裁决，除追索劳动报酬、工伤医疗费、经济补偿或者赔偿金，不超过当地月最低工资标准 12 个月金额的争议，或者因执行国家的劳动标准在工作时间、休息休假、社会保险等方面发生的争议外，对于裁决结果不服的，可在收到裁决书后 15 日内依法向人民法院提起关于劳动争议的诉讼。人民法院根据《中华人民共和国民事诉讼法》的规定进行审理和作出判决。

（五）劳动争议解决的社会配合制度

劳动和社会保障部等部门于 2001 年 11 月 14 日联合发出了《关于进一步加强劳动争议处理工作的通知》（劳社部发〔2001〕16 号）。该通知强调了要进一步重视和加强劳动争议处理工作，实行领导责任制，并通过召开联席会议等形式，解决当前劳动争议处理工作存在的突出问题；建立健全劳动争议预防机制，努力减少争议的发生；加强劳动争议调解工作，积极化解劳动争议。

第三节　社会保障法律制度

一、社会保障制度概述

（一）社会保障的概念及特征

1. 社会保障的概念

社会保障译自英文“Social Security”，又可译作“社会安全”，[①] 是指国家通过国民收入的分配和再分配，对暂时困难的社会成员给予物质帮助，以保证其基本生活的制度。最早在法律文件中采用“社会保障”一词的是 1935 年美国颁布的《社会保障法》，此后世界上其他国家也陆续采用该词语，联合国《经济、社会及文化权利国际公约》以及国际劳动组织的一些公约和建议书中也正式使用了这一概念。

社会保障制度主要由社会保险、社会救助和社会福利三项制度构成。

2. 社会保障的特征

社会保障作为一种制度，不同于社会慈善活动或者“劫富济贫”的义举。其主要特征为：

（1）强制性。国家通过立法、制定政策的形式将社会保障制度确立下来，并将有关社会保障的体制、项目、基金、标准、监管、运作等固定下来，代表国家的政府和有关社会保障机构必须依法对社会成员给予物质帮助。

（2）社会普遍性。社会保障反映了社会化生产和市场经济的要求，将全社会（以国家为界限）的成员纳入整个社会保障制度之中。因此，全民参与、所有组织参加，通过税收或者其他方式筹集资金，使社会事业向社会化方向发展。

（3）互济前提下的福利性。由于社会保障是社会政策的一部分，也是造福国民的社会公益事业，因此反映了全社会成员相互之间“取之于民、用之于民”，或者“我为人人、人人为我”的理性互助。每一个社会成员在符合条件时均可享受到这一福利。

（4）人道性。社会保障以人道为道德基础，出于社会整体发展的需要，给予贫困、疾病、垂老等弱者救济，是人道主义的必然要求。同时，社会保障也绝对不可能为“懒汉”实施保障。

---

① 龙翼飞．社会保障与发展建设：中共中央第八次法制讲座讲稿［A］//曹建明．在中南海和大会堂讲法制（1994 年 12 月—1999 年 4 月）［M］．北京：商务印书馆，1999：189.

（二）社会保障制度的产生与发展

1. 社会保障制度的产生

从 19 世纪末开始，一些国家开始实行社会保险制度，最有代表性的是德国 1883 年的《疾病社会保险法》、1884 年的《工伤赔偿法》和 1889 年的《老年和残疾社会保险法》等，之后欧洲不少国家也先后开始实施了社会保险制度。1935 年美国颁布了《社会保障法》，这是世界上第一部以社会保障命名的基本法律，也是全面、系统地规范社会保障的法律，其颁布标志着社会保障制度的正式形成。20 世纪中期以后，不少国家纷纷建立起了社会保障制度。“社会保障”一词在我国的政府文件中最早出现于 1985 年的《国民经济和社会发展第七个五年计划》当中。

2. 社会保障制度的发展

第二次世界大战结束后，世界上很多国家逐渐建立起了自己的社会保障体系，并根据经济和社会发展的客观要求进行调整，主要是力求兼顾公平与效益、协调经济与社会共同发展的关系。1996 年的《国民经济和社会发展“九五”计划和 2010 年远景目标纲要》提出要加快养老、失业、医疗保险制度改革，初步形成社会保险、社会救济、社会福利、优抚安置和社会互助、个人储蓄积累保障相结合的多层次社会保障制度。《国民经济和社会发展第十三个五年规划纲要》对社会保障制度作出了更进一步的细化安排。

（三）社会保障制度的基本类型

1. 经典传统型

经典传统型社会保障制度又称国家选择型社会保障制度，即国家对不同的社会成员选择适用不同的保障标准的一种保障制度。其主要特征有：根据个人在保障中应当承担的责任区别对待；保障费由国家、雇主、个人三方共同负担；国家可以通过一定途径对保障基金加以适当的调剂，以充分发挥社会互助的作用。美国、日本及中国目前均属于这种类型。

2. 全民福利型

全民福利型社会保障制度又称普遍型社会保障制度，即对社会成员普遍适用统一标准的保障制度。其特点是保障基金主要来源于税收，保障的范围是“从摇篮到坟墓”，标准基本一致，因此具有社会福利的“普惠”性质。英国、瑞典、挪威等欧洲国家采用了这种类型的社会保障制度。但是，由于福利型的对象广泛，国家支出庞大，不少全民福利型国家正准备对该制度进行调整。

3. 国家保障型

国家保障型社会保障制度又称国家统包型社会保障制度，即全部费用由国家和用人单位承担，并由国家统一安排。其特点是个人不负担，全部由国家统一安排。这种制度多为实行计划经济的社会主义国家所采用。苏联及改革开放前的我国就是采用这种模式。

4. 个人储蓄型

个人储蓄型社会保障制度，即由个人账户积累来实现的一种社会保障制度。其特点是国家不承担，只由个人和用人单位按照比例共同储蓄，积聚到一定程度时再从中发放给个人，而且国家不能对个人的储蓄进行调剂。这一制度为新加坡、马来西亚等新兴市场经济国家所采用。

（四）社会保障的作用

1. 维护正常的社会秩序和工作秩序

由于社会发展和社会成员各自素质以及所遇到的环境等因素不同，在社会激烈的竞争中就有社会成员可能无法自己维持生计。如果这些人得不到最低的生活保障，则有可能造成社会的动荡。因此，要保障不能取得基本生活需要的社会成员的基本生活，维护正常的社会秩序和工作秩序，必须通过一个基本的社会保障制度来实现救济。

2. 提高劳动生产率和社会成员的物质文化生活水平

社会的发展最终要体现在劳动生产率和社会成员生活水平的提高方面。在生存发生困难的时候给予一定的救济，也体现了人类社会的进步。建立社会保障制度不仅是发展生产力、提高劳动生产率的体现和要求，也是提高就业率、提高收入和提高社会成员物质文化生活水平的必然要求。

3. 调节贫富关系，促进社会各方面的改革

国家各方面的改革，必然会使某些人的利益受到一定的影响，进行国家宏观经济调控也必然会作出某些方面的调整。特别是改革过程中出现的贫富悬殊，将高收入者的一部分收入适当地转移给另一些需要救助的人，也就为进一步改革、实现国家宏观经济调控提供了一个较为宽松的环境。

4. 落实人口政策、提高社会成员的素质

我国长期以来形成的“养儿防老”的习惯和思想使得人口增加，增大了社会就业、社会福利等方面的压力，目前推行计划生育的人口政策，对传统的家庭保障制度和封建思想造成了冲击。常言道：“温饱而知廉耻”，社会成员素质的提高是建立在温饱这一最起码的生存要求的基础上的。因此，只有建立健全社会保障体系和制度，才可能顺利地贯彻落实计划生育的人口政策，社会成员的素质才能得到逐步提高。当前提出的“两不愁三保障”（不愁吃、不愁穿和义务教育、基本医疗、住房安全有保障）就是要解决特殊人群的基本生存条件问题。

综上所述，人们将社会保障制度看成市场经济的“减压阀”、社会公平的“调节器”、社会稳定的“安全网”是有道理的。

二、社会保障基本制度

（一）社会保障立法

社会保障法是调整社会保障关系的法律规范的总称。

我国目前尚未制定出一部独立的社会保障基本法。社会保障法主要散见于各种法律、法规和行政性规章之中。

关于社会保障基本法层次的立法，主要是在改革开放以后，如 1986 年制定的《中华人民共和国义务教育法》。进入 20 世纪 90 年代后，2010 年制定了《社会保险法》，另外还制定出了一些基本的社会保障法，特别是对残疾人、未成年人、妇女、老年人在社会保障方面均有了专门的立法。

（二）社会保障法的基本原则

1. 普遍、平等、基本保障原则

《世界人权宣言》和《经济、社会及文化权利国际公约》都明确规定人人都有权享受社会保障。我国的《宪法》也明确规定了公民有获得物质帮助的权利，而且“公民在法律

面前人人平等”。社会成员普遍地、公平地享受到社会保障制度所给予的关怀，但是这一保障只能够基本维持生计。

2. 差别待遇、多种保障原则

权利与义务相对应是法律的基本精神，履行义务多也就可能享受的权利大。因此，不可能形成每一个社会成员都能够享受到一样的社会保障之结果。我国根据不同的实际情况，对不同的地区、行业、人群提供不同种类的社会保障项目。

3. 多渠道筹集资金和社会保障基金统筹安排原则

我国一改过去社会保障资金全部由国家承担的做法，进行多渠道筹集，采取国家、单位、个人三方共同负担的做法。在社会保障基金的管理和安排方面，我国实行统一由有关机构综合协调、统一管理的制度。

（三）社会保障制度的基本内容

1. 社会保障组织

社会保障组织是指承担一定社会保障管理、运作职能的机构。具体包括政府的社会保障行政主管机构、社会保障基金管理和营运机构、社会保障监督机构、社会保障争议处理机构、社会保障的其他相关机构。

2. 社会保障权

社会保障权是法律赋予社会成员在设定条件下从国家和社会获得相应物质帮助，以满足基本生活需要的权利。社会保障权区别于法律上的其他权利，是一种基本人权、生存权、带有人身性质的财产权、非对等权。社会保障权是因国家实施宏观经济调控、为维护社会正常秩序而形成的权利，是属于公法领域的权利。

3. 社会保障待遇

社会保障待遇是社会成员依法可以从社会保障机关得到的物质帮助的权利兑现和享有的地位。社会保障一般通过货币、劳务、实物或给予劳动安置等形式向社会成员提供。

4. 社会保障的享受条件

社会保障的享受条件是社会成员能够享受到社会保障待遇所必须具备的因素或者必须达到的标准、状况。一般应当具备以下条件：社会成员必须在社会保障项目的覆盖范围之内；必须遇到需要物质帮助的法定事由；已经履行了相应的法定义务；在属于可提供物质帮助的法定期限之内；履行了需要的程序手续。

5. 社会保障基金

社会保障基金是指根据法律规定建立用于特定社会保障项目的专项基金。

6. 社会保障管理

社会保障管理是指社会保障部门为使社会保障事业得以顺利进行所从事的职权行为，包括筹集管理、分配管理、使用管理、投资管理等。

7. 社会保障监督

社会保障监督是指对社会保障事务的监察和督促的活动，包括行政监督、审计监督、社会监督等。

三、社会保险制度

社会保险是国家对社会成员在其丧失劳动能力或者失去劳动机会的特定困难时期，给予一定物质补偿以安定其经济生活的制度。社会保险属于社会保障制度的范畴。

社会保险制度主要包括养老保险制度、失业保险制度、医疗保险制度、工伤保险制度、生育保险制度、农村社会养老保险制度。

（一）养老保险制度

1. 养老保险的概念和基本要求

养老保险是国家和社会根据相应的法律和法规，在劳动者达到国家规定的条件退出劳动岗位后，给予其维持基本生活的一种物质保障。

养老保险的基本要求为：在法定范围内的老年人完全或基本退出社会劳动生活后才自动发生作用；目的是为保障老年人的基本生活需求，为其提供稳定可靠的生活来源；以社会保险为手段来达到保障之目的。

2. 养老保险的特点

养老保险是世界各国较普遍实行的一种社会保障制度，具有以下特点：

（1）由国家立法，强制实行，单位和个人都必须参加，符合养老条件的人，可向社会保险部门领取养老金。

（2）养老保险费用的来源一般有国家、单位和个人三方，并实现广泛的社会互济。

（3）养老保险具有社会性，由政府设置专门机构实行现代化、专业化、社会化的统一规划和管理。

3. 养老保险的主要类型

目前，世界上实行养老保险制度的国家可分为三种类型：投保资助型（也称传统型）、强制储蓄型（也称公积金模式）和国家统筹型养老保险。

4. 我国基本的养老保险种类

（1）基本养老保险又称国家基本养老保险，是按国家统一政策规定强制实施的为保障广大离退休人员基本生活需要的一种养老保险制度。我国已经逐步建立起了多层次的养老保险体系，而基本养老保险是属于第一层次，也是最高层次的。在我国实行养老保险制度改革以前，以退休金、退休费作为养老保险的待遇，代替基本养老金。

（2）企业补充养老保险。这是指由企业根据自身经济实力，在国家规定的实施政策和实施条件下为本企业职工所建立的一种辅助性的养老保险。它居于多层次的养老保险体系中的第二层次，由国家宏观指导、企业内部决策执行。企业补充养老保险由劳动保障部门管理，保险费可由企业完全承担，或由企业和员工双方共同承担（承担比例由劳资双方协议确定）。

（3）个人储蓄性养老保险。这是由职工自愿参加、自愿选择经办机构的一种补充保险形式。个人储蓄性养老保险可以实行与企业补充养老保险挂钩的办法，以促进和提高职工参与的积极性。

（二）失业保险制度

1. 失业人员与失业问题

失业人员是指在劳动年龄内有劳动能力，目前无工作，并以某种方式正在寻找工作的人员。失业人员包括转失业的人员和新生劳动力中未实现就业的人员。根据有关规定，我国目前的男性法定劳动年龄是16周岁～60周岁（体育、文艺和特种工艺单位按照国家规定履行审批程序后可以招用未满16周岁的未成年人）。若不具备相应的劳动能力，在法定劳动年龄内也不被视为失业人员。另外，那些目前虽无工作，但没有工作要求的人也不被视为失业人员。

我国目前的失业问题主要表现为：劳动力供大于求；经济结构调整中出现的结构性失业，增加了就业的压力；科技进步和劳动生产率的提高，劳动力需求减少；失业人员技术素质较低，难以适应新的用人单位的需要；择业观念陈旧，难以开辟就业门路；国家社会保障制度不完善、覆盖面窄，市场就业机制尚未完全建立，对劳动力流动和合理配置也有着明显的制约作用。

2. 失业保险及其特点

失业保险是指国家通过立法强制实行，由社会集中建立基金，对因失业而暂时中断生活来源的劳动者提供物质帮助的保险制度。失业保险的主要特点：一是普遍性；二是强制性；三是互济性。

3. 我国失业保险制度概况

1986 年国务院颁布了《国营企业职工待业保险暂行规定》，这标志着我国正式建立了失业保险制度。1993 年 4 月，国务院发布了《国有企业职工待业保险规定》，使我国的失业保险制度进入了正常运行的时期。1999 年 1 月 22 日国务院颁布的《失业保险条例》吸收了我国以往的经验，也借鉴了国外有益的做法，体现了社会主义市场经济对失业保险制度的要求，为进一步完善具有中国特色的基本完善的失业保险制度打下了基础。

（三）医疗保险制度

医疗保险是当人们生病或受到伤害后，由国家或社会给予的一种物质帮助，即提供医疗服务或经济补偿的一种社会保障制度。医疗保险具有社会保险的强制性、互济性、社会性等基本特征。

1998 年 12 月 14 日，国务院颁布实施了《国务院关于建立城镇职工基本医疗保险制度的决定》（国发〔1998〕44 号），部署了全国范围内全面推进职工医疗保险制度改革工作，要求 1999 年年内全国基本建立职工基本医疗保险制度。该决定要求建立基本医疗保险统筹基金和个人账户。基本医疗保险基金由统筹基金和个人账户构成。统筹基金和个人账户划定各自的支付范围，分别核算。人社部公布的《人力资源和社会保障事业发展“十三五”规划纲要》明确指出：健全覆盖城乡居民的基本医疗保障体系，进一步完善城镇职工基本医疗保险、城镇居民基本医疗保险、新型农村合作医疗和城乡医疗救助制度，逐步提高城镇居民医保和新农合人均筹资标准及保障水平并缩小差距。

（四）工伤保险制度

工伤保险是指国家和社会为在生产、工作中遭受事故伤害和患职业性疾病的劳动者及其亲属提供医疗救治、生活保障、经济补偿、医疗和职业康复等物质帮助的一种社会保障制度。

劳动者因工伤所导致的法定范围内的全部直接经济损失，由国家或者单位给予其全部补偿，并为其提供一定的物质保障。按照 2003 年国务院发布的《工伤保险条例》（2010 年修订）的规定，工伤的职工可以享受到以下医疗待遇：全额报销医疗费、特殊需要的护理费、就医费、伤残器械费、医疗期间领取工资及工伤津贴等。如果因工伤致残的，可按月领取伤残抚恤金或补助金；因公死亡的，其遗属可以获得丧葬费、抚恤金、一次性工亡补助金等。

（五）生育保险制度

生育保险是通过国家立法规定，在劳动者因生育子女而导致劳动力暂时中断时，由国家和社会及时给予物质帮助的一项社会保险制度。

生育保险待遇主要包括两项：一是生育津贴，用于保障女职工产假期间的基本生活需要；二是生育医疗待遇，用于保障女职工怀孕、分娩期间以及职工实施节育手术时的基本医疗保健需要。

（六）农村社会养老保险制度

参加农村社会养老保险的对象是非城镇户口，一般以村为单位确认（包括村办企业职工、私营企业、个体户、外出人员等）。交纳保险年龄一般为20周岁至60周岁。领取养老金的年龄一般为60周岁。我国关于新农保试点的基本原则是“保基本、广覆盖、有弹性、可持续”。

四、社会救助与社会福利制度

（一）社会救助制度

1. 社会救助的概念及特征

社会救助又称社会救济，是指国家和社会对陷入生存困境或者特殊困境的公民所给予临时性接济的一种制度。国务院颁发的《社会救助暂行办法》自2014年5月1日起施行。

社会救助具有以下特征：对象的选择性；救助施予的单向性；标准的底线性；严格的程序审核性。

2. 社会救助的主要方式

（1）官方救助。官方救助是指国家或者政府部门以财政支出为来源所提供的救助。官方救助一般要通过专门的救助管理机关实施，其对象、标准及程序均由法律法规明确加以规定。

（2）民间救助。民间救助主要是通过民间救济救助。民间救助的对象、标准及程序等，均由民间机构自己确定，政府不加干预。

（3）官民结合救助。官民结合救助是指由官方机构和民间机构联合所提供的救助。官民结合救助可分官方为主、民间为辅的形式，或者民间为主、官方为辅的形式。

3. 具体的社会救助制度

救助一般是发生了危及生命或基本权益的状态下，仅凭借其个人能力已经无法维持，迫切需要社会施以援手。根据形成危及生命或损害基本权益的原因，救助可以分成以下两类：

（1）灾害救助。灾害救助是指由于特定的灾害（包括天灾、人祸）而受到生命威胁或者权益受损时，所提供的救助资金、物品或者施以援手。

目前我国实行的救灾方针是：依靠群众，依靠集体，生产自救，互助互济，辅之以国家必要的救济和扶持。形成了由政府统一领导，上下分级管理，部门分工负责的救灾体制。

（2）贫困救助。贫困救助是指针对特定贫困对象，为帮助其渡过难关所提供的资金、物资帮助。如城市居民的社会生活最低保障制度和农村村民的“五保”制度。根据《社会救助暂行办法》，国家对共同生活的家庭成员人均收入低于当地最低生活保障标准，且符合当地最低生活保障家庭财产状况规定的家庭，给予最低生活保障。

（二）社会福利制度

1. 社会福利的概念及特征

社会福利是指作为一个社会成员应当享受到国家和社会所给予的生活上平等的利益。广义的社会福利是指国家和社会对全体社会成员所提供的包括生活、卫生、环境、住房、教育、就业等方面的各种服务。狭义的社会福利则指与社会保险、社会救助等并列的一种社会保障形式。社会福利不同于社会救济，体现在以下几个方面：社会福利是在一个比较高层次上的社会保障，其目标不是救济而是提高社会成员的生活水平；社会福利具有普惠性，而且不要求受惠者有对价行为；社会福利的资金来源主要有财政、社会公共福利经营收入、赞助等。

2. 社会福利立法

尽管我国的社会福利事业起步比较晚，但是近年来有了长足的发展，民政部也制定了一系列的规定，不断加强社会福利事业的管理工作。民政部颁发的与社会福利有关的行政性规定主要有：《城市社会福利事业单位管理工作试行办法》（1982 年 4 月 14 日）、《社会福利企业技术改进贷款试行管理办法》（1986 年 12 月 24 日）、《国家级福利院评定标准》（1993 年 4 月）、《社会福利性募捐义演管理暂行办法》（1994 年 11 月 30 日）、《社会福利机构管理暂行办法》（1999 年 12 月 30 日颁布，2015 年修订）等。

3. 具体的社会福利制度

（1）公共福利。

公共福利是指国家和社会为维持和提高全社会的物质、精神生活质量，由政府和非政府公共机构向全社会的公民提供公益设施和公共服务的一种待遇。公共福利具有宏观性、社会性、多样性等特点。

（2）特殊群体福利。

特殊群体福利是为维护处于特殊困难之中的老年人、孤儿和残疾人的生活、教育、医疗和康复等方面基本权利而设立的，主要包括孤残儿童事业、残疾人福利事业和老年人福利事业。随着我国社会经济的迅速发展和社会文明的进步，出现了多种多样的社会化发展社会福利服务的形式。

（3）职业福利。

职业福利又称劳动福利、职工福利，是指用人单位和有关社会服务机构为满足劳动者生活的共同需要和特殊需要，在工资和社会保险以外向职工及其亲属所提供的一种物质性待遇。各用人单位在经济效益增长的前提下，配合国家实行的休假制度，不断加强职工福利工作，也使得社会福利事业蓬勃开展。

本章小结

在人、财、物诸多资源中，劳动力作为人力资源能否得到合理安排及能否充分发挥其作用，对国民经济的发展会产生重大的影响；而社会保障体系是否完善，将直接影响到社会能否持续、稳定地发展。劳动者和用人单位应依法维护自身的权益。经济和社会的发展，其前提是稳定。经济的发展离不开国家的宏观调控，社会的稳定则少不了社会保障制度。因此，社会保障制度中的社会保险、社会救助、社会福利是社会存在和发展必不可少的。

练习题

1. 名词解释

劳动就业市场　　个人劳动合同　　劳动监察　　劳动争议　　社会保障
工伤　　灾害救助　　社会福利

2. 思考题

(1) 如何理解《国民经济和社会发展第十三个五年规划纲要》对全面提高劳动和社会保障的指引作用?

(2) 我国当前劳动和社会保障的状况是怎么样的?

(3) 我国在“十三五”期间劳动和社会保障方面的总体目标是什么?

(4) 个人劳动合同主要包括哪些条款?

(5) 如何理解劳动纠纷解决中的劳动仲裁前置制度?

(6) 劳动仲裁申请书应包括哪些方面的内容?

(7) 社会保障法的基本原则有哪些?

(8) 我国目前有哪些具体的社会保险制度?

3. 案例分析题

李某是某宾馆服务员，某日上午上班时吃东西，恰好被刚进门的宾馆总经理看见，总经理问了李某的姓名后，什么也没说就走了。第二天上午，总经理向宾馆全体职工宣布，李某因违纪被辞退。李某不服，认为自己一直表现良好，因赶着上班来不及吃早餐而在途中买了点心在上班时吃，其他同事也经常这样做。

问题：李某如果要维护自己的权益，应启动什么程序?

第十一章
经济纠纷解决制度

【本章引言】

无论是在市场主体条件的设定、干预经济的政策制定、市场经济秩序的维护、宏观经济的调控，还是在社会保障的实现等方面，都难免出现管理者与被管理者之间的纷争，营商主体在管理和开展对外经济活动中也会与其他营商主体产生各种纠纷。因此，依据法律和相关规定解决纠纷，才能维护正常的市场秩序，保障相关主体的权益。

【本章学习目标】

通过本章的学习，你应该能够：

- 掌握经济纠纷的解决方式；
- 掌握民事诉讼的基本制度；
- 掌握商事仲裁条款的设置；
- 了解经济纠纷产生的原因和主要表现；
- 了解经济纠纷解决的法律依据；
- 明确仲裁的开庭审理过程。

第一节　经济纠纷解决制度概述

一、经济纠纷及其种类

（一）经济纠纷的概念和特点

1. 经济纠纷的概念

经济纠纷是指营商主体在开展经济活动中所产生的纷争、争执的统称。从意识形态方面来看，经济纠纷实质上就是在经济管理或经济活动过程中，主体之间对特定问题所形成的不同认识。

本书是从广义的经济法领域来介绍商事活动所涉及的民事、商事、行政以及国家管理经济中的有关法律问题，因而援用“经济纠纷”一词，其实质上是指营商活动主体在经营管理过程中所碰到的纠纷。

2. 经济纠纷的特点

经济纠纷区别于传统典型的民（商）事、行政纠纷，其主要特点为：在营商活动领域中产生；主体之中有一方为营商活动主体；形式多为经济管理纠纷、经济竞争活动纠纷；解决的方式主要为协商、诉讼和仲裁；纠纷解决的重点在于维护经济权益。

（二）经济纠纷的主要种类

1. 营商活动主体与政府管理部门之间的经济管理纠纷

(1) 因抽象行政行为产生的纠纷。

任何单位或者个人对于政府具有普遍性约束力的"立法"①、制定的政策、作出的决定等行为有异议的，均有权提出并要求通过一定程序审议予以更正。

第一，政策制定的纷争。任何单位和个人均有权对有关部门制定的经济政策提出质疑，甚至要求有关部门纠正或者予以撤销。全国人民代表大会及地方各级人民代表大会可以依法撤销有关政府部门制定的与宪法、法律相违背的行政法规、行政决定或政策性规定。人民政府有义务依法对本级政府所属部门制定的有关规定、政策予以检查，也有权力对制定出来的违法政策予以撤销。

第二，政策运行的纷争。随着社会的进一步开放和改革的深入，早就有学者提出了"公益诉讼"② 的问题。"公益诉讼"制度的建立，无论是对整个社会的秩序维护，还是对提高司法机关效率、保障公民的权益都是有好处的。关于经济管理方面的政府定价以及政府收费等方面的"公益诉讼"，将之纳入经济法调整范畴，是符合经济法社会本位要求的。

(2) 因具体经济管理行为产生的纠纷。

因具体经济管理行为产生的纠纷是指政府经济管理机关或者其授权管理部门在经济管理活动过程中的作为或不作为超越了法定职权或者违反法定程序，导致被管理者利益受到损害所引发的纠纷。

2. 营商主体之间的经济活动纠纷

营商主体之间的经济活动纠纷主要是指营商活动主体在对外开展投资、签订合同等营商活动时，与其他营商主体所产生的经济纠纷。营商主体的经济活动行为不当，可能造成扰乱社会经济秩序的结果，也可能会同时造成对其他经营者的损害，还可能造成对消费者或社会上其他主体权益的侵犯。对于经济竞争纷争，受到不正当竞争者不正当竞争行为危害的经营者或者消费者可以直接向市场经营管理部门反映，要求处理，也可以直接通过民事诉讼程序向人民法院起诉，要求制止该行为并赔偿损失。

3. 营商主体与消费者之间的纠纷

营商主体与消费者之间的纠纷是指营商主体在提供商品或者服务时，与消费者因商品或者服务质量或者售后服务等问题产生的纠纷。当消费者权益受到侵害时，消费者可依法要求经营者改正并赔偿损失；经营者在消费者不履行义务时，也可依法要求消费者履行义务。

4. 营商主体权益受侵害的纠纷

营商主体权益受侵害的纠纷是指营商主体在正常的经营活动中，其权益受到不法侵害

---

① 此处的"立法"并非严格意义上的权力机构立法，而是特指行政机关依法进行的行政法规的制定行为。

② 公益诉讼，是指为了公共的利益而提出的诉讼。诉讼的提出者不是为了自己的利益，而是为了公共的利益，因此其诉讼的目的、手段、证据提供等均与传统的民事诉讼、行政诉讼有所不同。

所引起的要求停止侵害并赔偿损失的纠纷。营商主体拥有物权、知识产权等权利，他人应尊重其权利，不得侵害其权益。

对于在经济活动中经济管理机关工作人员的侵权行为，或者经济活动主体的侵权行为，受害者可以通过行政、民事诉讼程序要求解决；对于触犯刑律的违法行为，受害者还可以直接向有关司法机关举报，要求追究违法者的刑事责任。

二、经济纠纷的解决

经济纠纷的解决是指依据国家的法律和法规、政策的规定，对经济管理活动或者竞争活动所产生的纠纷加以处理的过程。

（一）经济纠纷解决的基本原则

1. 稳定社会和发展经济原则

任何经济纠纷的出现，都会不同程度地对社会稳定和经济发展造成不良影响，经济纠纷的处理就是要力图将这种不良的影响降到最低。如果处理结果引起社会动荡或者使经济倒退，就违反了经济纠纷处理的本意。通过对经济纠纷的处理，保障社会安定、促进经济发展，是经济纠纷处理的出发点和归结点。

2. 国家宏观调控、整体发展原则

在处理国家管理经济过程中因抽象行政行为所引发的经济管理纠纷，各种利益的权衡要以国家整体经济利益的实现和国家宏观经济调控为最终目标。经济秩序的维护，必须放在整体社会经济中来考量。

3. 对外经济交往对等原则

国家在实施经济干预过程中，涉及国内经济和涉外经济两大部分，在对待涉外经济纷争的问题上，必须遵循对等原则。在对外贸易过程中，具体体现为最惠国待遇、国民待遇甚至反报复措施等。这体现出一个主权国家在国际社会中寻求发展的应有态度。

4. 依法维权原则

在解决经济纠纷时，必须依照法律制度和规定，对相关的权利予以保护。

（二）经济纠纷解决的主要方式

营商活动中产生的经济纠纷，根据不同的情况可以有以下不同的解决方式：协商和解、调解、行政处理、诉讼（包括行政诉讼、民事诉讼）、商事仲裁。

（三）解决经济纠纷的依据

1. 国内立法

在宪法的原则性规定下，具体的法律、法规为衡量某一个行为是否合法提供了评判标准。如《反不正当竞争法》《对外贸易法》《价格法》等分别为认定不正当竞争、倾销、非法定价行为提供了直接依据；《合同法》为认定违约行为提供了依据。

在纠纷处理的程序性立法方面，包括《中华人民共和国刑事诉讼法》（1979 年通过，1996 年、2012 年、2018 年修正），《中华人民共和国行政诉讼法》（1989 年通过，2014 年、2017 年修正），《中华人民共和国民事诉讼法》（1991 年通过，2007 年、2012 年、2017 年修正），《中华人民共和国仲裁法》（1994 年通过，2007 年、2009 年、2017 年修正），《中华人民共和国涉外民事关系法律适用法》（2010 年通过）。另外，有关争议处理的程序性法规，如《政府价格决策听证办法》等听证的程序性规定、行政处罚条例、行政

复议规定等，也是处理有关经济纷争的程序性依据。

2. 国内经济政策

在国家法律、法规原则性规定的前提下，国家和政府有关部门制定出来的经济政策，也是评判有关行为是否得当以及处理纠纷的一个主要根据。《民法通则》第 6 条规定：“民事活动必须遵守法律，法律没有规定的，应当遵守国家政策。”而《民法总则》第 10 条对此作出了另外的规定：“处理民事纠纷，应当依照法律；法律没有规定的，可以适用习惯，但是不得违背公序良俗。”

3. 国际公约

对于我国已经参加的国际公约中有关经济性的最低要求条款，或者实质性条款，除了我国作了保留以外，必须按照“条约优先”的原则在国内予以实施，特别是处理涉外经济纠纷时，要参照已经参加的国际公约。

4. 政府间协议

对于非国际公约成员国，在两国政府之间有特殊约定的，又或者是外国经济组织与我国政府部门以协议形式作出承诺的[①]，政府之间的协定或者外国经济活动主体的承诺，也将是处理该经济纷争的一个实体性参照规范。

第二节　协商与调解

一、协商

（一）协商及其前提条件

1. 协商的概念及特征

协商是指当事人之间共同商量以便取得一致意见的过程。

协商的特征为：

（1）协商主体为当事人。

（2）协商内容涉及当事人之间的法律关系。

（3）协商目的在于取得一致意见。

（4）协商的时间、地点及方式可灵活多样。

协商解决经济纠纷的方式既经济又能促进社会的和谐。

2. 协商的前提条件

（1）仅涉及双方当事人的私权。经济纠纷的双方当事人协商的内容，必须是不涉及国家利益、社会公共秩序、他人权益的问题，仅限于双方当事人之间的私权。

（2）符合国家法律规定。协商必须是在国家法律没有禁止性规定的范围内。对于国家法律规定不允许协商的事宜，如刑事犯罪、行政处罚等，不得超越法律规定私下协商解决。

① 在反倾销案件中，就有外国有关经济组织与我国政府部门签订协议，承诺承担不倾销或者提价等义务。

（二）协商的形式

协商解决经济纠纷可不拘形式。通常有以下几种协商解决方式。

1. 电话形式

电话形式是以电话通话的形式进行意见交流以争取达成一致认识的协商形式。通过电话形式协商，可在紧急情况下立即互通信息，使对方了解情况并作出相应的思想准备。电话形式的协商缺乏相应的证据支持，因此，在通过电话协商确定后应当以其他形式予以确认。

2. 会谈形式

会谈形式是双方当事人通过当面交流意见以争取达成一致认识的协商形式。当面的会谈形式不受时间、地点的限制，可以是双方当事人单独进行会谈，也可以是通过中间人的协调进行会谈。

3. 书面形式

书面形式是以书面文字的形式进行意见交流以争取达成一致认识的协商形式。书面形式的协商必须以有据可查的形式发出，如电报。现实中，以书面形式向对方主张权利，还可以起到诉讼时效中断①的作用。

4. 会议形式

会议形式是双方当事人通过召开会议进行意见交流，以争取达成一致认识的协商形式。会议形式的协商必须符合相应的要求：会议通知、会议参加者的有效授权（身份证明材料和授权委托书）、会议参加者必须签到、到会者必须在会议记录上签字、会议如果形成决议，必须及时整理并发给到会单位。

（三）协商的结果

1. 通过协商，消除纠纷

通过协商以消除纠纷，义务人及时履行义务，或者有过错的一方及时纠正错误。对于意外事件或者其他不可抗力引起合同无法正常履行的，可通过协商修订合同甚至解除合同。协商达成一致认识的，应及时以适当的形式加以明确和固定。双方达成和解协议或者重新修改合同的，对双方当事人具有约束力。

2. 协商未能解决纠纷

经过协商，如果一方或者各方坚持己见，则无法达成一致认识，纠纷将持续下去甚至有可能恶化。

在经济纠纷的解决方面，各方应审时度势，从商业信誉、权利保护、其他纠纷解决方式所耗费的时间、精力、钱财等角度加以综合考虑。应该说，协商是经济纠纷解决的最佳方式，它不需要外力的介入（保持了秘密性），也保持了各方良好的商业关系，还节省了大量的时间和金钱。产生了纠纷，就到法院去“打官司”，并不是法律意识强的表现。

二、调解

（一）调解及其前提条件

1. 调解的概念和特征

调解是指发生纠纷的双方当事人，在第三者的主持下，依照法律和政策的规定，通过

① 诉讼时效中断，是指债权人向债务人提出权利主张或债务人偿还债务又或者债权人提起诉讼（仲裁）等，则从主张权利之日开始重新计算诉讼时效。

第三者对双方当事人的思想进行排解疏导、说服教育，促使发生纠纷的双方当事人互相协商、互谅互让、依法自愿达成协议，由此解决纠纷的一种活动。

此处的调解是诉讼（仲裁）外调解，特指民间调解和行政调解。诉讼程序中的法庭调解或仲裁庭调解依据民事诉讼法或者仲裁法的规定进行。

调解的特征如下：

（1）调解应当事人请求或者依法律、行政法规规定而开展。

（2）主持调解的主体为纠纷以外的第三人（可以是民间主体，也可以是行政管理主体）。

（3）调解不公开进行。

（4）调解通常为会谈方式。

2. 调解的前提条件

（1）仅涉及双方当事人的私权。调解的事项必须是不涉及国家利益、社会公共秩序、他人权益的问题。

（2）符合国家法律、行政法规的规定。

（3）有调解的主持人。

（4）双方当事人参加。

（二）调解的程序

调解必须在双方当事人自愿参加的前提下开展。民间调解没有特定的程序要求，一般在主持人了解纠纷产生的原因和双方意见后，提议当事人提出解决方案，主持人在双方的方案基础上提出调解方案。行政调解应当依据相关的规定进行。

（三）调解的结果

1. 调解成功

调解成功的，双方当事人应当签署调解协议，或者签订新的合同，该协议或者新合同对双方当事人具有约束力。

2. 调解失败

在调解过程中，当事人任何一方不愿意继续参加调解而退出的，调解终止；调解失败的，则调解终止。调解不成功或者当事人不履行调解协议的，当事人应根据仲裁协议向仲裁机构申请仲裁；没有仲裁协议或者仲裁协议无效的，可向人民法院起诉。

第三节　行政处理、行政复议与行政诉讼

一、行政处理

（一）行政处理的概念

行政处理是行政主体为了实现相应法律、法规和规章确定的行政管理目标及任务，应行政相对人申请或依职权处理涉及特定行政相对人特定权利义务事项的具体行政行为。

行政处理由享有行政管理权的机构依法作出。

（二）行政处理的种类

1. 行政处分

行政处分一般是指对行政单位及其工作人员，因其违反行政纪律或者违反法律的行为而给予的处分。

2. 行政处罚

行政处罚是指行政机关或者其他有权机关依法对违反行政法律规范尚未构成犯罪的行政管理相对人给予法律制裁的行为。

行政处罚的种类包括：警告；罚款；没收违法所得、没收非法财物；责令停产停业；暂扣或者吊销许可证、暂扣或者吊销执照；行政拘留；法律、行政法规规定的其他行政处罚。

行政处罚必须遵循以下原则：行政处罚法定原则；行政处罚公正原则；行政处罚公开原则；行政处罚与教育相结合的原则；保障当事人合法权益的原则；行政处罚不免除应依法承担的民事责任、不得以行政处罚代替刑事处罚的原则。

二、行政复议

（一）行政复议立法

1999 年 4 月 29 日第九届全国人民代表大会常务委员会第九次会议通过了《中华人民共和国行政复议法》（以下简称《行政复议法》，2009 年、2017 年修正）。根据《行政复议法》的规定，公民、法人或者其他组织可以就行政处罚、行政强制措施、行政许可、行政不作为等具体行政行为申请行政复议；同时可以针对上述具体行政行为所依据的规章以下的规定一并向行政复议机关提出审查申请。

（二）行政复议的程序

1. 提出复议的时间

公民、法人或者其他组织认为具体行政行为侵犯其合法权益的，可以自知道该具体行政行为之日起 60 日内提出行政复议申请；但是法律规定的申请期限超过 60 日的除外。

2. 提出复议的形式

申请人申请行政复议，可以书面申请，也可以口头申请；口头申请的，行政复议机关应当当场记录申请人的基本情况、行政复议请求、申请行政复议的主要事实、理由和时间。在行政复议期间，具体行政行为一般不停止执行。

3. 接受复议的机关

对县级以上地方各级人民政府工作部门的具体行政行为不服的，由申请人选择，可以向该部门的本级人民政府申请行政复议，也可以向上一级主管部门申请行政复议。

对地方各级人民政府的具体行政行为不服的，向上一级地方人民政府申请行政复议。

对海关、金融、国税、外汇管理等实行垂直领导的行政机关和国家安全机关的具体行政行为不服的，向上一级主管部门申请行政复议。

4. 对行政复议申请的决定

行政复议机关应当自受理申请之日起 60 日内作出行政复议决定，但是法律规定的行政复议期限少于 60 日的除外。情况复杂，不能在规定期限内作出行政复议决定的，经行政复议机关的负责人批准，可以适当延长，并告知申请人和被申请人；延长期限最多不超过 30 日。

行政复议机关作出行政复议决定，应当制作行政复议决定书，并加盖印章。行政复议决定书一经送达，即发生法律效力。经过复议后，可根据不同情况作出处理决定：

（1）具体行政行为认定事实清楚，证据确凿，适用依据正确，程序合法，内容适当的，决定维持。

（2）被申请人不履行法定职责的，决定其在一定期限内履行。

（3）具体行政行为违法的，可以责令被申请人在一定期限内重新作出具体行政行为。

（4）被申请人不依法提出书面答复、提交当初作出具体行政行为的证据、依据和其他有关材料的，视为该具体行政行为没有证据、依据，决定撤销该具体行政行为。

行政复议机关责令被申请人重新作出具体行政行为的，被申请人不得以同一事实和理由作出与原具体行政行为相同或者基本相同的具体行政行为。

5. 对行政复议决定不服的处理

对行政复议决定不服的，可以向人民法院提起行政诉讼；也可以向国务院申请裁决，国务院依照《行政复议法》的规定作出最终裁决。申请人逾期不起诉又不履行行政复议决定的，或者不履行最终裁决的行政复议决定的，按照下列规定分别处理：

（1）维持具体行政行为的行政复议决定，由作出具体行政行为的行政机关依法强制执行，或者申请人民法院强制执行。

（2）变更具体行政行为的行政复议决定，由行政复议机关依法强制执行，或者申请人民法院强制执行。

三、行政诉讼

（一）行政诉讼的立法

1989 年 4 月 4 日第七届全国人民代表大会第二次会议通过了《中华人民共和国行政诉讼法》（自 1990 年 10 月 1 日起施行，2014 年 11 月 1 日、2017 年 6 月 27 日修正，以下简称《行政诉讼法》）。《行政诉讼法》是一部“民告官”的程序性法律，它赋予了公民、法人或者其他组织对其认为违法的行政行为以司法救济的权利。

（二）行政诉讼的起诉与一审

1. 提起行政诉讼的条件

对属于人民法院受案范围的行政案件，公民、法人或者其他组织可以先向上一级行政机关或者法律、法规规定的行政机关申请复议，对复议不服的，再向人民法院提起诉讼，也可以直接向人民法院提起诉讼。

提起行政诉讼应当符合下列条件：

（1）原告是认为具体行政行为侵犯其合法权益的行政行为相对人，以及其他与行政行为有利害关系的公民、法人或者其他组织。

（2）有明确的被告。

（3）有具体的诉讼请求和事实根据。

（4）属于人民法院受案范围和受诉人民法院管辖。

2. 人民法院受理行政诉讼案的范围

依据《行政诉讼法》的规定，公民、法人或者其他组织对行政处罚、行政强制措施、行政许可、行政不作为、行政给付及其他侵犯人身权、财产权的具体行政行为不服的，可以向人民法院提起行政诉讼，人民法院应当受理。

3. 行政诉讼案件的判决

人民法院经过审理，根据不同情况，分别作出如下判决：

（1）行政行为证据确凿，适用法律、法规正确，符合法定程序的，或者原告申请被告履行法定职责或者给付义务理由不成立的，判决驳回原告的诉讼请求。

（2）行政行为主要证据不足的，适用法律、法规错误的，违反法定程序的，超越职权的，滥用职权的，明显不当的，判决撤销或者部分撤销，并可以判决被告重新作出行政行为。

（3）查明被告不履行法定职责的，判决被告在一定期限内履行。

（4）行政处罚明显不当，或者其他行政行为涉及对款额的确定、认定确有错误的，可以判决变更。判决变更，不得加重原告的义务或者减损原告的权益，但利害关系人同为原告，且诉讼请求相反的除外。

（5）查明被告依法负有给付义务的，判决被告履行给付义务。

（6）行政行为有实施主体不具有行政主体资格或者没有依据等重大且明显违法情形，原告申请确认行政行为无效的，判决确认无效。

行政行为有下列情形之一的，判决确认违法，但不撤销行政行为：

（1）行政行为依法应当撤销，但撤销会给国家利益、社会公共利益造成重大损害的。

（2）行政行为程序轻微违法，但对原告权利不产生实际影响的。

行政行为有下列情形之一的，不需要撤销或者判决履行的，判决确认违法：

（1）行政行为违法，但不具有可撤销内容的。

（2）被告改变原违法行政行为，原告仍要求确认原行政行为违法的。

（3）被告不履行或者拖延履行法定职责，判决履行没有意义的。

人民法院判决被告重新作出具体行政行为的，被告不得以同一事实和理由作出与原具体行政行为基本相同的具体行政行为。

（三）上诉与执行

1. 上诉

对一审行政判决不服的，当事人可在收到判决书之日起15日（裁定书为10日）内向上一级人民法院提出上诉。

2. 执行

当事人必须履行人民法院发生法律效力的判决、裁定。公民、法人或者其他组织拒绝履行判决、裁定的，行政机关可以向第一审人民法院申请强制执行，或者依法强制执行。

第四节　民事诉讼

一、民事诉讼立法及民事审判制度简述

（一）民事诉讼的概念及立法

民事诉讼俗称“打民事官司”，是指人民法院代表国家在当事人和其他诉讼参与人的

参加下，依法独立行使审判权解决民商事纷争的活动过程。民事诉讼程序适用于传统的民事和经济、商事纠纷案件。

1991 年 4 月 9 日，第七届全国人民代表大会第四次会议通过了《中华人民共和国民事诉讼法》（2007 年 10 月 28 日、2012 年 8 月 31 日、2017 年 6 月 27 日进行了修正，以下简称《民事诉讼法》）。

（二）民事审判制度

1. 法院独立行使审判权制度

民事案件的审判权由人民法院行使。人民法院依照法律规定对民事案件独立进行审判，不受任何行政机关、社会团体和个人的干涉。

2. 两审终审制度

除一审终审的案件外，民事案件最多经过两个审级的法院两次审理，即结束正常的民事诉讼程序。

3. 合议制度

人民法院审理民事案件原则上要组成合议庭。人民法院审理第一审民事案件，根据案件实际情况，由审判员、陪审员共同组成合议庭或者由审判员组成合议庭。合议庭的成员人数，必须是单数。适用简易程序审理的民事案件，由审判员一人独任审理。人民法院审理第二审民事案件，由审判员组成合议庭。合议庭评议案件，实行少数服从多数的原则。

4. 回避制度

审判人员以及书记员、翻译人员、鉴定人、勘验人有下列情形之一的，应当自行回避，当事人有权用口头或者书面形式申请他们回避：

（1）是本案的当事人或者当事人、诉讼代理人近亲属的。

（2）与本案有利害关系的。

（3）与本案当事人、诉讼代理人有其他关系，可能影响对案件公正审理的。

（4）接受当事人、诉讼代理人请客送礼，或者违反规定会见当事人、诉讼代理人的，当事人有权要求其回避，有该规定的行为的，应当依法追究法律责任。

5. 公开审判制度

人民法院审理民事案件，除涉及国家秘密、个人隐私或者法律另有规定的以外，应当公开进行。人民法院对公开审理或者不公开审理的案件，一律公开宣告判决。

二、法院管辖及案件受理

（一）法院管辖

法院管辖是指人民法院依法受理民商事纠纷案件的分工和权限划分。

1. 级别管辖

级别管辖是人民法院组织系统中不同级别的人民法院受理第一审民商事纠纷案件的分工和权限划分。

（1）基层人民法院管辖辖区内第一审民商事案件，但《民事诉讼法》另有规定的除外。

（2）中级人民法院管辖辖区内重大涉外案件、在其辖区有重大影响的民商事案件以及最高人民法院确定由中级人民法院管辖的第一审民商事案件。

（3）高级人民法院管辖在本辖区有重大影响的第一审民商事案件。

（4）最高人民法院管辖在全国有重大影响的案件和认为应当由其审理的第一审民事案件。

2. 地域管辖

地域管辖是同级人民法院在各自的辖区内管辖第一审民商事纠纷案件的分工和权限划分。

（1）普通地域管辖。

对公民、法人或者其他组织提起的经济纠纷案件，依照“原告就被告”的原则，由被告住所地人民法院管辖。公民的住所地是指其户籍所在地、经常居住（居住 1 年以上）地；法人、组织的住所地是指其注册登记地或者主要营业地。

（2）特别地域管辖。

1）合同纠纷案，由被告住所地或合同履行地，或者合同约定地人民法院管辖。

2）保险合同纠纷案，由被告住所地或保险标的物所在地人民法院管辖。

3）票据纠纷案，由票据支付地或被告住所地人民法院管辖。

4）因公司设立、解散等纠纷提起的诉讼，由公司住所地人民法院管辖。

5）铁路、公路、水上、航空运输和联合运输合同纠纷案，由运输始发地、目的地或被告住所地人民法院管辖。

6）侵权赔偿纠纷案，由侵权行为地或被告住所地人民法院管辖。

7）铁路、公路、水上、航空事故请求赔偿案，由事故发生地或车辆、船舶最先到达地、航空器最先降落地或者被告住所地人民法院管辖。

8）船舶碰撞或其他海损赔偿案，由碰撞发生地、碰撞船舶最先到达地、加害船舶被扣留地或被告住所地人民法院管辖。

9）海难救助费用纠纷案，由救助地或被救助船舶最先到达地人民法院管辖。

10）共同海损纠纷案，由船舶最先到达地、共同海损发生地或者航程终止地人民法院管辖。

下列类型案件的民事诉讼，由原告住所地人民法院管辖，原告住所地与经常居住地不一致的，由原告经常居住地人民法院管辖：

1）对不在中华人民共和国领域内居住的人提起的有关身份关系的诉讼。

2）对下落不明或者宣告失踪的人提起的有关身份关系的诉讼。

3）对被采取强制性教育措施的人提起的诉讼。

4）对被监禁的人提起的诉讼。

（3）专属管辖。

1）因不动产纠纷提起的诉讼，由不动产所在地人民法院管辖。

2）因港口作业发生纠纷提起的诉讼，由港口所在地的人民法院管辖。

3）因继承遗产纠纷提起的诉讼，由被继承人死亡时住所地或主要遗产所在地人民法院管辖。

（4）专门管辖。

最高人民法院下设有中国人民解放军军事法院，在相关的高级人民法院下设有铁路运输中级法院、海事法院等专门法院。海事法院和铁路运输法院受理特殊性质的经济纠纷案件。①

---

① 根据《关于铁路运输法院对经济纠纷案件管辖范围的规定》，铁路运输法院可受理铁路运输经济纠纷案件、铁路系统内部的经济纠纷案件、上级人民法院指定铁路运输法院受理的其他经济纠纷案件。

(5) 共同管辖与选择管辖。

两个以上人民法院对同一案件都有管辖权的，当事人可以选择其中一个起诉；当事人分别向不同的法院起诉的，由最先受理的法院管辖。

合同或者其他财产权益纠纷的当事人可以书面协议选择被告住所地、合同履行地、合同签订地、原告住所地、标的物所在地等与争议有实际联系的地点的人民法院管辖，但不得违反级别管辖和专属管辖。

参考案例 11-1

A公司在广东省广州市海珠区注册登记成立，其住所地在海珠区；B公司在北京市朝阳区注册登记成立，其住所地在朝阳区。某日，双方在南京市鼓楼区签订了（签字盖章）一份购销合同，合同约定：由广州的A公司向北京的B公司销售一批价值100万元的货物；货物由卖方代办铁路托运，到货站为天津火车站，货物应交至天津某物流公司。合同约定："本合同一经签署，即具有法律效力，双方应诚信履行，未尽事宜应友好协商解决。如本合同履行中发生争议，双方一致同意向南京市的人民法院提起诉讼。"

A公司依约交付货物后，B公司没有依约支付货款。A公司依约向南京市鼓楼区人民法院提起诉讼。

分析：本案中，因合同纠纷而提起的诉讼，依照特别地域管辖的规定，被告所在地（北京市）、合同履行地（天津市）人民法院均有管辖权，但由于合同有明确的约定，在不违反法律规定的前提下约定优先。因此，原告A公司依照合同约定，向南京市的人民法院提起诉讼。而南京市有高级人民法院、中级人民法院和多个基层人民法院，根据案件标的额，其只能向基层人民法院起诉。合同签订地属于鼓楼区人民法院管辖范围，因此A公司向南京市鼓楼区人民法院提起诉讼是正确的。

（二）起诉及案件受理

1. 起诉

(1) 起诉条件。起诉必须符合下列条件：原告是与本案有直接利害关系的公民、法人或其他组织；有明确的被告；有具体的诉讼请求和事实、理由；属于人民法院受理民事诉讼的范围和受诉人民法院管辖。

(2) 起诉状。起诉状应当记明下列事项：原告的姓名、性别、年龄、民族、职业、工作单位、住所、联系方式，法人或者其他组织的名称、住所和法定代表人或者主要负责人的姓名、职务、联系方式；被告的姓名、性别、工作单位、住所等信息，法人或者其他组织的名称、住所等信息；诉讼请求和所根据的事实与理由；证据和证据来源、证人姓名和住所。

2. 案件受理

人民法院对符合《民事诉讼法》相关规定的起诉，必须受理。符合起诉条件的，应当在7日内立案，并通知当事人；不符合起诉条件的，应当在7日内作出裁定书，不予受理；原告对裁定不服的，可以提起上诉。人民法院应当在立案之日起5日内将起诉状副本发送被告，被告应当在收到之日起15日内提出答辩状。答辩状应当记明被告的姓名、性别、年龄、民族、职业、工作单位、住所、联系方式；法人或者其他组织的名称、住所和法定代表人或者主要负责人的姓名、职务、联系方式。人民法院应当在收到答辩状之日起

5 日内将答辩状副本发送原告。被告不提出答辩状的，不影响人民法院审理。

三、诉讼保全措施及先予执行

（一）诉讼保全措施

根据不同的标准，诉讼保全措施有不同的分类。

1. 根据保全的对象划分的证据保全与财产保全

（1）证据保全。它是指因当事人一方的行为或者其他原因，可能使案件的相关证据损毁而难以收集，人民法院根据对方当事人的申请，作出保全的裁定，收集或者固定证据的措施。

（2）财产保全。它是指可能因当事人一方的行为或者其他原因，使判决难以执行或者造成当事人其他损害的案件，人民法院根据对方当事人的申请，可以裁定对其财产进行保全，责令其作出一定行为或者禁止其作出一定行为，在裁定期间财产不得转移、损毁的措施。

2. 根据保全提出的时间划分的诉前保全与诉讼中保全

（1）诉前保全。利害关系人因情况紧急，不立即申请保全将会使其合法权益受到难以弥补的损害的，可以在提起诉讼或者申请仲裁前向被保全财产所在地、被申请人住所地或者对案件有管辖权的人民法院申请采取保全措施。

申请人应当提供担保，不提供担保的，裁定驳回申请。人民法院接受申请后，必须在 48 小时内作出裁定；裁定采取保全措施的，应当立即开始执行。

申请人在人民法院采取保全措施后 30 日内不依法提起诉讼或者申请仲裁的，人民法院应当解除保全。

（2）诉讼中保全。立案后，案件当事人向人民法院提出保全申请后，情况紧急的，人民法院必须在 48 小时内作出裁定；裁定采取财产保全措施的，应当立即开始执行。

（二）先予执行

先予执行是依照法律规定，未经判决而由人民法院裁定案件当事人先履行支付义务的制度。

1. 先予执行的案件范围

人民法院对下列案件，根据当事人的申请，可以裁定先予执行：追索赡养费、扶养费、抚育费、抚恤金、医疗费用的；追索劳动报酬的；因情况紧急需要先予执行的。

2. 先予执行的条件

人民法院裁定先予执行的，应当符合下列条件：

（1）当事人之间权利义务关系明确，不先予执行将严重影响申请人的生活或者生产经营的。

（2）被申请人有履行能力。

人民法院可以责令申请人提供担保，申请人不提供担保的，驳回申请。申请人败诉的，应当赔偿被申请人因先予执行遭受的财产损失。当事人对保全或者先予执行的裁定不服的，可以申请复议一次。复议期间不停止裁定的执行。

四、判决、上诉及执行

（一）判决

人民法院适用普通程序审理的案件，应当在立案之日起 6 个月内审结。有特殊情况需要延长的，由本院院长批准，可以延长6个月；还需要延长的，报请上级人民法院批准。

人民法院审理案件，其中一部分事实已经清楚，可以就该部分先行判决。

（二）上诉

当事人不服地方人民法院第一审判决的，有权在判决书送达之日起15日内向上一级人民法院提起上诉；当事人不服地方人民法院第一审裁定的，有权在裁定书送达之日起10日内向上一级人民法院提起上诉。

上诉状应当通过原审人民法院提出，并按照对方当事人或者代表人的人数提交副本。当事人直接向第二审人民法院上诉的，第二审人民法院应当在5日内将上诉状移交原审人民法院。上诉人应当依照法院的通知交付二审诉讼费用。人民法院审理对判决的上诉案件，应当在第二审立案之日起3个月内审结；有特殊情况需要延长的，由本院院长批准。人民法院审理对裁定的上诉案件，应当在第二审立案之日起30日内作出终审裁定。

二审法院组成合议庭对案件审理后，依据不同的情况可以分别作出以下裁判：

(1) 原审判决（或者裁定）认定事实清楚、适用法律正确的，以裁定的形式维持原判决（或者裁定）。

(2) 原审判决（或者裁定）适用法律错误的，以判决（或者裁定）的方式依法改判、撤销或者变更。

(3) 原审判决认定基本事实不清的，裁定撤销原判决，发回原审人民法院重审，或者查清事实后改判。

(4) 原审判决遗漏当事人或者违法缺席判决等严重违反法定程序的，裁定撤销原判决，发回原审人民法院重审。

原审人民法院对发回重审的案件作出判决后，当事人提起上诉的，第二审人民法院不得再次发回重审。

（三）执行

最高人民法院的判决、裁定，以及依法不准上诉或者超过上诉期没有上诉的判决、裁定，是发生法律效力的判决、裁定。发生法律效力的民事判决、裁定，当事人必须履行。一方拒绝履行的，对方当事人可以向人民法院申请执行，也可以由审判员移送执行员执行。

调解书和其他应当由人民法院执行的法律文书，当事人必须履行。一方拒绝履行的，对方当事人可以向人民法院申请执行。

五、特别程序和审判监督程序

（一）特别程序

与经济纠纷相关的特别程序主要有督促程序和公示催告程序。

1. 督促程序

(1) 督促程序的概念和启动条件。

督促程序是指债权人直接向人民法院申请支付令，请求债务人履行给付金钱、有价证券为内容的特殊审判程序。督促程序的启动条件：债权人与债务人没有其他债务纠纷的；支付令能够送达债务人的。

（2）支付令的申请。

债权人应向人民法院递交申请书，申请书应当写明请求给付金钱或者有价证券的数量和所依据的事实、证据。债权人提出申请后，人民法院应当在5日内通知债权人是否受理。人民法院受理申请后，审查债权人提供的事实、证据，对债权债务关系明确、合法的，应当在受理之日起15日内向债务人发出支付令；申请不成立的，裁定予以驳回。

（3）支付令的效力及失效。

债务人应当自收到支付令之日起15日内清偿债务，或者向人民法院提出书面异议。债务人在规定的期间不提出异议又不履行支付令的，债权人可以向人民法院申请执行。

人民法院收到债务人提出的书面异议后，经审查，异议成立的，应当裁定终结督促程序，支付令自行失效；支付令失效的，转入诉讼程序，但申请支付令的一方当事人不同意起诉的除外。

2. 公示催告程序

（1）公示催告的概念。

公示催告程序是指人民法院根据票据持有人的申请，以公示的方式，催促不明利害关系人于一定的时间内申报权利，如不申报则发生催告事项权利失效后果的非诉讼特殊程序。

（2）公示催告的适用范围。

公示催告适用于票据（限于可背书转让的商业汇票、支票、本票）被盗、遗失或者灭失的情形。值得注意的是，营商主体丢失合同或者公章，不属于公示催告的范围，公司登报声明作废也不具有公示催告的效力。

（3）公示催告的申请程序。

可以背书转让的票据持有人，因被盗、遗失或者灭失，可以向票据支付地的基层人民法院申请公示催告。申请人应当向人民法院递交申请书，写明票面金额、发票人、持票人、背书人等票据主要内容和申请的理由、事实。

（4）公示催告的效力。

人民法院决定受理申请，应当同时通知支付人停止支付，并在3日内发出公告，催促利害关系人申报权利。公示催告的期间，由人民法院根据情况决定，但不得少于60日。支付人收到人民法院停止支付的通知，应当停止支付，直至公示催告程序终结。

利害关系人应当在公示催告期间向人民法院申报权利。人民法院收到利害关系人的申报后，应当裁定终结公示催告程序，并通知申请人和支付人；申请人或者申报人可以向人民法院起诉。利害关系人因正当理由不能在判决前向人民法院申报的，自知道或者应当知道判决公告之日起1年内，可以向作出判决的人民法院起诉。

没有人申报的，人民法院应当根据申请人的申请，作出除权判决，宣告票据无效，并通知支付人。自判决公告之日起，申请人有权向支付人请求支付。

（二）审判监督程序

审判监督程序又称再审程序，是指人民法院对已经发生法律效力的判决、裁定、调解书，发现确有错误，依法对案件进行再审的程序。人民法院决定再审的，原生效的裁判文书停止执行。依据提出主体的不同，审判监督程序可分为以下三种情况。

1. 法院决定再审

各级人民法院院长对本院已经发生法律效力的判决、裁定、调解书，发现确有错误，认为需要再审的，应当提交审判委员会讨论决定。最高人民法院对地方各级人民法院已经发生法律效力的判决、裁定、调解书，上级人民法院对下级人民法院已经发生法律效力的判决、裁定、调解书，发现确有错误的，有权提审或者指令下级人民法院再审。

2. 当事人申请再审

当事人对已经发生法律效力的判决、裁定，认为有错误的，可以向上一级人民法院申请再审；当事人一方人数众多或者当事人双方为公民的案件，也可以向原审人民法院申请再审。申请再审，不停止判决、裁定的执行。

当事人的申请符合下列情形之一的，人民法院应当再审：

（1）有新的证据，足以推翻原判决、裁定的。

（2）原判决、裁定认定事实的主要证据不足的。

（3）原判决、裁定适用法律确有错误的。

（4）人民法院违反法定程序，可能影响案件正确判决、裁定的。

（5）审判人员在审理该案件时有贪污受贿、徇私舞弊、枉法裁判行为的。

3. 检察院抗诉的再审

人民检察院是国家法律执行的监督机关，对于人民法院作出的错误判决或者裁定，有权依法进行监督。

最高人民检察院对各级人民法院已经发生法律效力的判决、裁定，上级人民检察院对下级人民法院已经发生法律效力的判决、裁定，发现有下列情形之一的，或者发现调解书损害国家利益、社会公共利益的，应当按照审判监督程序提出抗诉：

（1）有新的证据，足以推翻原判决、裁定的。

（2）原判决、裁定认定的基本事实缺乏证据证明的、认定事实的主要证据是伪造的、未经质证的。

（3）对审理案件需要的主要证据，当事人因客观原因不能自行收集，书面申请人民法院调查收集，人民法院未调查收集的。

（4）原判决、裁定适用法律确有错误的。

（5）审判组织的组成不合法或者依法应当回避的审判人员没有回避的。

（6）无诉讼行为能力人未经法定代理人代为诉讼或者应当参加诉讼的当事人，因不能归责于本人或者其诉讼代理人的事由，未参加诉讼的。

（7）违反法律规定，剥夺当事人辩论权利的。

（8）未经传票传唤，缺席判决的。

（9）原判决、裁定遗漏或者超出诉讼请求的。

（10）据以作出原判决、裁定的法律文书被撤销或者变更的。

（11）审判人员审理案件时有贪污受贿、徇私舞弊、枉法裁判行为的。

人民检察院提出抗诉的案件，人民法院应当再审。

有下列情形之一的，当事人可以向人民检察院申请检察建议或者抗诉：

（1）人民法院驳回再审申请的。

（2）人民法院逾期未对再审申请作出裁定的。

（3）再审判决、裁定有明显错误的。

人民检察院对当事人的申请应当在3个月内进行审查，作出提出或者不予提出检察建议或者抗诉的决定。

第五节　商事仲裁

一、商事仲裁概述

商事仲裁是14世纪地中海沿岸商人社会发展起来的一种自治制度，是商人社会自律的产物。随着商事活动的频繁和纠纷的增多，人们对仲裁的契约性本质的认识不断加深，仲裁立法和实践的自由主义趋势最为引人注目，人们已经逐渐认识到仲裁也是解决经济纠纷的一种有效途径。

（一）现代中国的仲裁制度及其发展

1. 涉外仲裁制度

为了适应对外贸易的实际要求，我国于1956年3月在中国国际贸易促进委员会下设立了中国对外贸易仲裁委员会，受理案件范围主要限制在对外经济贸易方面的争议。1980年2月26日，中国对外贸易仲裁委员会改名为中国对外经济贸易仲裁委员会，受理案件的范围有所扩大。1988年6月再度改名为中国国际经济贸易仲裁委员会，下设有深圳和上海两个分会。1958年11月21日国务院通过《国务院关于在中国国际贸易促进委员会内设立海事仲裁委员会的决定》，于1959年1月22日设立了海事仲裁委员会；1988年8月12日更名为中国海事仲裁委员会，并扩大了受理案件的范围。中国国际经济贸易仲裁委员会和中国海事仲裁委员会采用国际上通行的基本原则、基本制度、习惯做法，实行终局裁决的方式，从1993年以来连续几年受理案件的数量居世界首位，以其及时、高效和独立、公正著称于世。

2. 国内的仲裁制度

（1）合同仲裁。

1991年1月21日国务院批准并由国家科委发布的《技术合同仲裁机构管理暂行规定》，将技术合同的仲裁机构设于国家的科学技术管理部门，根据需要也可以设在科技团体内。该仲裁实行当事人约定管辖、指定仲裁员、一裁终局。

1990年颁布的《中华人民共和国著作权法》和1991年颁布的《计算机软件保护条例》（2001年、2013年进行了修订）有“可向著作权仲裁机构申请仲裁”的规定，虽然我国没有专门的著作权仲裁机构，但是著作权管理部门以行政调解、裁决的方式解决了大量的有关著作权方面的纠纷。

（2）劳动争议仲裁。

1950年11月中央劳动部制定并经政务院批准的《关于劳动争议解决程序的规定》，明确了劳动管理部门设立劳动争议处理机构。1980年《中华人民共和国中外合资经营企业劳动管理规定》恢复了劳动仲裁；1993年7月6日国务院颁布的《中华人民共和国企业劳动争议处理条例》和1994年7月5日颁布的《劳动法》将劳动仲裁以法律的形式固定了下来。

3. 仲裁立法

1994年8月31日第八届全国人民代表大会常务委员会第九次会议通过了《中华人民

共和国仲裁法》（以下简称《仲裁法》，2009 年、2017 年修正），该法自 1995 年 9 月 1 日起施行。《仲裁法》的颁布实施，标志着适应社会主义市场经济发展需要的新的解决民事纠纷的仲裁法律制度的确立。几年来，新的仲裁事业从无到有、从小到大，走出了一条具有中国特色的仲裁道路。

近年来，国务院办公厅、最高人民法院发布了一系列有关仲裁工作的文件和司法解释。1996 年颁布了《国务院办公厅关于贯彻实施〈中华人民共和国仲裁法〉需要明确的几个问题的通知》，要求有关行政机关对标准（格式）合同、合同示范文本中合同争议解决方式条款，依照《仲裁法》的规定予以修订。最高人民法院于 2006 年 8 月 23 日发布了《最高人民法院关于适用〈中华人民共和国仲裁法〉若干问题的解释》，对适用《仲裁法》的相关问题作出解释。根据《仲裁法》所设立的仲裁机构，可以受理国内或者涉外甚至是当事人全部为外国主体的商事纠纷。

（二）商事仲裁机构及仲裁员

1. 仲裁机构

仲裁委员会可以在直辖市和省、自治区人民政府所在地的市设立，也可以根据需要在其他设区的市设立，但不按行政区划层层设立，故其名称不带有行政区划的“市”字样，如“北京仲裁委员会”“上海仲裁委员会”等。仲裁委员会由直辖市和省、自治区人民政府所在地的市的人民政府组织有关部门和商会统一组建。设立仲裁委员会，应当经省、自治区、直辖市的司法行政部门登记。截至 2018 年底，全国共设立 255 个仲裁委员会，共有仲裁从业人员 6 万多名。2018 年，全国仲裁机构共处理案件 54 万件，比 2017 年增长 127%；案件标的额近 7 000 亿元，比 2017 年增长 30%。仲裁解决纠纷的范围涉及经济贸易、建设工程、房地产、金融、农业生产经营以及物业纠纷等经济社会发展的各个领域。①

2. 仲裁员

根据《仲裁法》的规定，仲裁委员会应当从公道正派的人员中聘任仲裁员。仲裁员应当符合下列条件之一：从事仲裁工作满 8 年的；从事律师工作满 8 年的；曾任审判员满 8 年的；从事法律研究、教学工作并具有高级职称的；具有法律知识、从事经济贸易等专业工作并具有高级职称或者具有同等专业水平的。仲裁委员会按照不同专业设仲裁员名册。②

（三）我国商事仲裁的特点

1. 民间性

仲裁机构不是行政机构，也不是国家的司法机构，而是民间的、独立的、非政府的纠纷解决机构。其对案件的管辖权，是根据当事人协商一致的意愿以及依据《仲裁法》的规定而获得。

2. 自愿性

是否愿意将纠纷交由仲裁机构仲裁，交到具体哪一个仲裁机构仲裁、选定仲裁员以及选择什么样的仲裁规则，都由当事人决定。仲裁与诉讼是并行的两种不同的纠纷解决方式，当事人选择了仲裁方式，就意味着放弃了诉讼方式；而选择了诉讼方式，则意味着放弃了仲裁方式。当事人在合同中或者纠纷发生后达成有效的仲裁协议，仲裁机构就有权对

---

① 张丽青. 我国积极运用仲裁方式解决民商事纠纷 [DE/OL].（2019-03-27）[2019-12-26]. http://www.moj.gov.cn/subject/content/2019—03/27/862_231601.html.

② 仲裁员的聘任不受地域限制，根据需要可在国内甚至世界范围内聘任。

纠纷进行管辖。仲裁协议应当具有下列内容：请求仲裁的意思表示、仲裁事项、选定的仲裁委员会。

有下列情形之一的，仲裁协议无效：约定的仲裁事项超出法律规定的仲裁范围的；无民事行为能力人或者限制民事行为能力人订立的仲裁协议；一方采取胁迫手段，迫使对方订立仲裁协议的。

仲裁机构无行政区划归属，双方当事人为中国经济活动主体的，可选择中国范围内任一商事仲裁机构仲裁；涉外经济关系的，还可选择境外的仲裁机构仲裁。

除对仲裁机构进行选择外，当事人一方在申请仲裁时，还可在仲裁委员会提供的仲裁员名册中指定一名仲裁员；双方如果能够达成一致意见的，还可共同指定首席仲裁员。

此外，当事人双方还可在仲裁法、仲裁规则规定的范围内确定仲裁程序，如选择书面审理或者共同选定一名仲裁员独任仲裁。

3. 专业性

由于仲裁员的聘任条件比较严格，从公道正派的人员中聘任的兼职仲裁员基本上都是相应行业的专家，他们不但熟悉相应的法律法规，还对商事活动有比较多的了解，能够从法律、商业习惯等方面审理案件。

4. 秘密性

为了保护商业秘密和保障仲裁活动在和谐的气氛中解决，仲裁不公开进行。当事人协议公开的，可以公开进行，但涉及国家秘密的除外。

5. 便捷性

根据仲裁规则，从仲裁庭组庭之日起适用合议庭审理的案件一般在 4 个月内、独任的一般在 2 个月内应当作出裁决。与诉讼的“两审终审”制不同，仲裁实行一裁终局制，裁决作出即发生法律效力。裁决作出后，当事人就同一纠纷再申请仲裁或者向人民法院起诉的，仲裁委员会或者人民法院不予受理。生效的仲裁裁决与人民法院生效的裁判文书具有同等的法律效力。

二、商事仲裁的申请与受理

（一）仲裁申请

当事人申请仲裁应当符合下列条件：

（1）有仲裁协议。

（2）有具体的仲裁请求和事实、理由。

（3）属于仲裁委员会的受理范围（平等主体的公民、法人或其他组织之间发生的合同纠纷和其他财产权益纠纷）。[①]

当事人申请仲裁，应当向仲裁委员会递交仲裁协议、仲裁申请书及副本。

仲裁申请书应当载明下列事项：当事人的姓名、性别、年龄、职业、工作单位和住所，法人或者其他组织的名称、住所和法定代表人或者主要负责人的姓名、职务；仲裁请求和所依据的事实、理由；证据和证据来源、证人姓名和住所。

---

① 根据《仲裁法》的规定，婚姻、收养、监护、扶养、继承纠纷以及依法应当由行政机关处理的行政争议不能仲裁。

（二）仲裁受理

仲裁委员会收到仲裁申请书之日起5日内，认为符合受理条件的，应当受理，并通知当事人；认为不符合受理条件的，应当书面通知当事人不予受理，并说明理由。

（三）仲裁保全

一方当事人因另一方当事人的行为或者其他原因，可能使裁决不能执行或者难以执行的，可以申请财产保全。当事人申请财产保全的，仲裁委员会应当将当事人的申请依照《民事诉讼法》的有关规定提交人民法院，由人民法院决定是否采取保全措施。申请有错误的，申请人应当赔偿被申请人因财产保全所遭受的损失。

三、仲裁庭与仲裁审理

（一）仲裁庭的组成

仲裁庭可以由3名仲裁员（适用普通仲裁程序时）或者1名仲裁员（适用简易仲裁程序时）组成。由3名仲裁员组成的，设首席仲裁员。仲裁委员会按照不同专业设置仲裁员名册。仲裁庭组成后，仲裁委员会应当将仲裁庭的组成情况书面通知当事人。

仲裁员以及秘书有下列情形之一的，必须主动申请回避，当事人也有权提出回避申请：

（1）是本案当事人或者当事人、代理人的近亲属。

（2）与本案有利害关系。

（3）与本案当事人、代理人有其他关系，可能影响公正仲裁的。

（4）私自会见当事人、代理人，或者接受当事人、代理人的请客送礼的。

当事人提出回避申请，应当说明理由，在首次开庭前提出。回避事由在首次开庭后知道的，可以在最后一次开庭终结前提出。秘书是否回避，由仲裁委员会秘书长决定；仲裁员是否回避，由仲裁委员会主任决定；仲裁委员会主任担任仲裁员时，由仲裁委员会集体决定。

仲裁员因回避或者其他原因不能履行职责的，应当依照《仲裁法》规定重新选定或者指定仲裁员。

（二）仲裁案件的审理

1. 委托代理人

当事人、法定代理人可以委托律师或其他代理人进行仲裁活动。委托律师或其他代理人进行仲裁活动的，应当向仲裁委员会提交授权委托书。

2. 审理形式

仲裁应当开庭进行。当事人协议不开庭的，仲裁庭可以根据仲裁申请书、答辩书以及其他材料进行书面审理并作出裁决。

3. 开庭审理

（1）书面通知。

仲裁委员会应当在仲裁规则规定的期限内将开庭日期通知双方当事人。当事人有正当理由的，可以在仲裁规则规定的期限内请求延期开庭。是否延期开庭，由仲裁庭决定。经书面通知，申请人无正当理由不到庭或者未经仲裁庭许可中途退庭的，可以视为撤回仲裁申请；被申请人无正当理由不到庭或者未经仲裁庭许可中途退庭的，可以缺席裁决。

（2）宣布开庭纪律及告知权利义务。

仲裁庭开庭前，将宣布庭审纪律，告知当事人权利及义务，询问当事人是否要求回避等。除双方当事人同意，仲裁庭开庭不允许旁听。

（3）仲裁庭调查。

仲裁庭开庭就案件的事实进行调查，一般依照以下顺序进行：申请人陈述（申请事项及理由和依据）；被申请人答辩；双方对证据进行质证（先申请人后被申请人）；证人作证；鉴定机构对鉴定事项作出说明；仲裁庭向当事人发问以调查事实；当事人征得仲裁庭同意而向对方发问；辩论（先申请人后被申请人）；调解（非必经阶段）；当事人最后陈述。当事人应当对自己的主张提供证据。仲裁庭认为有必要收集的证据，可以自行收集。仲裁庭对专门性问题认为需要鉴定的，可以交由当事人约定的鉴定部门鉴定，也可以由仲裁庭指定的鉴定部门鉴定。

秘书应当将仲裁庭审理的全部活动记入笔录，由仲裁员和秘书签名。当事人和其他仲裁参与人应当在笔录上签名或者盖章，当事人拒绝签名盖章的，记明情况附卷。当事人和其他仲裁参与人认为对自己的陈述记录有遗漏或者差错的，有权申请补正；如果不予补正，应当将申请记录在案。

四、仲裁裁决及执行

（一）裁决的作出

1. 和解与调解

（1）和解。当事人申请仲裁后，可以自行和解。达成和解协议的，可以请求仲裁庭根据和解协议作出调解书，也可以撤回仲裁申请。当事人达成和解协议，撤回仲裁申请后反悔的，可以根据仲裁协议申请仲裁。

（2）调解。仲裁庭在作出裁决前，可以先行调解。当事人自愿调解的，仲裁庭应当调解；调解不成的，应当及时作出裁决。调解达成协议的，仲裁庭应当制作调解书或者根据协议的结果制作裁决书。调解书与裁决书具有同等法律效力。调解书应当写明仲裁请求和当事人协议的结果。调解书由仲裁员签名，加盖仲裁委员会印章，送达双方当事人。调解书经双方当事人签收后，即发生法律效力。在调解书签收前当事人反悔的，仲裁庭应当及时作出裁决。

2. 裁决

裁决应当按照多数仲裁员的意见作出，少数仲裁员的不同意见可以记入笔录。仲裁庭不能形成多数意见时，裁决应当按照首席仲裁员的意见作出。裁决书自作出之日起发生法律效力。

（二）裁决的执行

1. 裁决的自觉履行

仲裁机构作出的裁决书、调解书、决定书具有与法院生效裁判文书同等的法律效力，当事人应依照裁决的内容自觉履行义务。

2. 裁决的申请执行

对依法设立的仲裁机构作出的裁决，一方当事人不履行的，对方当事人可以向有管辖权的人民法院申请执行，受理申请的人民法院应当执行。

3. 裁决的不予执行

被申请人提出证据证明仲裁裁决有下列情形之一的，经人民法院组成合议庭审查核实，裁定不予执行：

(1) 当事人在合同中没有订立仲裁条款或者事后没有达成书面仲裁协议的。

(2) 裁决的事项不属于仲裁协议的范围或者仲裁机构无权仲裁的。

(3) 仲裁庭的组成或者仲裁的程序违反法定程序的。

(4) 认定事实的主要证据不足的。

(5) 适用法律确有错误的。

(6) 仲裁员在仲裁该案时有贪污受贿、徇私舞弊、枉法裁决行为的。

人民法院认定执行该裁决违背社会公共利益的，裁定不予执行。

裁定书应当送达双方当事人的仲裁机构。仲裁裁决被人民法院裁定不予执行的，当事人可以根据双方达成的书面仲裁协议重新申请仲裁，也可以向人民法院起诉。

(三) 裁决被撤销

当事人自收到裁决书之日起 6 个月内，提出证据证明裁决有下列情形之一的，可以向仲裁委员会所在地的中级人民法院申请撤销裁决，人民法院应当裁定撤销：

(1) 没有仲裁协议的。

(2) 裁决的事项不属于仲裁协议的范围或者仲裁委员会无权仲裁的。

(3) 仲裁庭的组成或者仲裁的程序违反法定程序的。

(4) 裁决所依据的证据是伪造的。

(5) 对方当事人隐瞒了足以影响公正裁决的证据的。

(6) 仲裁员在仲裁该案时有索贿受贿、徇私舞弊、枉法裁决行为的。

人民法院认定该裁决违背社会公共利益的，应当裁定撤销。人民法院应当在受理撤销裁决申请之日起 2 个月内作出撤销裁决或者驳回申请的裁定。

人民法院受理撤销裁决的申请后，认为可以由仲裁庭重新仲裁的，通知仲裁庭在一定期限内重新仲裁，并裁定中止撤销程序。仲裁庭拒绝重新仲裁的，人民法院应当恢复撤销程序。仲裁裁决被人民法院裁定撤销的，当事人可以根据双方达成的书面仲裁协议重新申请仲裁，也可以向人民法院起诉。

第六节　特殊的经济纷争及其处理

一、涉外投资纷争及其处理

在涉外投资争端的解决方面，1965 年在世界银行的倡导下签订的《关于解决国家与他国国民投资争端公约》，标志着解决投资争议的世界性法制的建立。1966 年 10 月 14 日该公约生效，并成立了“解决投资争端国际中心”（International Center for Settlement of Investment Disputes，ICSID）。

对于涉外投资争端的解决方式，通常有以下途径：

（1）政治途径。它是指经过协商与调解、外交保护等解决争端的方式。

（2）法律途径。它主要有国际仲裁方式、外国法院诉讼方式。

（3）其他途径。不少国家建立起了海外投资保险基金制度，这不仅是鼓励向海外投资的有效措施，也是解决有关经济纷争的一个有效途径。

二、反倾销、反补贴调查及处理

（一）反倾销及反补贴的特点与基本程序

涉外的反倾销和反补贴，不仅涉及两个国家的政治、经济、文化，也涉及两个不同国家的行政运作程序，更是经济纷争在国际贸易中的突出表现。

（二）国内外反倾销的实践

自改革开放以来，我国企业出口的产品遭受到了美国、加拿大、欧盟国家及智利、新西兰、巴西等国的反倾销指控和裁决。外国产品在我国的倾销也是十分严重的，由于我国过去没有这方面的法律规定，因而有关的程序无法启动。

1997年11月10日，深受大量低价新闻纸进口严重冲击的吉林造纸（集团）有限公司、广州造纸有限公司等九大国内新闻纸厂家代表中国新闻纸产业向当时的对外贸易经济合作部提出申请，要求对来自美国、加拿大、韩国的新闻纸进行反倾销调查，揭开了中国首例反倾销调查案件的序幕。

（三）我国对外国倾销指控的对策

我国加入世界贸易组织后，进出口的产品有所增加，我们不但要善于运用反倾销的规定维护我国的民族工业，而且要善于应对外国对我国倾销的指控。

我国应对外国反倾销纷争的主要措施有：

（1）强化有关方面人员的法律意识，完善培训机制，提高企业应诉的主动性。

（2）加强宏观调控，规范出口竞争秩序，提高企业竞争能力。

（3）增强国际营销观念，实施出口多元化战略和质量取胜战略。

（4）加大政府交涉力度，力促取消对华不平等待遇。

（5）建立健全有效的反倾销应诉机制，统一组织，全力做好反倾销应诉工作。

三、涉外知识产权纷争

在涉外经济贸易过程中，除了关于政府补贴、倾销纷争外，还有关于知识产权的纷争。在与美国多年的知识产权纷争处理过程中，我们也逐渐摸索了一些处理的方法。几次中美知识产权谈判，主要是通过政府之间谈判的方式，以政府之间达成协议来化解纷争的。

四、联合调解

在涉外经济纠纷处理的实践中，我国也逐渐形成了一些新的方式，如联合调解方式，即在争议双方同意的情况下，由争议双方所在国家的仲裁机构联合派出调解员进行联合调查并进行共同的调解。如果调解不成功，则转为依照协议仲裁或者进入其他程序。

本章小结

营商活动主体在开展经济活动中，由于立场的不同或者基于特定的原因，形成不同的认识在所难免。对于纠纷的解决，可根据不同的情形采取不同的方式。协商和解是营商主体之间解决纠纷的最佳方式。营商主体在接受行政管理机关管理中，对于出现的纠纷也可通过相关的程序解决。国家还为纠纷解决提供了司法救济制度。此外，商事仲裁已经逐渐为营商主体解决商事纠纷提供了一个较好的途径。涉外经济活动中产生的纷争，其解决方式有其特殊性。

练习题

1. 名词解释

经济纠纷	协商	调解	民事诉讼	地域管辖
财产保全	缺席判决	公示催告程序	审判监督程序	仲裁

2. 思考题

(1) 经济纠纷有哪些解决方式?

(2) 当事人协商或者经过中间人调解达成协议后，一方反悔或者不履行义务时，对方应该怎么办?

(3) 经济纠纷案件的法院地域管辖有哪些规定?

(4) 民事起诉书应包括哪些方面的内容?

(5) 仲裁有什么特点?

(6) 仲裁条款应当如何设置?

(7) 什么情形下仲裁员必须主动申请回避?

3. 案例分析题

北京的A公司、日本的B公司、广州的C公司准备共同投资在广州设立一家中外合资汽车生产企业。三方经过洽谈决定签订中外合资经营企业合同，由北京的A公司负责草拟合同。三方洽谈达成下述一致意见：A公司出资8亿元人民币，B公司提供价值10亿元人民币的汽车生产线和专利技术，C公司提供价值6亿元人民币的土地使用权及土地上的建筑物所有权；公司收益依照投资比例分配。项目经过批准后，合同正式签订并投资，企业开始生产。合同中对于合同履行过程中产生争议的解决条款约定为："本合同一经签订，各方应诚信履行合同，未尽事宜应协商解决；合同履行中所产生的纠纷，各方同意采取以下方法解决：(1) 提交当地法院诉讼解决；(2) 提交日本的仲裁机构仲裁解决；(3) 提交中国的仲裁机构仲裁解决。"该合同条款中，并没有明确选择三种方法中的任何一项。

在合同履行过程中，A公司和C公司发现B公司以专利技术出资的部分，其技术未在中国申请专利授权，属于虚假出资，要求对其出资额重新计算。B公司认为该专利在日本授权，是有效专利，实际上合资企业也正在使用该专利技术。三方协商未果，A公司和C公司准备启动相应的纠纷解决机制。

问题： A公司和C公司要启动纠纷解决机制，应如何决策?

参考文献

1. 张守文．经济法学．7 版．北京：北京大学出版社，2018.

2. 李昌麒．经济法学．3 版．北京：法律出版社，2016.

3. 李正华．经济法．5 版．北京：中国人民大学出版社，2014.

4. 梁慧星．民法总论．5 版．北京：法律出版社，2017.

5. 覃有土．商法概论．2 版．武汉：武汉大学出版社，2018.

6. 李正华．中国营商法律——问题及对策．香港：经要文化出版公司，2002.

7. 刘敏．实践中的商法．北京：北京大学出版社，2011.

8. 宋燕妮，赵旭东．中华人民共和国公司法释义．北京：法律出版社，2019.

9. 崔建远．合同法．6 版．北京：法律出版社，2016.

10. 胡康生．中华人民共和国合同法释义．3 版．北京：法律出版社，2013.

11. 闵绥艳．租赁与信托．4 版．北京：科学出版社，2017.

12. 王瑞贺．中华人民共和国反不正当竞争法释义．北京：法律出版社，2018.

13. 法律出版社．中华人民共和国产品质量法注释本．2 版．北京：法律出版社，2017.

16. 吴汉东．知识产权精要：制度创新与知识创新．北京：法律出版社，2017.

17. 李正华．企业技术创新与合同法律保护．北京：中国人民大学出版社，2002.

18. 冯晓青．技术创新与企业知识产权战略．北京：知识产权出版社，2015.

19. 袁曙宏．商标法与商标法实施条例修改条文释义．北京：中国法制出版社，2014.

20. 尹新天．中国专利法详解．2 版．北京：知识产权出版社，2012.

21. 王迁．著作权法一本通．北京：法律出版社，2018.

22. 刘剑文，熊伟．财政税收法．8 版．北京：法律出版社，2019.

23. 左锐．税务会计．5 版．北京：立信出版社，2018.

24. 徐康平，董彪等．保险法学．北京：中国财富出版社，2015.

25. 程淑娟．证券法实训教程．北京：法律出版社，2017.

26. 梁刚，李歆．财经法规与会计职业道德．北京：清华大学出版社，2016.

27.《中华人民共和国审计法实施条例》起草小组．新《审计法实施条例》解读．北京：法律出版社，2010.

29. 王全兴．劳动法. 4 版．北京：法律出版社，2017.

30. 沈骏，谈育明．群体性劳动争议管理．北京：中信出版社，2015.

31. 刘俊．劳动与社会保障法学．2 版．北京：高等教育出版社，2018.

32. 江伟．民事诉讼法．5 版．北京：高等教育出版社，2016.

33. 江伟，肖建国．仲裁法．3 版．北京：中国人民大学出版社，2016.

图书在版编目（CIP）数据

经济法概论/李正华，丁春燕著．--4版．--北京：中国人民大学出版社，2020.7
21世纪高职高专规划教材．经贸类通用系列
ISBN 978-7-300-28270-1

Ⅰ.①经… Ⅱ.①李… ②丁… Ⅲ.①经济法-中国-高等职业教育-教材 Ⅳ.①D922.29

中国版本图书馆CIP数据核字（2020）第106366号

"十二五"职业教育国家规划教材
经全国职业教育教材审定委员会审定
普通高等教育"十一五"国家级规划教材
21世纪高职高专规划教材·经贸类通用系列
经济法概论（第四版）
李正华　丁春燕　著
Jingjifa Gailun

出版发行	中国人民大学出版社		
社　　址	北京中关村大街31号	**邮政编码**	100080
电　　话	010－62511242（总编室）		010－62511770（质管部）
	010－82501766（邮购部）		010－62514148（门市部）
	010－62515195（发行公司）		010－62515275（盗版举报）
网　　址	http://www.crup.com.cn		
经　　销	新华书店		
印　　刷	北京密兴印刷有限公司	**版　　次**	2008年1月第1版
规　　格	185 mm×260 mm　16开本		2020年7月第4版
印　　张	15.75	**印　　次**	2023年9月第3次印刷
字　　数	386 000	**定　　价**	39.00元